龍種蟄伏

力挽狂瀾
重建帝國的接力賽

朱耀輝——著

樂律

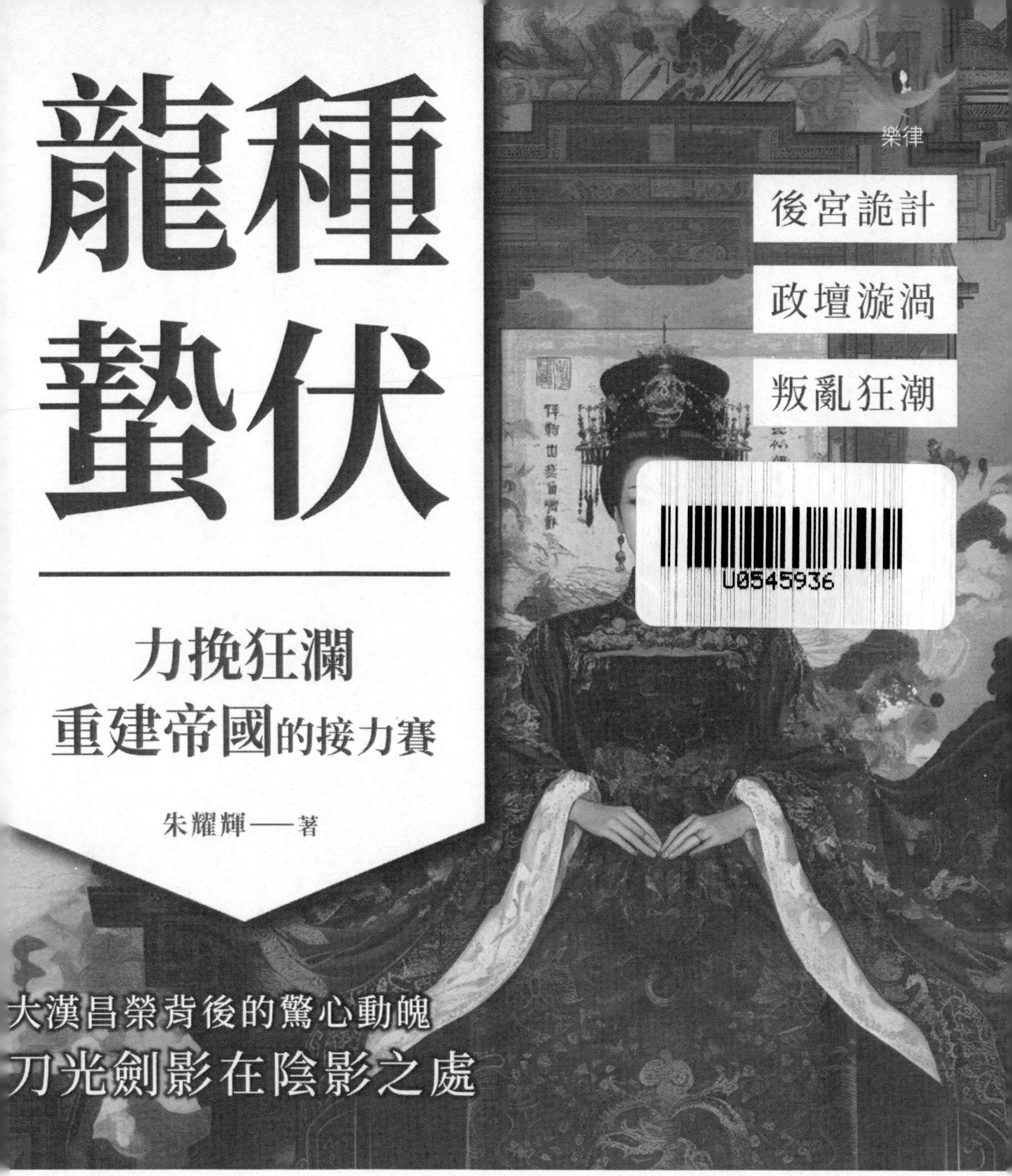

後宮詭計
政壇漩渦
叛亂狂潮
大漢昌榮背後的驚心動魄
刀光劍影在陰影之處

◎不只是後宮爭鬥，呂后的鐵血手腕養成！
◎文景二帝告訴你，小氣也能創造帝國盛世！
◎一場耐力與智慧的比拚，熬到最後就是贏家！

不只是金戈鐵馬，低調的政治暗流也能致命
且看漢代王朝如何從「爛攤子」翻身為「強國」

目錄

序言

這一卷中，我們來到了後劉邦時代。

這個時期，呂后的戲份占據了一大半，兒子做了大漢帝國的新皇帝，自己好不容易從苦難挫折中熬了過來，讓她在這權力場中贏得了最後的勝利。

考慮到劉盈只有十六歲，大漢這片錦繡江山，從此由呂后說了算。

要知道，劉邦去世時留下的並非是天下太平的穩固江山，相反只是個勉強壓住的火藥桶。外面的匈奴時不時過來打劫，國內在經歷了秦末戰爭的洗禮後，中原大地非常貧窮。劉邦身為皇帝，居然連四匹顏色一樣的馬都湊不出來，蕭何和曹參居然要坐牛車上朝，可想而知民間有多麼苦。

這一切，都落到了呂后身上。

歷史上對呂后的評價都不高，很多人只知道她手段殘忍，卻忽視了她的功績。是她，在劉邦死後，淡定接過了爛攤子，帶領著風雨飄搖的漢朝，熬過了開國後最艱難的歲月。

對內，她休養生息，帶頭倡導節儉風氣；對外，她忍辱負重，為漢朝換來數十年和平。作為一位女性政治家，她不輸於歷史上的任何人！

在這個過程中，呂后不可避免地引入了自己的娘家人，呂氏外戚由此崛起。讓人無語的是，這些後輩們能力太差勁，不足以勝任這種高智商費腦筋的工作，也不被劉氏宗親和功臣集團認可。而大夥兒之所以捏著鼻子勉強承認呂氏集團，不過是在呂后高壓之下的暫時妥協而已。

呂后一死，權力的天平再次失衡，功臣集團在經過反覆權衡與博弈後，最終選擇了毫無根基的代王劉恆。

由此，帝國進入了第二階段：文景之治。

匈奴人在北方依然不平靜，很遺憾，此時的漢帝國依然沒有與匈奴一較高下的實力，只能駐守在長城邊上，看著匈奴騎兵來去如風，帶走漢朝的財富和美女。

景帝時代，匈奴騎兵甚至殺到了甘泉宮，長安城一度危在旦夕。

面對匈奴人的挑釁，漢帝國只能繼續忍辱負重。文景兩代皇帝，日子過得小氣節省，沒有一點帝王氣象。

如此一邊忍讓，一邊聚精會神做建設，到景帝末期，帝國逐漸恢復了元氣。倉庫裡的錢多到數不清，糧倉也堆積滿滿，甚至有的腐爛不能食用。當時「百姓無內外之繇，得息肩於田畝，天下殷富，粟至十餘錢，鳴雞吠狗，煙火萬里，可謂和樂者乎」。

終於，在經過文景二帝四十一年的治理後，漢帝國迎來了第一波太平盛世。

在這種韜光養晦中，文景兩代皇帝也調整了帝國的官僚架構，其中最有代表性的，就是相權的下移。

漢興以來，帝國的丞相都是蕭何、曹參、陳平之類的能人，文帝繼位後，歷任丞相要麼是質樸少文的軍吏，要麼是老實人。譬如，申屠嘉這樣的老丞相，在面對漢景帝的寵臣晁錯時，竟然毫無辦法，在朝政話語權上也完全比不了晁錯。

很多人只對武帝時代的金戈鐵馬、豐功偉業感興趣，至於漢文帝、漢景帝時期的故事，總覺得太過乏味，不夠熱血，因而選擇了忽視。

其實這是不對的。

歷史發展有因才有果，若沒有文景之治的韜光養晦，哪有武帝的征伐四方？

那些財富、糧食、戰馬，無不是兩代先帝一點一滴攢下來的。

他們是帝國偉業的幕後英雄。

第一章

初露崢嶸

呂雉的野心

漢初，呂雉長期被劉邦的光芒掩蓋著，無論是戰爭還是權謀，我們看到的都是一群當世最傑出的男人在歷史舞臺上揮斥方遒，將舞臺氣氛烘托到最高潮。而呂雉，這個前半生顛沛流離的女人，只能躲在幕布後面，靜靜等待出場的機會。

舞臺上，是男人們的群戲；舞臺下，是孤獨的呂雉。

沒有人知道，呂雉的心中也有一個夢想，她也想當主角！

現在，機會終於來了。

飛機在起飛和降落時最危險，而政局在權力交接時最危險。如果新的掌權者根基未穩，而舊的掌權者又不甘退隱，則權力動盪在所難免。眼下的政壇，這兩個因素全都具備。

呂雉的神經緊緊地繃著，在這個權力交接的敏感時刻，她緊張得幾乎整個人都在顫抖。

呂雉雖為一介女流，但是在經歷了血與火的錘鍊後，一股熊熊的野心之火燃燒在她死寂了三十餘年的心中。她感覺到，權力的野獸正在體內甦醒，並向她發號施令。

當呂雉看到劉邦終於嚥氣後，她做的第一件事不是召集朝中大臣為劉邦發喪，而是立即下令封鎖消息，然後找來了自己的心腹 —— 審食其。

審食其和劉邦是同鄉，革命時期專門負責保護劉邦的家人，當然主要是保護呂雉。年輕的呂雉被項羽俘虜後，四處顛沛流離，唯有審食其不離不棄，始終跟在呂雉身邊。

司馬遷在《史記》裡懷疑兩人有一腿。

沒有任何寒暄與客氣，一見審食其，呂雉開門見山：「朝中諸將與先皇都是草莽出身，有的比先皇還厲害，讓他們北面稱臣，心裡肯定都不服氣。先皇尚且如此，現在新皇帝年齡還小，不除掉這些人，天下如何安寧？」

面對自己的心腹，呂雉毫不掩飾她對權力的渴求，而要想握緊權力，首先要除掉這些功臣宿將。

為什麼呂雉要這麼急迫地剷除這些功臣宿將？很簡單，她怕劉邦死後，自己的兒子控制不住局面。

漢帝國建立時，為了安定天下，籠絡人心，劉邦封了七位異姓諸侯王，他們分別是梁王彭越、楚王韓信、趙王張耳、淮南王英布、燕王臧荼、長沙王吳芮、韓王信。

此外，劉邦分析秦朝迅速滅亡的原因，認為其中一點就是各地起兵造反時，沒有同姓諸侯王出來幫一把。因此，在分割權力給異姓諸侯王的同時，劉邦也分配了權力給自己的親戚們，激勵他們跟自己保持步調一致。

漢初施行的是「郡國並行制」，既有秦朝的郡縣制，又有各個諸侯國，諸侯國的權力和級別遠大於郡，而且一個諸侯國可以控制好幾個郡。

不僅如此，劉邦對這些新生的諸侯國很寬容，允許他們根據各地不同的風俗採取不同的政策。比如，在秦、韓、魏等西部地區要求遵守漢朝的規則；而在趙、燕、齊、楚等東部地區按照當地的風俗自行管理。這些諸侯王有很大的自主權，有權任免其封地的官員，基本上處於半獨立狀態。

漢朝開國之初，全國有五十四個郡，中央直轄的只有二十五個，另外的二十九個都在諸侯王手裡。也就是說，全國一大半的土地都不在中央政府控制下，其中又以齊、楚、吳三國的地盤最大，實力最強。

從人口上來看，諸侯國的人口也比中央控制區的人口多。漢初總人口大約是一千三百萬，中央直接控制的人口約四百五十萬，諸侯國控制的人口約為八百五十萬。當時的首都雖然在長安，但是全國的經濟中心卻是齊國的臨淄。當時的臨淄有居民十萬戶，大概五十萬人，論 GDP，完勝首都長安。

講這麼多，只為說明一件事，由於劉邦的分封政策，導致在他去世後，形成了地方強中央弱的政治局面。雖然單個諸侯王要單挑中央還差點火候，但是如果聯合起來，絕對有贏過中央的能力。

這些諸侯王各自割據一方，擁兵自重，有造反的本錢，也有造反的能力，這讓劉邦寢食難安。在此後的幾年內，劉邦又一個個收拾這些異姓諸侯王，將他們從王位上一個個全都拉了下來。

呂雉比劉邦小十五歲，不出意外，劉邦將走在她前頭，她不得不為自己的將來做打算。這些年來她見慣了政治上的爾虞我詐和宮廷中的權力爭鬥，沒有權力只能任人魚肉，她需要掌握權力。

呂雉知道劉邦的心思，她願意為劉邦背負這不義的罵名，於是她做了劉邦想做而不方便做的事情，而且做得徹底、乾淨俐落：彭越被她糊弄到了長安，指使其小弟誣以謀反罪，隨即處死，夷三族；韓信被她騙至長樂宮鍾室處死，夷三族。到劉邦死時，當初分封的七位異姓諸侯王只剩下了實力尚小的長沙王吳芮。

既然異姓諸侯王差不多都死了，為什麼呂雉還不放心？

因為漢初的功臣集團除了這些實力強大的異姓諸侯王，還有朝廷內外為數眾多的武將們，如曹參、周勃、夏侯嬰、灌嬰等，這些「大哥」們手握軍權，駐守一方，根基深厚。這幫人能對自己俯首稱臣嗎？以前他們可都是在民間混的平民，跟著劉邦革命，最後只有劉邦做了皇帝，他們會心甘情願臣服嗎？

只要一想到這些，呂雉就會煩惱得整宿睡不著覺。

人一緊張，往往會對形勢做出錯誤的判斷，以至於魯莽行動，呂雉也不能免俗。為了對付這些功臣集團，呂雉拉來了審食其，兩人準備合夥將他們一網打盡。

天亮了，長安城的宮門照舊開啟，大臣們排著隊，像往常一樣上朝奏事，然後回到自己的辦公室開始一天的工作。

劉邦已經有好些日子沒有參加朝會了，好在大臣們已經習慣了，各自忙著手頭的工作，誰也沒有察覺出異樣。

這樣的日子一共持續了三天。

到第四天，情況忽然有了變化。

這天傍晚，一個神祕的背影偷偷溜進了酈商的家裡。

酈商是著名說客酈食其的弟弟，常年跟隨劉邦四處征戰，漢帝國建立後在長安身居要職。作為長安城的軍政要員，酈商的消息異常靈通，在宮中也有不少耳目。在這「功臣多如狗，權貴滿地走」的長安城，要想這官當得安穩，掌握第一手消息很重要。

神祕人告訴酈商一個重磅消息：劉邦已經駕崩！

酈商悚然一驚：「什麼？陛下已經駕崩？為什麼宮中沒有任何消息放出來？」

神祕人告訴他：「這是因為，呂雉和審食其正在宮中密謀，要趁此機會將功臣集團一網打盡，你也不例外！」

酈商沉默了，他是武人出身，跟著劉邦南征北戰，在戰場上流血拚命，好不容易才有了今天的身分和地位。為何一夜之間，形勢突變？

都說最毒婦人心，現在看來，果然如此啊！

酈商可不是坐以待斃之人，他不想等屠刀落下來，他要阻止呂雉。

當然，這事可沒那麼容易。呂雉要想奪權，必然要除掉這些功臣集團，且不說酈商能不能見到呂雉，就算見到了呂雉，能不能說服她也是個問題。

為此，酈商繞了個圈子，他先找到了闢陽侯審食其。他想，這小白臉跟呂雉關係不一般，如果能說服他，說不定事情還有轉機。

想到這裡，酈商立即趕往審食其家裡。

一見面，酈商開門見山：「聽說陛下已經去世四天了，宮中還不發喪，你們到底想幹什麼？」

審食其嚇了一跳，支支吾吾道：「沒有的事，不要瞎說！」

酈商繼續追問：「聽說你們還想趁機誅殺功臣宿將？」

審食其連忙否認：「謠言，這絕對是謠言！」

酈商看了他一眼：「但願是謠言吧，要是真這麼做，天下就危險了。別忘了，陳平和灌嬰手上有十萬大軍駐守滎陽，周勃跟樊噲率領二十萬人定燕、代，這些人可都不是善類。要是讓他們知道宮中想剷除功臣宿將的話，這些人必定會發兵攻入關中，到時候大臣內叛，諸侯外叛，大漢可就完了！」

審食其聽完，頓時抽了一口冷氣。當初呂雉告訴自己這個想法的時候，他也覺得太過瘋狂，但是懾於呂雉的權威，他不敢當面說。如今聽酈商這麼一分析，審食其頓時就洩氣了，人家說得沒錯啊，這些「大哥」們手上都有兵，又是在戰場上跟項羽硬碰硬過的人，戰鬥經驗值滿格。人家一個不爽，很快就能攻入關中滅了自己。自己跟呂雉手上沒兵，還玩什麼啊！趁早斷了這心思吧！

想到這裡，審食其趕緊入宮，將赤裸裸的現實告訴了呂雉。

呂雉聽完審食其的勸告，這才意識到自己確實有點操之過急了。要跟這幫手上都有兵權的人鬥，自己手上的籌碼根本就不夠上臺面，實力差距過於懸殊。

冷靜，要冷靜！

想到這裡，呂雉只得壓下自己心中這個邪惡的念頭。

幾天後，朝廷正式發喪，將劉邦駕崩的消息昭告天下。

五月，劉邦葬於長陵。

訃告一出，天下縞素。

三天後，太子劉盈正式登基。

良家婦女的黑化史

雖然呂雉這次懸崖勒馬，沒有選擇跟功臣集團攤牌，但是這並不代表她會就此罷休。她在等待，等待一個合適的機會，將這幫功臣宿將們一網打盡，好讓自己能睡個安穩覺。

在一般人的印象中，呂雉一直是一個反面角色，心狠手辣、殘忍歹毒、為達目的不擇手段，這些都是她的標籤。

但是，這不是歷史的全部真相。

撥開歷史的重重迷霧，我們不難發現，年輕時的呂雉也曾有一顆少女心。

那一年，她待字閨中，做著和紫霞一樣的夢：「我的意中人是個蓋世英雄，有一天會穿上金甲聖衣，腳踏七色雲彩來娶我。」懷著對愛情的美好憧憬，她拒絕了很多追求者。

一次酒宴上，父親為她指定了未來的丈夫，一個叫劉邦的大叔。父親不僅讓他白吃了一頓飯，白喝了酒，還提出把女兒呂雉許配給他。呂雉的母親有點不高興：「你不老說自己這個女兒不一般，想把她嫁給貴人嗎？沛縣縣令跟你關係這麼好，想娶她，你都不肯，現在怎麼隨隨便便就把她嫁給了劉邦那小子？」

然而，呂公根本不理會老婆，反而斥責她：「你懂什麼？我為女兒找的夫婿將來必定成就一番事業。」

呂公為什麼放棄沛縣縣令，執意要把女兒嫁給劉邦？說起來，有一個非常好笑的理由，他會看面相，還說劉邦是潛力股，以後必定是個大人物。

面相一事，過於虛妄，呂公之所以搬到沛縣，是為了避仇。因此，我更願意相信，呂公是想在當地找個靠山，扎下根，而劉邦這樣一個在黑白兩道通吃的人物，正是呂公的最佳選擇。

這之後，呂公又將呂雉的妹妹嫁給了賣狗肉的樊噲。

在古代社會裡，婚姻恪守的是「父母之命，媒妁之言」。很多時候，婚姻一般是作為家族利益的聯合，或是共同養家餬口、養兒育女、延續後代的需要。至於感情？不好意思，通通都要讓位於現實利益。

就這樣，呂雉成了劉邦的妻子，並在此後的歲月中成為彼此生命中不可或缺的一部分。

如果說劉邦是一個勤奮、踏實的顧家男人，或許夫妻感情會略好一些。但是很顯然，劉邦並不是一個合格的丈夫，結婚以後，劉邦還是那個德行。司馬遷在《史記》中說劉邦有兩大愛好：好酒、好色。

劉邦愛喝酒，經常到隔壁王寡婦、武寡婦家賒酒，喝醉了倒頭就睡。

此外，劉邦在娶呂雉之前，已經與一個曹氏女子生了一個大胖兒子，叫劉肥。

呂雉哪是嫁了個老公啊，分明是多了個兒子。劉邦對這個家庭一點貢獻都沒有，還常常出去惹事，一點都不讓呂雉省心。

家徒四壁，丈夫又不可靠，還貪酒好色，這就是呂雉婚後的苟且生活。

儘管如此，年輕的呂雉沒有任何抱怨，她照顧劉邦的私生子、伺候他的父母、生兒育女，還帶著一家人種田織布，努力經營著這個家。劉邦工作忙，經常需要出差，不太過問家裡的事情，呂雉就揹著兩個孩子到田間做事，從來沒叫過苦和累。

幾年後，劉邦在押解的路上私放了犯人，工作丟了，家也回不去了，只好逃到山裡當起了「山大王」。呂雉受到牽連，被關到了監獄中，受盡了侮辱。

出獄後，呂雉心心念念的依然是自己的丈夫。她每個月都要長途跋涉，獨自一人翻山越嶺，為劉邦送飯送衣服。

沒過多久，天下大變，各地豪強紛紛揭竿而起反抗暴秦，劉邦也斬了個白蛇湊熱鬧，將腦袋拴在褲腰帶上，帶領大夥兒革命。

那麼，呂雉呢？她的生活有沒有好轉？

答案是沒有！

自從劉邦鬧革命後，呂雉在家擔驚受怕，惶惶不可終日。有一次，劉邦被楚軍追殺，狼狽逃竄，路上剛好遇見了自己的一雙兒女，於是帶著他們一起跑路。可是楚兵追得急，車子跑得慢，眼看要追上，劉邦急了，毫不猶豫地把一對兒女推下了車。

司機夏侯嬰見狀，趕緊剎住車，把孩子們抱上了車。劉邦很生氣，又推下車，夏侯嬰再撿，不知日後這姐弟倆有沒有留下心理陰影。

後來，劉邦又一次敗了，呂雉和劉太公被項羽俘虜。兩軍再次對陣時，項羽把呂雉和劉太公綁起來，要挾劉邦：「不投降，我就煮了你爸！」

不料，對面的劉邦卻是哈哈一笑：「我們曾經也是兄弟一場，我爸就是你爸，你要是煮了你爸，記得分我一碗湯哦！」

一個連父親都不管不顧的人，怎麼能指望他會愛惜顧及自己的妻子呢？

不管你信不信，呂雉至少是不信的。

劉邦在乎妻子家人嗎？當然在乎，只不過他的在乎是有前提的，那就是，不危及自己，不危及江山。

那時的她，每日只能蜷縮在陰冷潮溼的囚室一角，望著窗縫裡投進來的一抹月光，思念不知身在何處的丈夫。

他還好嗎？他會打敗項羽，來接自己嗎？

這種囚徒生活，呂雉一過就是兩年多，直到楚漢議和後，呂雉和家人才被放回來。

歷經千辛萬苦、九死一生，呂雉終於活著回來了，支撐她活下來的唯一希望，除了她的兩個孩子，還有劉邦 —— 她唯一的依靠。

然而，當她千辛萬苦回到劉邦身邊時，卻發現，他身邊早已有了另外一個女人。這個女人叫戚夫人，比她更年輕、更漂亮。

而此時的呂雉，早已青春不再。

當呂雉在監獄裡煎熬的時候，劉邦卻不顧她的生死，一轉身就愛上了別人。那一刻，我分明感受到了呂雉心裡的寒意和恨意。

她委屈，她不甘心！

戀著你弓馬嫻熟、通曉詩書、少年英武，跟著你闖蕩江湖、風餐露宿、受盡了世上千般苦，你全不念三載共枕如雲如雨，一片恩情化作糞土……

她不知道還能去依靠誰，信任誰。

那一刻，她的信念轟然倒塌。

可是，呂雉再委屈又能怎樣？他已是大漢的皇帝，一人之下萬人之上，沒有人能替她主持公道。呂雉只能將所有的苦水嚥下去，然後繼續照顧兩個年幼的孩子。畢竟，眼下劉盈已被立為太子，這是她唯一的依靠。

她已經活得夠小心翼翼了，然而，還是有人向她發出了挑戰。

這個人就是戚夫人。

對於一個男人而言，美麗女人的眼淚是最厲害的武器，劉邦對此完全沒有免疫力。在戚夫人的強烈要求下，劉邦動了換太子的心思。

呂雉慌了，她知道，如果太子劉盈被廢，母子二人在群狼環伺的朝堂內一定會被撕咬得連渣都不剩。「欺負我可以，欺負我兒子，絕對不行！」

當一個母親需要保護自己的孩子時，羊會變成狼，狼會變成魔鬼。她太清楚等待她們母子的是什麼。為了自保，呂雉不得不放下所有的尊嚴，去求「商山四皓」出山，為自己的兒子站臺。

呂雉果斷狠絕的一面在此時慢慢展現，她不想再做被宰的羔羊，她要掌握自己的命運！

情愛已如雲煙，夫妻之情也不過虛幻，她唯一能依靠的，只有權力。

從現在起，我們不能再叫她呂雉，而應該叫她呂后。

劉邦不方便做的事，呂后來做；劉邦下不了決心殺的人，呂后來殺。智誅韓信作為呂后的政治首秀，震驚了朝野，一向深處宮闈的婦人居然在關鍵時刻如此臨危不懼、果敢狠辣，不費一兵一卒就除掉了用兵如神的韓信，就連劉邦也對呂后另眼相看。

緊接著，呂后親自出面誅殺彭越，滅其三族，將其做成肉餅遍賜諸侯王。一年之內，呂后連殺漢初三大名將中的兩位，滿朝文武都對她敬畏不已，而她也一舉樹立了自己的威信。

為了保住劉盈的太子之位，呂后多方拉攏，找人為太子站臺。當劉邦轉身時，才猛然發覺：太子羽翼已成。

終於，再沒有人能動得了她，她憑本事坐穩了後位。

所以說，呂后之所以成為呂后，一半是天資，一半是被逼的。命運的洪流逼得她不得不像狼一樣長出爪牙，而呂后也在這條路上越走越遠，再也回不了頭。

劉邦去世後，太子劉盈繼位。

大漢帝國進入了呂后時代。

戚夫人的幸與不幸

按理說，這場權力爭奪戰到此已經落下帷幕。但呂后是一個非常記仇的人，她將戚夫人貶到永巷，也就是宮中的「監獄」裡，讓她戴著沉重的枷鎖，穿上粗糙的囚服，日夜不停地舂米，無法完成任務就要受罰。

戚夫人養尊處優慣了，哪裡做得了這種粗活？於是，她在悲痛欲絕之餘，又做了一件蠢事：她發揮了自己能歌善舞的優點，寫了一首歌，日日悲歌：

子為王，母為虜！終日舂薄暮，常與死相伍！相離三千里，當誰使告汝？

如意，如意，你可知道，你的母后正在受難？你要是知道，怎麼不來救你母后？

此時的劉如意已被封為趙王，遠離長安，形單影隻，他當然聽不到自己母親的呼喚。

戚夫人不懂政治，她不懂得在複雜的鬥爭環境下如何求生存，竟然還寄希望於自己的兒子。雖然這份牽掛讓人心疼，可是消息傳到呂后耳中時，性質卻變了。

我看你可憐，才沒處死你，想不到你不知感恩，還妄想翻盤！既然如此，我成全你！

呂后立即下令，把趙王劉如意召回長安，準備除掉。

這一年，劉如意只有十歲，獨自一人遠在趙國。這麼小的孩子遠離母親和父親，不是劉邦心狠，恰恰是為了保護劉如意。當初劉邦沒能扶劉如意上位時，他就已經意識到太子羽翼已成，如果劉盈當了皇帝，以自己對呂后的了解，這位原配夫人一定會在第一時間除掉劉如意！

為了保護劉如意，劉邦不得不將其調離長安，回到屬於他的封地。

光調離中央，顯然還不夠。正當劉邦為此煩惱得睡不著覺時，一個叫趙堯的人為他送上了「貼心枕頭」。

趙堯在周昌手下做事，擔任符璽御史，主要職責就是掌管御史大夫印章。

趙堯非常機靈，有一次，他入宮伺候皇帝，看到劉邦臉色不太好，大著膽子上前問道：「陛下是不是在擔心自己百年以後，趙王沒人照顧？」

劉邦一看，原來是趙堯這小子，嘆了口氣：「是啊，你說我該怎麼辦呢？」

趙堯告訴他：「陛下應該為趙王安排一個尊貴又強硬的人當相國，而且這個人應該是呂后、太子和大臣們都敬畏的人才行。」

劉邦點了點頭：「你說得對，可是眼下上哪兒去找這樣一個人呢？」

趙堯提了一個人選：「陛下，御史大夫周昌就是合適的人選啊！」

「周昌？」

對於這個名字，劉邦並不陌生，他想起了前不久發生的兩件事。

第一件事，是周昌在朝堂上堅決反對廢太子。

想當初，劉邦覺得太子劉盈性格太不像自己，想把他廢掉，改立劉如意為太子。結果話剛出口，就遭到了群臣的一致反對，其中就數周昌的態度最為堅決。

周昌的態度很明確，堅決反對廢太子，但是他有口吃的毛病，一激動，口吃更嚴重了：「臣說話雖然不俐落，但是臣知道不能這樣做，陛下要廢太子，臣堅決不能執行！」

這一結巴，逗笑了大夥兒，這事也就擱下了。在大臣們的極力反對下，劉邦最後還是沒有廢掉劉盈。

第二件事，是周昌撞見了劉邦和戚夫人正在親熱。

那一天，周昌找劉邦辦事，被劉邦直接叫進了寢宮。按理說，皇帝接見大臣，總得嚴肅莊重一點，也不知道劉邦怎麼想的，周昌一進門，抬眼就看見劉邦正摟著戚夫人。

撞到這種尷尬的事情，周昌也覺得不舒服，轉身就準備走了。

不管周昌有沒有看見，反正劉邦看見了。只見他一個箭步追了上去，在周昌背後亮出一個柔道動作，將他摔倒，抬腿騎在了他的脖子上，說道：「我沒叫你走你敢走，你是不是瞧不起我？」

誰知周昌的脾氣比劉邦還大，把脖子一挺，道：「我看你和桀、紂他們是一樣的人！」

劉邦一聽，腦袋瞬間也清醒了，自己這麼做確實有點過分了，於是又換了個笑臉，說道：「不錯不錯，有骨氣，我喜歡！」

這兩件事表明，周昌是一個耿直的人，只要是他認為對的事情，九頭牛都拉不回來，更別說劉邦了。既然如此，讓他去保護劉如意，自己絕對放心。

沒過多久，劉邦就把周昌召進宮裡，透露了自己想讓他去趙國保護劉如意的事情。結果周昌一聽完，當場就哭了：「我從一開始就追隨陛下，現在您要把我扔給諸侯王，我捨不得啊！」

這下子劉邦也有點不好意思了：「我知道這麼做是幫你降職了，可是我實在是擔心趙王沒人照顧。除了你，還真沒有合適的人了，只能委屈你了。」

周昌有些無奈，之前他忤逆劉邦，是因為原則問題，而保護劉如意，他沒有理由拒絕。就這樣，周昌被派去趙國當相國，保護劉如意，而趙堯則頂上去當了御史大夫。

都說斬草不除根，春風吹又生。呂后上位後，第一時間就下令讓劉如意進京。周昌身為政治老手，哪能不懂呂后的心思？呂后派去的人通通都被周昌擋下了：「趙王生病了，不方便出門，你們還是回去吧！」

呂后心裡不用提多鬱悶了，換作其他人，早就一刀砍過去了，可是周昌不行，因為他曾經保護過劉盈，對呂后有恩。想當初，周昌在朝堂上跟劉邦硬碰硬時，呂后就在旁邊偷聽，她很感激周昌的直言，所以在遇到周昌時，呂后對他深施一禮：「多虧了您的直言啊，要不然太子就要被廢掉了。」

如何才能搬掉周昌這塊大石頭？呂后苦思良久，終於想到了一個主意：把周昌調回長安，換份工作給他。只要周昌離開趙國，就沒人能保護劉如意了。

見到朝廷的調令，周昌這下沒轍了，只得乖乖收拾行李，回首都長安。沒辦法，自己再怎麼死扛，終歸是漢朝的臣子，凡事都不能太過分。至於劉如意接下來的命運，就看他的造化了。

見到了周昌以後，呂后對他破口大罵：「你這個糟老頭子壞得很！你不知道我恨戚氏嗎？為何不讓趙王進京？」

周昌還能說什麼？這事他本來就理虧，只能像個小學生一樣低頭不語。

即便呂后憋了一肚子氣，最終也不敢把周昌怎麼樣。當年在朝堂上，只有周昌據理力爭，保住了劉盈的太子之位。在呂后的心中，周昌是她的大恩人，這份恩情比天大，比海深！

呂后並不善良，但她是個知恩圖報的人，恩怨分明！

這之後，呂后再次派人召劉如意進京。

「趕緊地，乖乖來受死吧！」

劉如意還能怎樣？他只是一個十來歲的孩子，無法掌握自己的命運。在呂后的連番催促下，劉如意只得乖乖來長安。

朝堂之上，呂后每天都能收到劉如意的行程，眼看著他離長安城漸漸近了，呂后也露出了凶殘的面目。

然而，就在劉如意剛快到長安城時，一個救星出現了。

他就是皇帝劉盈。

一到長安城，劉如意就被劉盈的人接到宮裡去了。一般來說，當了皇帝，最礙眼的就是哥哥弟弟們，因為他們都姓劉，身上都流著劉邦的血，隨時都有可能取代自己。

既然如此，為什麼劉盈還如此淡定？

這就要說到劉盈的寬厚和仁義了。自從戚夫人在永巷受罪後，劉盈心裡就頗不好受，他雖然不喜歡戚夫人，但是內心的善良讓他無法避而不見。更何況，劉盈跟劉如意雖然相處時間不長，卻對這位機靈可愛的小弟弟頗為喜愛。

呂后和戚夫人爭權奪利，那是上一輩的恩怨，他不想理會那些糾葛。他知道自己母后的脾氣，一旦劉如意到了長安，絕對逃不脫呂后的毒手。

為了保護這位弟弟，仁厚的劉盈果斷出手，先一步將劉如意接到宮中。為了不給呂后的人可乘之機，兩人一起吃飯，一起睡覺，二十四小時形影不離。

劉盈這麼做，也是為了表明自己的態度，他希望呂后就此罷手，不要傷害劉如意。

那麼呂后會就此罷手嗎？

開玩笑，如果就這樣放過劉如意，那就不是呂后的作風了。她之所以按兵不動，只是不想和兒子撕破臉皮，劉盈畢竟是皇帝，呂后怎麼也得給他個面子，不好意思當面下手。

她在等待，等一個恰當的機會。

很快，這個機會就出現了。

這天一大早，天剛矇矇亮，劉盈突發奇想，要出門去打獵。好久沒出門活動，他覺得自己都快被憋壞了。他本來想帶劉如意一起出門，可是年幼的劉如意貪戀暖洋洋的被窩，就是不想起床。

劉盈心想，這都過去幾個月了，自己離開一會兒應該不會出事。在向身邊人囑咐一番後，劉盈帶著隨從出了宮。

劉盈不知道，在這種你死我活的政治鬥爭中，任何一個小小的疏忽都有可能帶來滅頂之災！

就在他前腳出門的時候，早有盯梢的人將這個消息向呂后報告。

「天賜良機！」

呂后按捺不住內心的興奮，她當即派人送早餐給劉如意——有毒的點心。劉如意醒來後，揉著惺忪睡眼吃完早飯，忽然感覺肚子裡一陣絞痛，他哭喊著向身邊的侍從們求助，可等來的卻是他們冷漠的眼神……

當劉盈打完獵，心滿意足地回到宮中時，赫然發現，劉如意七竅流血，躺在床上一動不動。

劉如意死了！

劉盈放聲大哭，儘管身邊侍從都遮遮掩掩，不肯說話，但是劉盈用腳指頭都能猜得出來，這一定是呂后做的！他恨，恨自己一時大意，讓年幼的弟弟丟了性命，可是他更恨自己的母親，為何會如此狠心，非要逼死劉如意？

「他才只有十歲啊，他有什麼錯？為什麼要替上一輩的恩怨承擔後果？」

這裡多說一句，得知劉如意去世的消息以後，周昌一下子就被擊垮了，他覺得自己有負於劉邦的重託，萬念俱灰，請了長期病假，三年以後也追隨劉如意去了。

殺掉劉如意後，呂后終於將屠刀對準了還在永巷舂米的戚夫人。

中華歷史上最殘忍的一幕即將上演！

為了宣洩自己內心極度的仇恨，呂后下令砍斷戚姬手足：「你不是會跳舞嗎？看你還怎麼賣弄！」緊接著，挖掉她兩隻明媚如水的大眼睛，讓她永遠墮入黑暗；再接著鑿聾雙耳，讓她聽不見外面的聲音；給她吃了啞藥，讓她再也沒有機會唱歌；最後將她扔到廁所中，稱之為「人彘」。

戚夫人的臉在流血，不，是她的眼眶在流血，她的眼珠已經沒有了；她想呼喊，可是發不出任何聲音，只能無助地乾號。呂后得意地站在她面前，看著戚夫人痛苦的表情，心中竟然感到一絲愉悅。

「想跟我鬥，這就是你的下場！」

呂后冷冷地看了她一眼，然後轉身離去。

殘忍，實在是殘忍啊！

呂后滿意了嗎？

並沒有。

在處置了戚夫人後，她很想向別人炫耀一下自己的手腕。給誰看呢？

呂后選來選去，挑中了自己的兒子 —— 劉盈。

「這小子最不聽話，明知道我想除掉劉如意，還故意將他接進宮裡對抗我。要不是看在你是我兒子的面上，早就把你從龍椅上拉下來了。」

眾所周知，劉盈是一個仁弱的人，或許是為了炫耀，又或許是為了鍛鍊他的膽量，呂后將他帶到了永巷的廁所中。

廁所的角落處，一個血肉模糊的肉團在蠕動，讓人不寒而慄。

劉盈強忍著胃裡的不適，問旁邊的人：「那是什麼東西？」

旁邊的人告訴他：「您忘了？這就是劉如意的母親，戚夫人啊！」

「戚夫人？」劉盈心中咯噔一下，嚇得背上全是冷汗：「這怎麼可能？」

一旁的人說：「這的確是戚夫人，她得罪了陛下的母親，所以才有此下場！」

劉盈心中那根緊繃的弦終於斷了，在短暫的震驚後，他再也忍不住，嚎啕大哭：「媽，你居然做出這種事？！這是人做的事嗎？我作為你兒子，還有什麼臉當這個皇帝？」

劉盈徹底崩潰了，據史書記載，此後的一年多，劉盈臥病不起，從此日夜淫樂，不問政事。他終日飲酒，與宮人調情交歡，以此損耗自己年輕健康的生命。他的帝王尊嚴被母后陰影遮擋，他不期待明天。其實明天還是有希望的，因為母后畢竟要老去，要死去；或者，他還可以臥薪嘗膽，可以重整旗鼓的，但是他選擇了放棄。

在這短短的幾個月內，劉盈見證了太多的血腥和殘忍，對於心地善良的劉盈而言，這一切都是他無法承受，也無法面對的。他要跟呂后決裂，更要和這個世界決裂！

寫這個故事，不是為了引起大家的不適，事實上，我已經盡量用簡短的語言去描述，可是每次讀到這個故事，我都能深切地感受到文字背後的血腥和殘忍，脊背陣陣發涼。無邊的惡意深不見底，猶如萬丈深淵，讓人不寒而慄。

我想知道，人性究竟可以有多黑暗？

呂后與戚夫人的矛盾緣於太子之爭，她對戚夫人必欲除之而後快，但是之前有劉邦在，她只能將這種念頭壓在心底。在經過長時間的醞釀與發酵後，呂后對戚夫人的恨意越來越濃，劉邦一去世，這種恨意便沒了束縛，在吞沒戚夫人的同時，也吞噬了呂后自己！

窩囊不是罪

西元前 193 年十月，新年第一天。

秦王朝建立後，嬴政取消了各諸侯國的曆法，採用了《顓頊曆》，使之成為中華民族第一部通行的曆法，這個「十月朔」（即十月一日）就成了秦王朝的歲首。

漢初沿襲了秦朝的制度，也是以十月一日為新年第一天，這個習俗一直沿用到漢武帝太初元年（西元前 104 年），前後長達一百多年。

按照慣例，每年的歲首，各地諸侯王們都得到長安來拜見皇帝，這一年也不例外。

自從呂后毒死劉如意、殺死戚夫人後，劉盈就對生活失去了信心，終日沉淪。然而這一次，劉盈難得地打起精神，到未央宮接見各路諸侯王。

劉盈的這個舉動讓呂后有些意外，自從戚夫人死後，劉盈徹底放棄自我，跟呂后決裂了。如今看他終於肯上班了，難道原諒自己了？

劉盈之所以願意出門，是因為他得知，自己的哥哥 —— 齊王劉肥也來了長安。

劉邦有八個兒子，劉肥是他早年和情婦曹氏生的兒子。劉邦非常喜歡這個長子，從他分封給劉肥的地盤就能看得出來。要知道，劉肥被封為齊王，齊國是漢初第一大封國，統轄七十三城，疆域遼闊，人口眾多，較為富庶。劉盈在很小的時候就喜歡和哥哥劉肥一起玩，兩人關係很好。

各路諸侯大臣們進京朝見皇帝，皇帝自然也得有所表示。這一天，劉盈單獨叫來劉肥，要請他喝酒，劉肥自然很高興。

劉盈是皇帝，坐在上席；劉肥只是個王爺，坐在下席。

酒過三巡，菜過五味，兄弟相聚，劉盈難得放開一次，反正兩人是親兄弟，劉盈也沒那麼多講究，把劉肥拉到了自己旁邊。劉肥也是喝昏了頭，想都沒想一屁股就坐上去了，繼續划拳：「哥倆好啊，六六六……」

恰在此時，呂后從旁邊經過，聽見裡面吆五喝六的，進去一看，兩人勾肩搭背，正在一起拼酒。

呂后氣炸了：「你算什麼東西？你不過是個庶出的私生子，給臉不要臉，皇帝跟你客氣一下，你還當真了，敢跟皇帝坐在一起，你到底有何居心？」

呂后當即讓侍者為劉肥準備了一杯酒。

呂后的出現讓劉肥頗感意外，面對皇太后的這杯酒，劉肥受寵若驚，接過酒，正準備喝下，不料卻被一旁的劉盈攔住了。

劉盈第一時間聞到了死神的味道，他搶過劉肥手裡的酒杯，笑意盈盈地向母后祝酒。

呂后嚇壞了，這逆子竟敢從中作梗，難道他看破了自己的心思？

「不能啊！」

劉盈再不聽話，畢竟是自己的兒子，絕不能讓他喝下這杯酒！

眼看著劉盈舉杯就要一飲而盡，呂后這才反應過來，撲過去打翻了那杯酒。

什麼情況？

其實這種局面，傻子都能看得出來，那杯酒絕對有問題！呂后這是沒安好心呀！

想到這裡，劉肥驚出一身冷汗，他立即裝作醉酒的樣子，表示再也喝不下了，準備回去休息了。場面一度很尷尬，大夥兒只得各自散場離開。

出了宮，劉肥一路跑回到自己在京城中的公寓，馬上派人去打探消息。沒多久就傳回消息，呂后賜的確實是一杯毒酒！

這下子，劉肥腸子後悔死了，一向老實的劉肥可從來沒有想過篡位之類的事，他只想每天有吃有喝，繼續過自己幸福快樂的日子。早知道會招來殺身之禍，自己說什麼也不會跟劉盈沒大沒小地喝酒了，後悔啊！

想到這裡，劉肥馬上讓人收拾東西，準備回自己的大本營——齊國。才出門，就看到有不少暗哨在盯梢。「想溜？門兒都沒有！」

劉肥絕望了，長安城就是一座巨大的牢籠，他出不去了。

這時，齊國的內史替他出了個主意：「太后只有皇上和魯元公主兩個孩子。如今大王您擁有七十多座城，而公主只有幾座城，大王如果能把一個郡的封地獻給太后，來作為公主的湯沐邑，太后一定很高興，您也就不必再擔心了。」

劉肥一聽，心想：「這個辦法可行嗎？行不行，試了才知道嘛！」

此時的劉肥已經嚇呆了，只要能活命，別說一座城，就是十座城，他也會毫不猶豫地獻出去。劉肥立即入宮，要求求見呂后。

得知劉肥主動要讓出齊國最富庶的城陽郡給魯元公主，呂后很高興：「這小子還是很上道嘛！」

回到京城公寓的劉肥驚魂未定，他覺得這不夠，反正自己是私生子，索性低三下四地違背常禮，尊魯元公主為王太后。

是的，你沒有聽錯，哥哥劉肥主動要求尊妹妹為王太后，認了一個媽！

消息傳來，呂后很是欣慰：「既然這樣，這次先放過你，回去老老實實當你的齊王吧，別惹事就行。」

有了呂后的應允，劉肥收拾好東西，出了長安城，一溜煙就跑回了自己的大本營 —— 齊國。長安城真不是人待的地方，他發誓以後再也不會來這裡了。

劉肥回到齊國後，沒幾年就病死了，但是這並不代表他和呂氏的恩怨就此完結了。多年以後，劉肥的三個兒子接過父親的接力棒，繼續跟呂氏硬碰硬到底。

君子報仇，十年不晚，我們走著瞧吧！

第二章

帝王權術

不得已的貪汙

蕭何老了。

想當初，蕭何在沛縣政府做祕書時便胸懷大志，與小混混劉邦結下了深厚的友誼。陳勝、吳廣揭竿而起，蕭何積極動員縣令召回犯事避難的劉邦，而劉邦也自此踏上了革命的道路。

劉邦攻克咸陽後，大夥兒都忙著搶奪珠寶、美女，蕭何卻爭分奪秒地接收了丞相、御史府所藏的律令與圖書，掌握了全國的山川險要、郡縣戶口，對日後贏得楚漢戰爭並安邦治國發揮了重要作用。

在楚漢相爭的艱難歲月裡，劉邦屢戰屢敗，屢敗屢戰，蕭何則一直留守關中，把大後方治理得井然有序。每當劉邦賠光全部家底時，蕭何從來沒有任何抱怨，總是默默肩負起責任，源源不斷地輸送士卒、糧餉支援作戰。

世人評價，項羽百戰百勝，但是最後一敗塗地而自刎烏江；劉邦屢敗屢戰，最後終於熬死了項羽，蕭何就是勝負手。

自從進入關中以來，蕭何就擔任丞相一職，如今已經十多年了。十多年來，蕭何一直勤勤懇懇、任勞任怨，堪稱勞模。建國初期，劉邦在論功行賞時，給了蕭何第一功臣的榮譽稱號。

大夥兒都不服，劉邦親自站出來解釋：「打獵時，追逐狡兔的獵狗是有功的，有功之狗為『功狗』，你們在戰場拚殺，攻城略地，好比是『功狗』。而蕭何是指揮打獵的，是『功人』，『功狗』雖然重要，怎麼比得過『功人』呢？」

無論從哪方面來看，蕭何都是劉邦身邊最忠實的盟友。然而，隨著各路諸侯王一個接一個謀反，劉邦變得越來越多疑。坐在高高的龍椅上，劉邦的目光掃過匍匐在腳下的眾人，心中常常會湧起一股總有刁民想害朕的感覺。

很快，劉邦的目光鎖定了老實人蕭何。

蕭何表面上老實本分，工作上盡心盡責，可是誰知道他內心到底怎麼想的？這麼多年，自己在外帶兵打仗，跟項羽硬碰硬，蕭何坐鎮關中，收攏百姓，穩定人心，在民間累積了很高的威望。如果這老傢伙振臂一呼，帶頭造反，誰能降得住他？

對於一個帝王而言，底下的臣子不能太差勁，也不能太優秀。太差勁，會影響辦事效率；太優秀，會遮蓋自己的光芒。只有那些不好不壞的人，用起來才順手。皇帝未必真正痛恨貪汙腐敗的臣子，也未必真正喜愛廉潔奉公的官員。有時候，廉潔奉公甚至會招來殺身之禍，就像有時候貪汙腐敗反而能保護自己一樣。

蕭何雖然堪稱漢初第一專業經理人，但是他的政治敏感性一直很差勁。做工作，蕭何沒得說，但是對於帝王的這種隱祕心思，他似乎一直猜不透。

楚漢相爭期間，劉邦常年在外征戰，忙裡偷閒總會派人到大後方慰問一下蕭何：「最近身體怎麼樣？工作忙不忙？」

起初，蕭何沒把這事放在心上，還以為是老闆關心員工。

兩三次過後，一個叫鮑生的人發現了其中的問題，他找到蕭何，提醒他：「漢王在外作戰還不忘時常唸叨你，這可不是一件好事。依我看，漢王是懷疑你有野心了，你趕緊將家裡面能打仗的人都派到前線去吧！」

蕭何很聰明，他馬上反應過來，將自己的至親家屬二十多人派赴前線參軍，為軍隊效力，這才打消了劉邦的顧慮。

然而，在天下一統，尤其是蕭何被封為第一功臣後，他這根弦還是鬆了。

這一年，劉邦帶兵出征謀反的陳豨，呂后坐鎮長安，聯合蕭何除掉了韓信。

劉邦回來後，得知心腹大患已除，而且還是蕭何出的主意，非常高興，替他增加封邑五千戶，允許他增加保鏢。

加官進爵的蕭何自認為聖眷正隆，感覺人生已經走上了巔峰，所以在家中大擺宴席，準備好好慶賀一番。

一時之間，蕭何府上門庭若市，高朋滿座，大夥兒頻頻舉杯，喜氣洋洋。

就在這時，卻有一個人不合時宜地穿著孝服，手舉白幡，一副死了爸媽的樣子，站在蕭何門前。

蕭何很生氣：「什麼人？敢在這個時候到我府上？」

出來一看，原來是自己的門客召平。

召平是秦朝時期的東陵侯，後來天下大亂，這官也做不下去了，索性辭官隱居，在家終日以種瓜自娛自樂。召平對於種瓜很有心得，他種出來的瓜個個甘甜可口，被時人稱為「東陵瓜」。憑藉著這門手藝，召平在當地小有名氣，後來當了蕭何的手下。

雖然找到了靠山，可是召平跟一般的門客不一樣，別的門客都是錦上添花，召平卻不稀罕做這種事，他要麼不出手，一出手必定要不同凡響！

這一次，明知老大在辦宴會，召平卻什麼都禮物都沒帶，反而穿著一身不合時宜的衣服，到相府號喪。

大好的日子遇上這種事，蕭何很不高興。

「你是有什麼冤屈？」

「沒有。」

「那你是對我有什麼不滿？」

「也沒有。」

「既然都不是，那你為何要這樣做？」

「我是來為你奔喪的。」

蕭何心中咯噔一下：「你什麼意思？」

召平微微一笑：「相國啊，你真以為門外那五百保鏢是來保護你的嗎？」

蕭何聞言，臉色大變，酒也不喝了，趕忙將召平請入內室。

蕭何問他：「我如今貴為相國，加封五千戶，可謂是聖眷正隆，但是我平日裡做事小心謹慎，不敢稍有疏忽，為何您剛才出此言論？」

召平詭祕一笑：「陛下這些年來南征北戰，親冒矢石，而你卻在長心安理得地加官進爵，過著自己的舒服日子，你沒看到淮陰侯韓信當年也曾經功高蓋主嗎？因為韓信謀反一事，陛下已經對你起了疑心。這五百人不是保護你的，而是來監視你的，你要小心別落得韓信的下場啊！」

蕭何聽完，不禁嚇出一身冷汗。「是啊，老大在前線衝鋒陷陣，自己卻在大後方過舒服日子，這 —— 這簡直是在找死啊！」

蕭何覺得自己的後襟都已經溼透了，冷汗淋淋。

現在的問題是，如何才能消除這種懷疑？

召平告訴他：「問題倒也不難解決，你現在擁有的這一切都是陛下給的，只有獻出一部分財產，向陛下表明自己絕無二心，才有可能保全自己。」

第二天，蕭何早早入宮面見劉邦，說自己無功受祿，不敢領取封賞，請求將自己的一部分財產捐助給朝廷。

劉邦臉上露出了欣慰的笑容：「這老小子還是很上道嘛！」

都說好了傷疤忘了疼，被劉邦一頓誇，蕭何又得意了。

這一年，九江王英布謀反，劉邦不得已，拖著病體再次出征，仍舊是蕭何坐鎮長安。蕭何每次派人將糧食輜重運到軍中時，劉邦都會有意無意地問使者：「蕭何最近在忙些什麼？」

使者老老實實回答：「蕭相國殫精竭慮，愛民如子！」

劉邦聽後默不作聲。

使者回到長安後，將這事如實告訴了蕭何，蕭何想了半天，也猜不透劉邦的心思。既然想不通，那就不想了，老老實實做好自己份內的事，等著老大凱旋吧！

這一天，蕭何再次遇到召平，將自己的想法如實告訴了他。

當局者迷，旁觀者清，對於眼下蕭何的處境，召平一眼就看出了問題所在，他連忙對蕭何說道：「你不久就要被滿門抄斬了！」

蕭何嚇得臉色煞白：「為什麼？」難道自己鞠躬盡瘁，反而錯了？

召平告訴他：「你身為百官之首已經無可封賞，關中百姓對你愛戴擁護，你也竭力安撫百姓。現在陛下問你的動態，實際上是怕你在長安圖謀不軌啊！以你的號召力占據關中，百姓歸附，陛下將腹背受敵，所以陛下對你不放心。」

蕭何這下慌了，向召平求助道：「那我該怎麼辦？難道非得落個『狡兔死，走狗烹』的下場不可？」

事情當然還沒惡化到那一步。召平替蕭何出了個主意：「那倒不至於。陛下之所以對你不放心，是因為你在民間威望太高。如今之計，只有自汙身分，替自己製造些壞名聲，比如強買百姓田產，讓百姓罵你恨你，甚至到陛下那裡告你，陛下就會放心了！」

蕭何長嘆一聲：「我怎麼能去做貪官汙吏呢？這有違我的初心啊！」

當然，嘆息歸嘆息，為了保全自己，蕭何只得違心地去做一些損公肥私、損人利己的事，讓長安市民雞飛狗跳，怨聲載道。

劉邦揍完英布，一進長安城，就被沿途的市民圍住了，大夥兒哭著喊著要求劉邦為他們做主。

帝王心思你別猜

劉邦的臉一下子就黑了：「什麼人？敢在天子腳下占百姓的便宜？看我不擰下他的腦袋當夜壺！」

底下人趕緊跟他彙報，說侵占民田、占人便宜的就是丞相蕭何。

「蕭何？」

劉邦瞪大了眼睛：「你確定沒搞錯？」

「絕對不會有錯，這是百姓們寫的狀子，全都是控訴蕭何的。」

確定是蕭何無疑後，劉邦的表情反倒多雲轉晴，想不到平日裡清正廉潔、大公無私的蕭何也有這樣一面，真是讓人大開眼界！

劉邦笑呵呵地收下訴狀後，回到宮中，第一時間就把蕭何叫了過來。看著眼前漲紅了臉的蕭何，劉邦一本正經地審問他：「你口口聲聲說自己一心為國，看看這些訴狀，怎麼解釋啊？」

事情是自己做的，還能怎麼解釋？蕭何只能連連道歉，說自己一時財迷心竅，請劉邦責罰。

不料，劉邦卻大手一揮，沒有繼續追究的意思：「算了，這事是你自己惹出來的，還得你親自跑一趟，向百姓謝罪。」

看著蕭何惶恐不安離去的背影，劉邦哈哈大笑。那一刻，他感到一種從未有過的輕鬆。

為什麼劉邦沒有處罰蕭何？很簡單，透過侵占土地一事，蕭何實際上是為劉邦翻開了自己的底牌，告訴他：「我蕭何雖然是開國元勳，可我也是一個俗人，我也有貪財之心。」

人一貪財，眼界必小，弄權之心，不免遜退。蕭何搞臭自己的名聲，其實也是一種無奈的選擇。

一場危機就這樣被劉邦輕描淡寫地略過。蕭何一看，自己果然沒事，他那盲目的自信心開始膨脹了，又開始了作死的行為。

身為丞相，關心民間疾苦是他的本職工作。在日常調研走訪中，蕭何了解到長安城周邊人口眾多，可是耕地遠遠不夠，糧食供給是個大麻煩。

為了開拓更多的耕地，蕭何把目光瞄向了上林苑，這是秦朝時期修建的「皇家園林」，一直都是皇家的後花園和遊獵之地。這一日，蕭何找到劉邦，提了一條建議：「長安一帶人多地少，百姓們缺少耕地，日子過得很苦。上林苑中有很多空地，早就已經廢棄荒蕪，我想請陛下下令退林還耕，讓百姓們進去耕種打糧，留下禾稈作為動物的飼料。」

蕭何的出發點是好意，不料劉邦卻勃然大怒：「好你個蕭何，一定是接受了商人的財物，竟然想占用我的上林苑！」

劉邦立即傳旨把司法部長（廷尉）找來，將蕭何披枷戴鐐，關進了大牢。

蕭何一臉無辜：「我是為了百姓著想，憑什麼抓我？」

蕭何啊蕭何，怪就怪你平日裡雖然做工作兢兢業業，卻始終猜不透帝王心思，不懂官場遊戲規則。普天之下莫非王土，率土之濱莫非王臣，天下的一草一木都是皇帝的，你蕭何有什麼資格割讓皇家土地來補貼百姓？要是真這樣做了，贏了名聲的只會是你蕭何，而不是劉邦啊！

作為皇帝來說，頭等大事是維護自己至高無上的權力，一切對此權力的覬覦者，或者可能的覬覦者，都屬於被消滅之列。韓信如此，彭越、英布如此，蕭何差一點也屬於此列，張良如果不急流勇退，只怕也難逃此列。

當然，漢初第一功臣進了監獄，勢必會引發軒然大波。蕭何的工作作風，大夥兒都是看在眼裡的，說他貪汙受賄？沒有人會相信，當務之急是先把人救出來。

然而，救人也是要講究時機的，眼下皇上正在氣頭上，這個時候去為蕭何求情，搞不好自己就成了蕭何的獄友了。

就在朝中大臣們觀望的時候，一個姓王的衛尉果斷站了出來，大著膽子問劉邦：「相國犯了什麼大罪，陛下要把他關到大牢內？」

劉邦：「我聽聞李斯當秦朝丞相時，有了成績歸功於始皇帝，有了過錯自己擔著。如今蕭何收受商人財物，妄想占用我的上林苑，討好民眾，所以朕才抓了他。」

衛尉：「陛下跟楚軍硬碰硬數年，又數次外出平叛。如果相國想謀反，當時在關中留守時，他只要跺一跺腳，函谷關以西就不屬於陛下了。相國沒有趁機為自己謀利，又怎會在今天貪圖商人的錢財呢？」

劉邦一想也是，如果蕭何想謀反，當年有大把的機會，何必等到今天？

想到這裡，劉邦讓人去帶蕭何回來。

蕭何蹲了幾天大獄，雖說在裡頭沒受什麼罪，但是畢竟老手臂老腿經不起折騰，久困之下，人也消瘦不少。今天突然被放出，回到這寬敞的大殿中，蕭何一時還有些不適應，及至劉邦發問，他怔了好一會才反應過來，叩頭道：「罪臣蕭何，謝陛下天恩！」

堂下，是蓬頭垢面、光著腳丫子的蕭何；堂上，是一臉得意的劉邦。

看著年邁的大臣如此狼狽，劉邦臉皮再厚，也覺得不好意思了，他揮了揮手，道：「蕭相國算了吧，相國為民請求上林苑，卻被我否決了，我是桀、紂那樣的君主，而相國則是賢相。我把你用鐐銬抓起來，是想讓老百姓知道我的過錯。」

蕭何臉上燙燙的，這話他沒辦法接。

在經歷了這次重大打擊後，劉邦雖然表面上依然對蕭何客客氣氣的，但是蕭何的心已經冷了。

都說帝王心涼薄，想當初，自己辭去了令人豔羨的公務員工作，冒著掉腦袋的風險追隨劉邦打江山鬧革命，一路經歷了多少坎坷！劉邦在戰場上屢戰屢敗，哪一次不是自己在大後方為他擦屁股、徵兵納糧，幫助他東山再起？

想不到現在，卻因為皇帝的無端猜忌，進了一趟監獄。

身為文臣，最看重的是清譽，如今這段經歷，好比在一張白紙上塗了墨水，人生有了汙點，這讓蕭何如何能甘心？

曾經，他們是無話不談的好兄弟，而如今，他是高高在上的皇帝，在那萬人中央，享受著萬丈光芒，自己是匍匐在他腳下的臣子，唯有仰望。

兩人的距離越來越遠。

也罷，就讓胸中這鬱積的不平之氣，盡付這眼前寂寥的山河吧！

晚年的蕭何，做事更加謹小慎微，生怕被別人挑出毛病。他把田宅都置辦在窮僻之處，也不建高宅大院。別人問他緣由，他的答案是：「如果我的後代賢能，一定會學我一樣勤儉；就是不能幹，家產也不會被豪強所奪。」

日曆翻到了惠帝二年。

新的一年，有人大了一歲，有人則是老了一歲。

這一年，蕭何病重，躺在床上，只剩一口氣了。

皇帝劉盈知道後，親自前來慰問，他拉著蕭何的手，問道：「您如果不在了，誰可接您的班啊？」

對於這個問題，劉邦其實早有安排。想當初，劉邦臨死前，就向呂后交代過，蕭何死後，曹參可以接他的班。按理說，劉盈不可能不知道這個安排。但他還是問了，因為他想知道蕭何的想法。

蕭何知道他在明知故問，答道：「知臣莫如君。」

劉盈也不客套了，直接問他：「您覺得曹參如何？」

蕭何：「陛下已得其人，臣死而無憾也。」

這年七月，蕭何去世。

無為而治的智慧

此時的曹參正在齊國當丞相。得知蕭何去世，他立即對身邊的人說：「趕快收拾一下行李，我要搬家了。」

大夥兒有點疑惑：「好好的搬家做什麼？往哪搬？」

曹參回答：「我要接蕭何的班，自然是往長安城搬了。」

當初劉邦臨死前跟呂后的談話屬於朝中機密，因此其他人並不知曉。數日後，朝廷的任職檔案送到齊國，曹參果然被欽點接任蕭何的國相職務。

在這裡，我們有必要介紹一下即將成為眾人焦點的曹參。

跟蕭何一樣，曹參也是劉邦在沛縣的哥兒們，曾經當過沛縣的典獄長，也是蕭何的下屬。劉邦起義後，蕭何和曹參跟著劉邦一起做大事。

蕭何是文官，坐鎮大後方為前線輸送補給；曹參是武官，負責在前線帶領弟兄們衝鋒陷陣。兩人一個文，一個武，堪稱劉邦的左膀右臂。

楚漢爭霸時，曹參追隨劉邦南征北戰，與秦末名將章邯正面交過手，擊殺了李斯的兒子李由，還跟項羽打過幾次仗。在當初的沛縣元老集團中，曹參的戰功排在第一位，除了他本人勇猛善戰外，還有一個重要原因，他的頂頭上司是超一流名將韓信。

戰爭是最好的課堂，實踐是最好的教材，在常年的軍旅生涯中，曹參能夠親自聆聽、觀摩韓信的行軍布陣和兵法謀略，這對他此後的軍事風格產生了重要影響。關於曹參的戰績，軍功簿上明明白白地記著：「參功：凡下二國，縣一百二十二；得王二人，相三人，將軍六人，大莫敖、郡守、司馬、候、御史各一人。」

也就是說，曹參一共攻下了兩個諸侯國、一百二十二個縣，俘獲了兩個諸侯王，三個諸侯國丞相，六個將軍，大莫敖、郡守、司馬、軍候、御史各一人。

既然如此，為什麼我們在楚漢戰爭的舞臺上極少能看到曹參的身影呢？

很簡單，因為當時的舞臺上將星雲集，在項羽、韓信等超一流名將耀眼的光芒下，我們很容易忽視其他人的光彩，譬如曹參、周勃。當然，歷史是公平的，當那些超一流的人物逐漸退場後，就為他們留下了專門的舞臺表演空間，讓他們也做一回歷史舞臺上的主角，享受最好的燈光與機位，擁有最多的特寫與對白。

而現在，輪到曹參出場了。

漢朝建立後，大夥兒忙著爭功，經過一番熱烈討論，一致認為曹參在戰場上衝鋒陷陣，渾身上下有七十多處創傷，攻城略地，功勞最大，肯定會被封為第一功臣。

結果沒想到，劉邦卻力主將一直在後方提供支援的蕭何立為第一，曹參立為第二。

對於這個結果，曹參倒也沒說什麼，按理說他和蕭何那也是多年的交情，不至於為了這些事鬧翻。但是自此之後，兩個人的關係就逐漸疏遠，見面也不說話。在滅項羽之後，劉邦特地將曹參任命為齊國丞相，讓他協助齊王劉肥守好地盤。

離開齊國前，曹參和新的齊相交接工作，他囑咐繼任的齊相：「齊國那些非法交易的場所，我已經整頓安排好了，你千萬注意不要輕易干涉。」

繼任者對此很是不理解，覺得曹參小題大做，問他：「難道治理國家沒有比這個更重要的事嗎？」

曹參搖頭：「那些非法交易場所的存在，是一種善與惡平衡的結果。這個世界上，沒有絕對的善與惡，有陽光的地方必然會有陰影。如果強加干涉，非要把那些從事非法勾當的人清除，是會出差錯的。因為這些人本來就依靠這個安身立命，如果連他們的基本生存條件都清理了，這些人就沒有辦法謀生了，到時候他們走投無路，必定會擾亂社會。切記、切記！」

曹參接過了蕭何的擔子，成為大漢帝國第二任國相。自從得知這個消息後，大夥兒的質疑聲就沒停過：「憑什麼是他？一個以前只會打仗的大老粗，他哪懂治國之道？」

就在大夥兒等著看他的笑話時，曹參卻什麼國事都不理，把門一關，整天就在相國府裡大碗喝酒，大塊吃肉，過起了醉生夢死的生活。

如果你去問曹參，這是什麼治國之道？他會告訴你八個字：「黃老之學，無為而治。」

那麼曹參對於如何治理國家到底有沒有譜？

我們再來回顧一下曹參在齊國的這段履歷。

齊國有七十座城邑，曹參在齊國當了九年的丞相。剛到任時，對於如何治理這麼一個龐大的諸侯國，大老粗曹參並沒有任何頭緒。當時天下剛剛平定，百廢待興，齊王劉肥還小，曹參一上任，就把城裡的文武百官都召來，問他們有沒有安撫百姓治理齊國的辦法。大夥兒踴躍發言，可是人太多了，嘰嘰喳喳，根本無法得出一致意見，弄得曹參也聽得一頭霧水。

「這樣下去可不行啊！」

這時，旁邊有一人向他出了個主意：「膠西有位蓋公，學識淵博，精研黃老學說，您不妨聽聽他的意見。」

曹參立即派人帶著厚禮請他來。蓋公告訴曹參：「老百姓最忌折磨，治理國家的辦法貴在清靜無為，讓百姓們自力更生。只要給他們一個安定祥和的環境，老百姓的創造力就會激發出來，為了追求美好生活而努力奮鬥。」

曹參豁然開朗：「對啊，讓老百姓好好過日子就行了，哪裡有那麼多事情？」他讓出自己的辦公室，讓蓋公住在裡面，時時請教。此後的九年裡，曹參按照黃老學說的方法，不折騰，不亂作為，讓百姓自力更生。九年裡，曹參把齊國治理得百姓安居樂業，國內一派祥和，經民意調查，齊國百姓對曹參的評價只有兩個字：賢相，滿意度 100%。

有了齊國的經驗，曹參此次進京，底氣足了很多。齊國只是一塊試驗田，如今既然證明黃老之學是有效的，下一步就是把自己的治理經驗推廣到全國。

在這裡，我們有必要解釋一下，什麼是黃老之學？

老子曾經有一句名言：「治大國如烹小鮮。」這句話有很多解釋，第一種說法是，治理大國就好像烹調小魚，要掌握好火候，油鹽醬醋料要恰到好處，不能過頭，也不能缺位。

第二種是，治理大國要像煮小魚一樣，小魚的肉質細軟，烹煮的時候不能翻來覆去地亂攪動，多攪則易爛。

其實，無論是哪種說法，總結起來就是三個字：不折磨！

把那些不實在的事都放下，少管，少做，老百姓的日子就好過了。

不論是治一地還是一國，治理都是一個緩慢的過程，不能來回折磨。黃老之學主張無為而治，認為執政者對民間則應該少一些管制、少一些折磨，老百姓其實天生就懂得如何把自己的生活過好。

不久之後，曹參對外公布了一條提拔官員的規矩：不善言辭的木訥者、性情厚重者，來者不拒；言辭犀利者、文字苛刻及追求聲名者，通通滾蛋。

曹參每天的生活就是在家裡花天酒地，喝酒唱歌，也不常按時打卡上班。連相國都這種工作作風，身邊的一些官員們也紛紛仿效，大白天的在家喝酒，划拳的聲音都傳入隔壁老曹家了。老曹家的人覺得這樣太不像話了，拉著曹參到花園裡散步，希望他聽到這些聲音後約束一下這些官員。

「聽聽，這都是被你帶壞的！」

誰知曹參聽後反而更充滿幹勁了：「隔壁有人喝酒？好事呀，我正煩惱一個人喝酒沒人陪呢，這下好了，有伴了！」他當下叫人把桌椅板凳搬到花園裡，擺了一桌酒席，高聲猜拳行令，與花園外的吆喝聲遙相呼應：「五魁首啊，六六六啊，八匹馬啊，七個巧，你輸了，喝！」

身邊的工作人員個個目瞪口呆。

時間一長，一些大臣們坐不住了，老是這麼翹班也不行啊！大夥兒約好去相國府裡規勸曹參，請他以國事為重，放下酒杯，不能再這麼吊兒郎當了。

曹參一見他們，就知道他們想做什麼，不等他們開口就把他們拉到酒桌上：「今天我們不談工作，只談感情，先喝幾杯再說！」

喝了幾杯，大臣又想張口討論工作，曹參又說：「不急不急，喝完這杯，還有一杯。」如是者再三，直到來的大臣不勝酒力，爛醉如泥，曹參才派人把他們送回家。

第二天，大臣們扶著發昏的腦袋上班：「頭好痛啊，我昨天做什麼了？」

曹參天天沉醉在酒中，不光大臣們著急，皇帝也著急啊。可是，剛剛繼位不久的劉盈又不好意思指責這位漢朝排名第二的開國功臣。想來想去，他叫來了曹參的兒子，中大夫曹窋，讓他勸勸曹參：「如此懶政、怠政，是不是看不起我這個皇帝啊？」

曹窋回到家裡就跟老爸說：「高帝剛剛去世，陛下又很年輕，您身為相國，整天喝酒，遇到事情也不向皇上報告，您到底有沒有考慮國家大事啊？」

曹參一聽，很生氣，馬上叫人將曹窋拖出去，打了二百大板，怒斥道：「你一個小孩竟敢在我面前談論國家大事！你離管國家大事還遠著呢！」

得知曹窋捱了打，劉盈坐不住了，第二天一上班，就責備起曹參來：「曹相國，你為什麼要懲罰曹窋？是我讓他問你的，你有什麼意見可以當面對我說。」

精明的曹參馬上裝出一副恍然大悟的樣子，連忙謝罪：「原來是陛下的意思啊，請陛下原諒。」

劉盈一臉鬱悶：「你打都打了，還原諒什麼啊！」

劉盈只能揮揮手，表示不再追究。當然，難得曹參今天正常上班打卡，一定得逮住你問個明白：「自從你擔任相國以來，整天就知道醉生夢死，一點都沒有蕭相國的工作作風，能說說這樣做的理由嗎？」

曹參也知道，是時候揭開謎底了。他反問劉盈：「陛下自我評價一下，您和高帝比起來，誰比較厲害？」

「我當然不如先帝了。」

御座之上的劉盈反而有點不自然了，這曹參簡直不按牌理出牌嘛！

曹參：「那麼陛下，您覺得我和蕭丞相比，誰的能力更強？」

劉盈想了想，道：「說實話，你的能力確實比蕭相國差一些。」

「那就對了，您與我都比不上先帝和蕭相國，而先帝與蕭相國平定天下後，各項法令都已經很完備了。現在我們沿著他們的路繼續走下去，讓天下百姓休養生息，不就行了嗎？還謀求這、謀求那做什麼？」

劉盈一時語塞，他心想：「確實也是這麼回事。」

「曹相國所言甚是，你該喝酒還是繼續喝吧！缺酒了告訴我一聲，宮裡正好有幾瓶好酒。」

曹參做了三年相國，海晏河清，百姓在這種輕鬆的氛圍中努力發展生產，使漢初一片蕭條的景象漸漸得到改善。百姓中流傳著這樣一句話：

蕭何制法，整齊劃一；

曹參接替，守而不失；

做事清淨，百姓安心。

第三章

呂后時代

冒頓的情書

就在漢帝國韜光養晦，一心一意謀發展時，遙遠的北方草原，冒頓單于又耍花招了。

白登山戰役過後，劉邦灰頭土臉地回了長安，匈奴則氣勢大盛，繼續對漢帝國發動進攻，搞得劉邦心煩意亂。

在婁敬的建議下，劉邦派出了一位宗室女子，經過一番包裝，把這位冒牌公主用盛大的車隊送往匈奴，從此開啟了中華歷史上無奈的和親時代。

原本以為，這下子匈奴人能消停幾年，可是沒想到，劉邦去世才三年，不安分的匈奴又開始挑釁漢帝國了。這一次，他們帶來了一封信，收件人正是漢帝國的實際掌權者 —— 呂后。

呂后展信一看，只見信中寫道：

「我是孤獨寂寞的君王，出生在溼地草澤，成長於廣闊原野、牛馬成群之鄉，多次到達漢朝的邊境，希望能夠到漢朝遊覽。陛下現在孤身一人，寂寞獨居，我們倆各為一國之主，彼此都不快樂，沒有什麼可以自娛自樂的，不如你就嫁給我，正好可以互補有無，不知你意下如何？」

還沒讀完，呂后的臉色一下子變得鐵青。

《水滸傳》中，丘小乙唱過一首歌，跟這個意思差不多：「你在東時我在西，你無男子我無妻。我無妻時猶自可，你無夫時好孤恓。」

我們現在都是單身，好不寂寞！不如，在一起了吧！

堂堂國母，竟然被匈奴如此調戲，是可忍孰不可忍！面對朝堂之上的文武百官，呂后將信扔在地上，恨恨道：「匈奴小兒欺人太甚！」

幾個朝中大臣接過信，只匆匆掃視了一眼，臉色頓時白了，隨即重重地嘆了口氣。

呂后氣得青筋暴出：「我要發兵出擊匈奴，諸位意下如何？」

話剛說完，只見一人挺身而出，脫口而出道：「臣願帶領十萬兵馬出擊匈奴，殺他個片甲不留！」

呂后一看，原來是自己的妹夫樊噲，此刻怒髮衝冠，一副激動的樣子。她心中感慨一聲：「關鍵時刻，還是自己人可靠啊！」

樊噲一帶頭，其餘的人也看出了風向，站了出來，個個慷慨激昂，唾沫橫飛，稱讚樊噲：「還是樊將軍厲害啊，此次出征，定能將匈奴人打到懷疑人生！」

乍一看，這種表態貌似赤膽忠心，其實誤國最深的就是這幫人。兵法云：「知己知彼，方能百戰不殆。」這幫人別說連匈奴兵力多少、戰馬多少，通通不知道，就是連自己兵力也不清楚。「反正我不管，主張打，那是我的事，我主張打了，我就愛國，至於打得贏打不贏，不關我的事。打贏了，那是我有先見之明，打輸了，那是你指揮不當，正好收拾你！」

呂后聽得很舒服，就在一片馬屁聲中，獨有一人站了出來，喊著：「我反對！」

大夥兒心想：「誰膽子這麼大，敢反抗呂后？」

目光聚集過去，正是中郎將季布。

只見季布昂首挺胸，大聲道：「就憑樊噲剛才這句話，就該把他拉出去斬了！」

季布語驚四座，呂后的臉立刻晴轉多雲。大夥兒看熱鬧不嫌事大，心裡開始嘀咕：「這樊噲是呂后的妹夫，如今呂后大權在握，已是朝廷的實際掌權者，你反對樊噲用兵，不就是擺明了要反對呂后嗎？你不過是一個降將，有什麼資格說這種話？」

「季布，給我一個不殺你的理由！」

呂后狠狠地瞪了季布一眼，眼裡冒出了火來。樊噲也瞪著他，目光有點不善。

季布倒是很淡定，向呂后行禮後，不慌不忙道：「想當初，高祖皇帝率三十二萬兵馬出征匈奴，尚被圍困白登山。當是時，你樊噲身為上將軍，都不能替之解圍。現在傷疤還沒好，你就忘了痛，還大言不慚地說十萬兵就能擺平匈奴，這不是睜眼說瞎話嗎？這種口出狂言之人難道不該拉出去斬首嗎？」

季布的一番話震住了在場所有人。是啊，想當初，劉邦帶著三十二萬軍隊親征，結果反被包圍，在白登山上困了七天七夜。連劉邦都沒有把握能打贏匈奴，你樊噲何德何能，敢誇下這海口？

大夥兒的目光朝樊噲射過來，樊噲的臉頓時漲得通紅起來。「丟人了，丟人了啊！」

呂后很生氣，一揮手：「退朝！」

生氣歸生氣，對於漢帝國和匈奴的實力，呂后心中還是明白的。季布的話雖然說得狠了些，但也不是沒有道理。漢朝建國已經十年，隨著劉邦的去世，當初從血與火的戰爭中脫穎而出的名將如韓信、彭越、英布早已離世，放眼望去，朝中能打仗的人寥寥無幾。

更何況，秦末的農民起義和漢初的漢匈之戰嚴重透支了國內的青壯勞力，漢朝已經沒有足夠的兵員。劉邦登基後，連四匹相同顏色的馬都找不齊，何談開戰的勇氣？

任何一個理智的統治者，都不會冒著帝國崩塌的危險，去打一場成功率約等於零的對外戰爭。

「怎麼辦？難道就這樣服軟？」

在經過一番激烈的內心掙扎後，呂后不得不向現實低頭。她讓自己最信任的大謁者，也就是司禮官張釋寫了一封言辭謙卑的回信：

「單于還記得老身，賜我書信，令我誠惶誠恐。可是我現在已經年邁氣衰，頭髮跟牙齒都開始掉了，走起路來也搖搖晃晃的。我想單于一定是誤聽了別人的話，要跟我這樣的老太婆結秦晉之好，單于您這不是在汙辱自己嗎？老身反省一番，自以為沒有做過什麼對不起單于的事，您還是放我一馬吧！我送您兩輛馬車，八匹駿馬，還望您笑納。」

卑微嗎？確實卑微，可是人家實力擺在那裡，由不得你不低頭。

為了防止冒頓寂寞，又想起自己這個老太婆，呂后又安排一名年輕貌美的女子前往匈奴。對於送上門的美女，冒頓自然是笑納，並且回了一封信：

「我冒頓愚昧，實在是因為不懂得你們文明國家的禮儀，對您多有所冒犯，還好得到了您的諒解，才沒有讓兩國陷入戰爭，望乞恕罪！」

面對匈奴使者離開的身影，呂后咬牙切齒地發誓：「匹夫無不報之仇，冒頓，這筆帳我們回頭再算！」

審食其——呂后的情郎

西元前 191 年，這是劉盈繼位的第四個年頭，這一年，他虛歲二十。

在經歷了「人彘」事件後，劉盈對現實徹底絕望，也不上班，每天用酒精來麻醉自己。眼看著劉盈跟自己的關係越來越差，為了把他牢牢地控制在自己手裡，呂后想到了一個辦法：為劉盈找個媳太太。

古代結婚，講究父母之命、媒妁之言，基本上都是父母一手包辦，身為皇帝的劉盈也不例外。本著肥水不流外人田的心思，呂后在自己的圈子內挑來減去，最後選中了張嫣。

張嫣則是趙王張敖和魯元公主的女兒。

你沒有看錯，劉盈要娶的皇后，就是自己的親外甥女。

呂后十分得意地告訴兒子：「這叫親上加親！」

劉盈十分惱怒：「這不叫親上加親，我絕不答應！」

劉盈比張嫣大八歲，這一年，劉盈十九歲，而張嫣只有十一歲，放到今天也就是小學五年級的學生。這麼小的年紀，身體都還沒完全發育呢，顯然還不到結婚的時候。可是呂后不管這一套，她不顧劉盈的強烈反對，硬是把年幼的張嫣塞給了劉盈。

在冷血的呂后眼中，只有握緊手中的權力是最重要的，為了皇權的穩固，什麼人倫道德，什麼禮義廉恥，通通都靠邊站！

不僅如此，呂后還交代年幼的張嫣一項重要而緊急的政治任務——趕緊生個孩子。

劉盈的內心充滿了屈辱，每晚跟張嫣分開睡，算是守住了最後的底線。

日子一天天過去，張嫣的肚子卻一點反應都沒有。呂后很鬱悶，她包辦了劉盈的婚姻，總不能替他生孩子吧？呂后一度懷疑是劉盈身體不行，可是問題在於，後宮中陸陸續續有不少人都懷上了，只有張嫣那兒沒一點動靜。

為了替劉盈找一位接班人，呂后最後想出了一個辦法，那就是假懷孕。她找到一個剛生了孩子的宮女，殺了她，抱走孩子，謊稱是張嫣的孩子，讓她撫養。

劉盈的內心早已絕望，無力反抗呂后，他只想遊戲人生，用酒精來麻醉自己。

漢初有兩座宮殿，一個是長樂宮，一個是未央宮。

漢朝建立後，最初定都洛陽，三個月後遷都長安。遷都後，劉邦將位於城東南的秦興樂宮稍加修復，改為長樂宮，每天在這裡上班處理政務。長樂宮面積約六平方公里，由長信、長秋、永壽、永寧共十四座宮殿臺閣組成，韓信就是被呂后和蕭何騙至長樂宮的鐘室內，套上布袋殺害的。

劉邦當了皇帝後，虛榮心開始膨脹，他總覺得長樂宮的規模還不夠大，跟自己的身分和帝國形象不匹配，又開始思索建造自己的宮殿，把這件事交給了丞相蕭何。

蕭何接到任務後，叫來長安市長一起規劃，最後將地址選在長安城西南角，修建了一座非常氣派和豪華的宮殿，這就是未央宮。「未央」意為沒有災難，沒有殃禍。

當時劉邦正領兵在外，剛剛回京，眼見宮殿如此豪華，心中又開始忐忑了，他質問蕭何：「天下混亂苦戰數年，勝負未知，讓你建個宮殿，你弄得這麼豪華，未免太過分了吧？」

蕭何心想：「不是你要我建的嗎？現在你說太奢侈了，當初設計的時候怎麼不說？」

當然，這些話蕭何只能在吞在肚子裡，表面上還得維護劉邦的面子：「正因為天下尚未安定，我們才有機會建造宮室。況且天子占有四海之地，不如此不足以體現天子的威嚴。建造得壯麗一些，可以叫後代永遠無法超越它。」

劉邦一聽，這個馬屁拍得舒服，拍到了自己的心坎上。「既然這樣，那就繼續建吧！」

劉盈繼位後，各地的人口陸續被遷到長安城。劉盈覺得長安城太小了，這麼多人顯然安排不開，於是開始擴建長安城，並將自己的辦公地點搬到了未央宮。

劉盈雖然搬到了未央宮，三不五時還是得到長樂宮轉轉。畢竟自己的母親還在那裡，雖然兩人的關係早已破裂，但自己畢竟是皇帝，天下人都在看著呢，他也不好意思做得太過分。

問題在於，未央宮和長樂宮，一個在西邊，一個在東邊，中間還有一段距離。自己每次出門，都得一大群人鳴鑼開道，對百姓的日常出行造成了嚴重影響。

太張揚了！

劉盈不想弄得這麼張揚，他決定在兩座宮殿之間修一條天橋，以後想去長樂宮，直接過天橋就行了，既方便了自己，也方便了別人。

天橋開工沒幾天，叔孫通來了，他一眼就看出了問題，對劉盈說：「這天橋有問題！」

劉盈有點糊塗了：「一座天橋而已，能有什麼問題嘛！」

叔孫通告訴他：「先帝的皇陵和宗廟在兩座宮殿的一南一北，先帝的衣冠每個月都在皇陵和宗廟之間往來，如果在這條路上修了天橋，豈不是兒子踩在父親的頭上？」

原來，按照當時皇家的禮儀，劉邦雖然已經不在了，但是他生前穿戴的衣帽每個月還得從墓園裡捧出來，捧到劉邦的祭廟，這就是史書上說的「遊衣冠」。

劉盈是個孝順的孩子，一聽到這些話，馬上緊張起來，準備拆掉天橋。

叔孫通卻擺擺手：「如果拆天橋，就等於向世人承認您做錯了。您是天子，天子怎麼會錯呢？這樣做會影響天子的威嚴，所以天橋不能拆。」

劉盈有點手足無措：「那怎麼辦？」

叔孫通告訴他：「我有一個兩全其美的辦法，陛下不如另外找個地方，按照原樣再修一座高祖的陵廟。老祖宗打下了江山，把衣冠搬過去，反正多建幾座紀念館，別人也不會懷疑嘛。」

劉盈一聽：「這個主意好，就照你說的去辦！」

這一天，一條祕密消息傳到了劉盈的耳中：「闢陽侯審食其和你母親有一腿！」

其實這個消息，劉盈是最後一個才知道的。關於呂后與審食其有一腿的消息，先是從宮女宦官傳出來的，隨後從長樂宮宮牆的牆根爬上牆頭，走上大街小巷，走進千家萬戶，成為大家茶餘飯後的話題。

劉盈一聽，氣到不行，他彷彿看到父親的墳上隱隱冒著綠光。劉邦去世還沒幾年，這審食其竟然膽大包天，跟自己的母親勾搭，這要是傳了出去，皇家的顏面何存？

其實這種尷尬的事情，當年的嬴政也曾遇過。當初，自己的母親趙姬跟假太監嫪毐有姦情，還生下了兩個孩子。為了保全母親的名聲，嬴政假裝看不見，想不到嫪毐竟然得寸進尺，私欲膨脹，密謀造反。忍無可忍的嬴政果斷出手，除掉了嫪毐，將自己的母親幽禁雍城，這事才算告一段落。

劉盈沒有嬴政的手腕與魄力，他對自己的母親沒辦法，只能拿審食其出氣。盛怒之下的劉盈將審食其關進了監獄，誰也不許求情。至於下一步怎麼處理，「哼哼，等我想到折磨你的辦法再說！」

得知老情人被抓，呂后急得直跺腳，卻毫無辦法。呂后雖然權勢滔天，但是唯獨這件事她無法插手，如果她去求情，豈不是承認了自己與審食其的姦情？

審食其被關入監獄後，家人四處託人求情，可是大夥兒都知道這是皇帝劉盈簽發的逮捕令，誰敢替他說話？審食其獨自在監獄中盤點自己的人脈，最後想到了一個人，朱建。

朱建跟審食其有什麼關係？

這事還得從幾年前說起。

朱建，楚國人，曾經當過淮南王英布的手下。當初英布準備造反時，朱建曾力勸英布，可惜英布沒有聽進去。結果，沒聽建議的英布人頭落地，劉邦得知朱建曾反對英布造反，對他好感大增，不僅免除了他的罪責，還賜號「平原君」。

在朝堂上，朱建算是另類人物，作風廉潔，自律甚嚴，對看不上眼的人絕不交往。只有名嘴陸賈跟他常有來往，關係不錯。

審食其封侯以後，為了培養自己的勢力，就想拉攏朱建入夥，當自己的手下。

對審食其的示好，朱建倒很直接坦率，不理他。

「你審食其是什麼東西，也配和我玩？」

朱建當面擺臉色，對審食其是極大的汙辱。審食其雖然很生氣，但是並沒有打擊報復，他在繼續等待機會。

幾年以後，朱建的母親去世，由於家境貧寒，為官清廉，他甚至沒有錢為母親辦理喪事。陸賈卻從中發現了機會，他找到審食其，告訴他：「朱建的媽媽死了。」

審食其有些莫名其妙：「他媽媽死了，跟我有什麼關係？」

陸賈說：「你忘了？朱建可稱是個君子，按照孔夫子『君子固窮』的理論，正人君子們撈錢的本事是不行的，現在朱建正煩惱沒錢為老孃發喪出殯。你要是能抓出這個機會，幫他辦好喪事，朱建就欠了你天大的人情，再拉攏他就不難了。」

審食其恍然大悟：「這事好辦，我什麼都缺，就是不缺錢！」

審食其出重金資助朱建，小弟們一看老大都主動幫忙了，紛紛效仿，有錢出錢，有力出力，朱建的母親終獲風光大葬。

由此，朱建欠了審食其一份天大的人情。

朱建一向標榜自己做事光明磊落，絕不與小人同流合汙，然而在殘酷的現實面前，他所堅守的這份氣節卻是如此不堪一擊。當然，我們無法苛求朱建，因為我們都曾經歷過沒錢的尷尬、困難和苦惱。

而如今，審食其在監獄中束手待斃，家人找到了朱建，請他想辦法救審食其一命。

面對審食其家人的請求，朱建卻是斷然拒絕：「審食其與呂后私通，皇帝震怒，誰敢在這個時候去觸霉頭？」

看著審食其家人憤然離去的背影，朱建的內心卻並不像表面那麼平靜。他雖然瞧不起審食其這種人，但是沒辦法，審食其在關鍵時刻幫了他一把，這份恩情比天大，他必須要還。眼下皇帝正在氣頭上，直接去找皇帝求情肯定行不通。

想來想去，他決定去找另一個人幫忙。

這個人叫閎孺，身分比較特殊，他是劉盈的好友。

自從劉盈看「人彘」受了刺激後，終日沉緬於酒色之中。他身邊雖然美女眾多，卻更喜愛小白臉閎孺，兩人經常一起睡覺。以致劉盈一朝官員為能獲得皇帝的垂青，穿戴打扮上都向他看齊，帽子上插羽毛，臉上塗脂粉。

朱建找到閎孺後，嚇唬他：「陛下要殺審食其，一旦審食其死了，你的小命也不保了。」

閎孺有些莫名其妙：「陛下殺審食其，跟我有什麼關係？」

不只是閎孺想不通，我也想不通這兩者有什麼關係。

然而，朱建的糊弄能力不是吹牛的，且看他如何將這兩件事連繫起來。

朱建:「皇上寵愛您的原因，地球人都知道。現在闢陽侯受寵於太后，長安城裡的百姓都說，都是因為您在皇上面前說他壞話，審食其才被逮捕入獄。」

閎孺氣炸了:「胡說八道，我沒說過他的壞話！」

朱建說:「不管您有沒有說過，反正大夥兒都認定了是您。如今之計，能救闢陽侯性命的，只有您，我勸您趕緊去替闢陽侯向皇上求個情。如果皇上聽了您的話，放出闢陽侯，太后一定會非常高興。如果能同時得到太后、皇上兩個人的信任，那麼您的榮華富貴就不用煩惱了。」

閎孺想了半天，問了一個關鍵性的問題:「可是，我為什麼要救闢陽侯呢？」

朱建說:「您救闢陽侯，就是救自己。如果今天闢陽侯被皇上殺了，那麼明天早上太后震怒，必定會把火氣撒到您身上，到時候您的命在嗎？」

無論朱建的這條邏輯鏈有多不完整，那一刻，閎孺竟然信了，馬上進宮找劉盈灌輸自己的看法。劉盈心一軟，竟然下令特赦審食其。

審食其這條命算是撿回來了，但是不要高興得太早。雖然劉盈暫時放過了他，但是他跟呂后私通這事是賴不掉了，而他在今後將為自己的行為付出代價。

陰影下的短命皇帝

漢惠帝五年(西元前 190 年)，這年漢朝發生了很多怪事。大冬天的雷聲陣陣，按農村老話講，「雷打冬，十個牛欄九個空」。在古人看來，冬天為萬物藏伏之季，冬天打雷，叫做「擾乎陽」，反正不是什麼好事。更奇葩的是，植物也出現了反常現象，大冷的天，桃李花開，棗樹結果，百姓直呼稀奇。

這年夏天，全國遭遇大面積旱災，各處江河流水量大幅減少，山澗小溪全部乾涸。

這種反常的自然現象讓漢帝國的百姓和君臣心中有些不安。果然，就在這年八月，曹參離開了人世。兩個月後，齊王劉肥去世；半年後，樊噲和張良也追隨劉邦去了（關於張良去世的時間，《史記》和《資治通鑑》中的記載存在差異，此處沿用《資治通鑑》中的記載）。

在漢初的三傑中，張良是唯一得以善終的人，韓信被殺，誅滅三族；蕭何也曾蹲過監獄，只有張良平安度過一生，在兔死狗烹的環境中能安享晚年，堪稱奇蹟。

如果用一句話總結張良的一生，那就是：「前半生拿得起，後半生放得下。」

曾經，他是散盡家財招募義士奮然刺秦的俠客，在失敗後隱姓埋名十年。再次出山時，他化身為帝王師，幫助劉邦擊敗霸王項羽，在秦末的廢墟上締造了一個偉大的帝國。

劉邦登基的時候，張良被尊為「帝師」，封地三萬戶，功居百官之首。然而，面對這些撲面而來的榮耀，張良卻揮一揮手，選擇了放下。

劉邦得了天下，只能說是萬里長征才走完第一步，新生的漢帝國百廢待興，後面還有很多事等著他去做。而對於復仇者張良而言，則是船到碼頭車到站，他的使命已經完成了。

他深諳「飛鳥盡、良弓藏，狡兔死、走狗烹，敵國破、謀臣亡」的道理。更何況劉邦也曾說過：「非劉姓而稱王，天下共擊之。」

回顧自己的一生，張良說了這樣一段話：

「我家五世相韓，韓國滅亡之後，我不吝萬金家財，替韓國向強秦報仇，令天下為之震動。如今以三寸不爛之舌，為帝王之師，封萬戶，位列侯，已經做到了一個布衣所能夠做到的極致，我已經心滿意足。現在我只願拋棄人間俗事，跟隨赤松子雲遊天下！」

天下事解決了，現在他要解決性命之事。超超渡了天下，現在要超渡自己。

功成名就之後，張良自請告退，遠離了紛紛擾擾的朝堂，一心專心修道。其實，修道是假，避禍是真。他在歷史舞臺上最後一次出場，是被呂后兄弟逼出來的，略施小計就讓劉邦打消了立劉如意為太子的念頭。

在劉邦翦滅異姓王的殘酷鬥爭中，張良很少參與謀劃；在皇室的明爭暗鬥中，張良也恪守「疏不間親」的遺訓。

司馬遷給張良的結局只有四個字：後八年卒。

比起張良前半生的波瀾壯闊，這四個字簡單至極，也灑脫至極。

曹參死後，按照劉邦生前安排，王陵、陳平二人接過了曹參的擔子。為了不分彼此，劉盈廢去相國的名稱，改設左、右丞相，王陵為右丞相，陳平為左丞相，周勃做了太尉。

漢惠帝七年（西元前 188 年）秋，悲苦一生的劉盈，走完了這場只有二十三年的人生。

在這裡，我們有必要為這位悲慘的皇帝做個簡單的評價。

曾經有段話是這樣說的：「人一生選擇的事情非常少，沒辦法選擇怎麼生，也沒辦法選擇怎麼死，我們唯一能選擇的兩件事，第一是我們這一生怎麼愛，第二是我們怎麼活。」但是很可惜，這句話在劉盈身上並不適用。

有人說，他是幸運的，因為他的父親是大漢開國皇帝劉邦，母親是大漢皇后呂后，他擁有天下最具權勢的父母。從六歲起，他便是父親指定的唯一繼承人；十六歲那年，他繼承大統，成為一個龐大帝國的統治者。

從一開始，劉盈就抓到了一副好牌。然而，這真的就是幸運嗎？

未必。

當初彭城大戰，劉邦被項羽大軍一路追著跑，眼看快要被追上時，劉邦一狠心，將劉盈和魯元公主一腳踹了下去。幸虧司機夏侯嬰不顧危險，將兩個孩子抱上了車，劉盈才撿回了一條命。

那一年，戰亂中的劉盈只有六歲。想來，他的心中除了恐懼，只剩下了深深的絕望吧！

雖然他早早被立為太子，但是父親並不喜歡他，老是想要換掉他。在一眾老臣的極力反對下，劉邦這才不情不願地放棄了這個念頭。

他本應該睥睨天下，一展宏圖，然而，當他上臺後才發現，真正的權力並不在自己手中。呂后以她絕對的鐵腕牢牢掌握著權力，劉盈雖有皇帝之名，卻沒有皇帝之實。

他的一生，幾乎不曾感受到親情的溫暖，卻嘗遍了有名無實的萬般無奈。在他七年的帝王生涯中，面對這個強悍而又變態的母后，劉盈徹底失去了治國理政的興趣，一腔熱血與雄心壯志都被消磨成了鶯歌燕舞和靡靡之音。他以酒為伴，放浪形骸，只有在醉生夢死之際，他才能對痛苦視而不見。

熬了七年的劉盈，終於還是堅持不下去了。西元前 188 年，劉盈崩於未央宮，葬於安陵。

人間不值得。

或許，對於劉盈而言，死亡才是最好的解脫。

假哭的祕密

呂后送走了她的丈夫，也送走了她的兒子。呂后雖然狠毒，但劉盈畢竟是自己的親生骨肉，人生之痛莫過於「白髮人送黑髮人」，如今劉盈英年早逝，呂后內心的痛苦可想而知。

葬禮上，呂后當著眾人的面嚎啕大哭，讓周圍的大臣們好一陣唏噓，大夥兒都低著頭，裝作一臉悲傷的樣子。

然而，就在這一片悲痛之中，有一個人卻悄悄發現，呂后雖然哭得很傷心，但是卻沒有流一滴眼淚。準確地說，她是在乾號。

發現這個問題的是個十五歲的少年，名叫張闢強，是張良的兒子。

都說虎父無犬子，有什麼樣的父母，就會有什麼樣的兒女。張良運籌策於帷帳之中，決勝於千里之外，張闢強也繼承了自己老爸身上的優秀基因。他人小鬼大，看問題心眼多，十五歲就混了個侍中，也就是皇帝的近身隨從。

張闢強從呂后乾打雷、不下雨的姿態中看出了問題，他悄悄拉了一下旁邊的陳平，問他：「你不覺得太后的哭相有點不正常嗎？」

陳平抬頭仔細看了看，道：「確實有些不正常，太后雖然哭得很悲痛，但是並沒有流眼淚。」

張闢強：「太后就這麼一個獨生子，結果英年早逝，她老人家雖然痛苦，卻不見有眼淚流出來，丞相您知道其中緣由嗎？」

陳平搖了搖頭：「你看出什麼來了？」

張闢強：「惠帝的兒子都年幼，太后沒有心思沉浸於喪子的哀痛中，肯定是擔心繼承人的合法性不足，會遭到大臣們的刁難，她怕你們這幫漢朝元老奪了她的天下啊！」

陳平聽完，心中咯噔一下，一顆心頓時就沉了下去。是啊，當初要不是酈商及時提醒，呂后老早就弄死這幫老臣了。如今劉盈剛剛去世，帝位空虛，呂后肯定擔心大臣們在這個時候驟然發難，趕她下臺。自己精明了一輩子，關鍵時刻居然連這點道理都看不明白，竟然還要一個孩子來提醒，太對不起自己這身分了！

想到這裡，陳平開始有些亂了方寸，他反過來問張闢強：「你有什麼辦法？」

辦法自然是有的，不然他就不是張良的兒子了。張闢強告訴他：「我有個主意，你不如主動提議，拜呂臺及呂產為將軍，將兵居南北軍，提拔呂家人為官，讓他們在中央有一席之地。只有這樣，你們才能遠離災禍。」

聽完張闢強的一番話，陳平心裡陡然一沉，這提議，未免太大膽了吧？

這裡有必要解釋一下什麼是南北軍。所謂南北軍，就是駐守在長安城的部隊，他們以未央宮為分界線，未央宮以南的稱為南軍，未央宮以北的就是北軍。

南軍總兵力為兩萬人，主要負責宮門外的警衛，由衛尉主管。北軍的總兵力是四到七萬人，是真正的野戰部隊，平日由中尉主管，負責長安城內的治安。北軍的統帥最早是劉邦，在他手中，北軍消滅了大部分諸侯王的武裝，那戰鬥力是很好的。

正因為南北軍直接關係著整個皇室和朝廷的安危，所以絕不能輕易將這把刀拱手送給別人。如果這把刀落到了呂家兄弟的手上，那這天下會是姓劉呢，還是姓呂了呢？

既然南北軍如此重要，為何這張闢強還要提這種不可靠的建議呢？

看著張闢強的笑容，陳平忽然心裡一凜，想到了張良。

漢帝國建立後，張良雖然宣布退出了廟堂，長期閉關修行，可是卻在關鍵時刻保住了太子劉盈之位。這樣來看，張良與呂后的關係似乎並不像表面看起來那樣簡單。以張良這種重量級的高手，想置身之外，遠離政治紛爭，可能嗎？

不管別人信不信，反正陳平是不信的。

這樣來看，張良必然跟呂后有著千絲萬縷的聯繫，從某種意義上來說，張良是暗中支持呂后的。

那麼他的兒子呢？

張闢強會是一個清清白白的無黨派人士嗎？

不可能！

他必然會繼承父親的政治立場，堅定地站在呂后那一邊。

既然如此，事實再清楚不過了，張闢強之所以會提出這個建議，必定是呂后的意思！

想到這裡，陳平的後背發涼，冷汗涔涔而下。這政治真不是正常人玩的啊，稍一不慎，就有可能跌入別人挖好的陷阱中！

既然是呂后的意思，那麼——

陳平已經知道自己該怎麼做了，他馬上申請，要求安排呂后的諸位兄弟和姪子進軍隊和皇宮之中擔任要職。

手上有了軍隊，呂后揪著的心終於落了下來。幾天後，劉盈正式下葬，呂后又一次哭得稀里嘩啦。這一次，她終於可以敞開心懷，好好哭一場了。

九月，劉盈下葬安陵，諡號「孝惠」。

十月，呂后立劉恭為帝，史稱前少帝。

我們都知道，劉盈的正牌皇后是張嫣，也是他的外甥女，入宮時只有十一歲。劉盈和自己的母親呂后不一樣，他有自己的操守，不願意衝破倫理道德，自始至終都沒有跟張嫣同房。

呂后對此早有準備，她從後宮找來了一個孩子，起名劉恭，將他扶上了皇位，對外宣傳是皇后張嫣所生。

就這樣，不到十歲的劉恭像木偶一樣被推到了眾人面前，呂后則繼續在舞臺後面做那個提線人。

呂后大權在握，又有兵權，心中湧起一股從未有過的輕鬆。以前劉盈在的時候還經常跟她爭辯，礙於情面，呂后不得不做出讓步。而如今，這個臺前的木偶還不到十歲，一切大事還是自己說了算。

第三章　吕后时代

第四章

權御天下

大肆分封

長期以來，呂后一直有個夢想，那就是為自己的娘家人封王。

說起來，呂后的娘家人數量可真不少，她有兩個哥哥，呂澤和呂釋之，有五個姪兒，呂祿、呂產、呂臺、呂則、呂種，有四個姪孫，呂嘉、呂通、呂莊、呂庀，呂后的姐姐呂長姁也有一個兒子隨母姓 —— 呂平，還有呂更始等旁支親戚。此外，呂后的妹妹嫁給了屠夫樊噲，因此樊噲也算是外戚。

呂澤是呂氏家族的族長，輩分最高。在劉邦平定天下之際，呂澤帶著自己的部隊，幾乎參與了所有重要戰役：

暗度陳倉之戰 —— 呂澤的部將丁復、朱軫俘獲翟王董翳。

彭城之戰 —— 呂澤在下邑接應兵敗的劉邦。

滎陽會戰 —— 劉邦逃出滎陽後，由呂澤坐鎮繼續指揮作戰，後來在部將的保護下突圍。

滅齊之戰 —— 呂澤的部將丁復配合韓信、曹參、灌嬰等擊殺楚軍名將龍且。

陳下之戰 —— 呂澤部將蟲逢配合灌嬰、樊噲等擊破楚軍。

垓下之戰 —— 呂澤與其他漢軍一道圍毆項羽。

呂澤在戰場上表現非常出色，甚至還得到了司馬遷的肯定。劉邦也很夠意思，封呂澤的兒子呂臺為酈侯，呂產為交侯。

呂釋之也沒有被落下，他被封為建成侯。

按理說，在將星雲集的漢朝初年，呂后的娘家人能混個侯爵，也算不虧了，可是呂后覺得遠遠不夠。侯爵雖然很高，但是往上還有一級，那就是王！只有替自己的娘家人封王，才能算是位極人臣，這份富貴榮耀也才能夠代代傳下去。

問題在於，封王這事可不好弄。

漢朝建國之初，劉邦在制定國家制度時決定封國與郡縣並行，既有周朝的封建制，又有秦朝的郡縣制。當時為了群毆項羽，劉邦到處拉幫手，許諾只要殺掉項羽，就為他們裂土封王。有了股權激勵，各路諸侯大臣們開始配合劉邦，垓下一戰，楚霸王兵敗自殺，劉邦也兌現承諾，一口氣分封了七位異姓諸侯王。

這七個人追隨劉邦在戰場上浴血奮戰，好不容易才混了個諸侯王，你呂家雖說也有些戰功，但是能跟韓信、彭越比嗎？

更何況，劉邦在除掉韓信、彭越這些諸侯王後，定了個規矩：「非劉氏而王者，天下共擊之。」誰要是敢打破這個規矩，天下人的唾沫就會淹死他。

反對派貌似很強大，呂后猜想了一下實力，決定先探探口風。

她找來右丞相王陵，委婉地提出了自己想封呂家功臣為王的意思。不料，王陵當即表示反對：「當年高祖皇帝曾經和諸位大臣殺白馬盟誓，非劉氏而為王者，天下共擊之，既然這是高祖說過的話，那就是天經地義的事情，大家都應當遵守。」

呂后很鬱悶，這不是她想要的答案。

這一次，她找來了左丞相陳平和太尉周勃，想聽聽他們的意見。不料這二人在聽完後，快速對了一眼，得出了一致意見：「這事我們舉雙手同意！當年高祖皇帝確實說過非劉氏而為王者，天下共擊之，但是此一時也彼一時也。高祖皇帝在時，他說了算；太后您稱制，當然您說了算。所以說，高帝立劉氏子弟為王，呂后亦立呂氏為王，二者不矛盾。」

呂后心中很感動！劉邦已經去世多年，朝中大臣們個個都是榆木腦袋，死守著教條，每次都要跟自己作對，還是這兩人懂我啊！

呂后很開心，但是另一個人就不那麼開心了。得知陳平和周勃跟呂后站在了一起，王陵當場就氣炸了，他罵這兩人沒有骨氣，忘了和先帝的盟誓，以後死了，有何面目去見先帝？

「睜眼說瞎話，你們的良心不會痛嗎？」

王陵是右丞相，職位比陳平高那麼一點點。面對指責，陳平也不反駁，只在最後說了一句：「你還是消消氣吧，吵架我們不如你，保全社稷，定劉氏之後，你就不如我們兩個了。」

王陵：「你是什麼意思？」

陳平淡然道：「只有保全了自己，才有機會打敗對手啊！」

王陵冷哼一聲，拂袖而去。

望著他離去的背影，陳平一聲嘆息。

很多人在讀到這段歷史時，就此認定陳平是個牆頭草，哪邊風大哪邊倒，遠不如王陵立場堅定。然而，事實真的是這樣嗎？

作為一名與張良齊名的謀略大師，陳平對朝局看得很透澈，如今呂后執掌朝政，背後有娘家人鼎力相助，手握南北軍，政治鬥爭經驗豐富，無論是皇帝還是臣子，都沒有足夠的實力挑釁她。呂后要為自己的娘家人封王，誰都攔不住，逼急了還有可能被她殺了，反倒得不償失。

既然段位不足，只能繼續埋頭修練，等待時機了。

呂后在騰出手後，終於盯上了王陵，她替王陵換了份太傅的工作，派他去當太子的老師。雖然從職位上來說，太傅比三公之一的丞相還要高出一級，但是沒人願意拿自己的職位去換，因為太傅沒有實權，明升暗降，等於被閒置了。

王陵對呂后的工作安排很不滿意，索性以年老多病為由，請了長期病假，不伺候了。呂后順水推舟，爽快地為他辦理了退休手續。

王陵退休回家後，左丞相陳平被提拔為右丞相，左丞相的空缺由呂后的心腹審食其接任。

從當年的僕人到今天的左丞相，審食其的人生堪稱逆襲的典範。問題在於，他的上位並不是透過合法途徑獲得的，而是在呂后的提攜下，才有了今天的位子。

都說德不配位，必有災殃，從一開始，審食其走的就不是一條正道。雖然朱建暫時救了他一命，但是他的危機並沒有解除，無數雙像狼一樣的眼睛盯著他，只待找準時機給他致命一擊。

不過，從眼下來看，審食其正迎來自己人生最風光的時刻。在丞相的位子上，他雖然是位居第二，但是位居第一的陳平，知道他跟呂后關係密切，主動把位子讓了出來，早請示晚彙報，遇到大事全部讓審食其做主，所有出風頭的活動都讓他出面，讓審食其過足了癮。

陳平的技巧很簡單，只有讓審食其滿意了，呂后才能對自己放心，自己才有機會繼續潛伏，等待時機。

在將審食其扶上位後，呂后又盯上了御史大夫趙堯。

呂后對趙堯的恨意由來已久。想當初，劉邦為了保護劉如意煩惱得吃不下飯、睡不著覺，趙堯替他出了個主意，讓劉邦把周昌調去趙國，作為劉如意的監護人。為了除掉劉如意，呂后費了好大的力氣才把周昌這塊攔路石搬開。「如今劉如意已死，趙堯你也等著受死吧！」

收拾一個趙堯，對呂后而言是件輕而易舉之事，隨便安排一個罪名就將他投進了監獄。而接替御史大夫一職的人，正是上黨郡太守任敖。

任敖也是劉邦的老鄉，在沛縣的監獄工作，與曹參是同事關係。當初劉邦落草為寇後，呂后被抓到了監獄中吃盡了苦頭。有一次，任敖實在看不下去，出手教訓了一個欺負呂后的小兵，此後又多方找關係，將呂后平安釋放。

由於這層關係，呂后對任敖很是感激，她提拔任敖當了御史大夫，將權力牢牢掌握在了自己手中。

準備工作做完，呂后開始醞釀著替自己的娘家人封王。

為了不讓別人挑出毛病，呂后先從死人入手，先是追封自己的老爸呂公為宣王，哥哥呂澤為悼武王。

「你們不是說非劉姓不能封王嗎？這兩位都是皇親國戚，而且早已不在人世，追封個王給他們，大夥兒應該沒什麼意見吧？」

緊跟著，呂后封魯元公主的兒子，也就是她的外孫張偃為魯王。

眼看著大夥兒沒有異議，呂后繼續執行下一步計畫，替劉家人封王。

劉盈雖然英年早逝，但是也留下了幾個兒子。雖然年紀還小，但是本著人人有份的原則，呂后包了一個大紅包給他們每個人：劉強為淮陽王，劉不疑為淮山王，劉弘為襄城侯，劉朝為軹侯，劉武為壺關侯。

紅包到手，這下子別人沒得說了吧？

透過前期一系列的鋪陳工作，呂后離自己的那個目標越來越近，就差那臨門一腳了。當然了，替自己的娘家人封王，這事肯定不能由自己主動提出來，為此她找到司禮官張釋，也就是上次替呂后寫信給匈奴的那位，悄悄向朝中大臣們透露了自己想分封呂氏家族子弟為王的事。

事情都已經做到這個份上了，大夥兒都是聰明人，豈能不知太后的心意？於是紛紛上書，要求封呂氏為王。

呂后的心情很舒暢，既然大夥兒都同意，她也不用再遮遮掩掩了，大手一揮，封姪子呂臺為呂王，劃給他齊國的濟南郡。

權力的漩渦

呂后這麼不遺餘力地照顧娘家人，無非是為了壯大呂氏家族的勢力，在朝堂之上說話有分量。問題在於，這天下畢竟是劉家的，你這樣公然袒護娘家人，想過劉邦那些龍子龍孫的感受嗎？

呂后當然知道自己的作法會讓這些劉姓諸侯王不高興，為了更好地控制這些龍子龍孫，呂后實施了買一送一的政策。所謂買一送一，就是先替他們加王封侯，然後再送一個呂氏家族的女兒當他們的賢內助。劉家盛產龍子龍孫，呂家盛產千金，兩兩搭配，肥水不流外人田，豈不是更好？

譬如，齊王劉肥死後，長子劉襄繼承了老爸的王位，呂后封劉肥的次子劉章為朱虛侯，三子劉興居為東牟侯，並把呂祿的女兒嫁給了劉章，為他安排了宿衛的工作，安置在自己的身邊。

趙王劉友、梁王劉恢也不例外，每人發了一個呂家的女兒，只許簽收，不許退貨。

要知道，如今是呂后當政的時代，呂家的女兒嫁給這些龍子龍孫，可是要當正牌夫人的，絕不當小老婆。你已經結婚了？不好意思，家裡的女人通通降一級，我才是王后！說我強買強賣？我就這麼做了，你能怎麼辦！

瞧瞧，多麼完美的計畫！

掌握了無上權力的呂后，總算過了幾天好日子，她再也不用像過去那樣活得小心翼翼了。朝中不好應付的人被自己收拾得差不多了，現在一個個乖得像貓一樣。

匈奴那邊，自己放低姿態寫了一封信，又送女子又送錢，也老實了好些年。寂寞的時候，就把審食其叫過來陪陪自己，審食其陪呂后度過了人生中最黑暗的歲月，如今也是她精神上的唯一依靠。

就在呂后稍稍放下心來時，小皇帝那邊又耍花招了。

西元前 184 年，也就是高后四年，小皇帝劉恭已經慢慢開始懂事。這時候，有一個別有用心的人悄悄告訴了他一個祕密：「你不是張嫣的孩子，你的親生母親早就被呂后害死了。」

我們不知道這個別有用心的人是誰，但是想來，他一定跟劉氏宗族有著千絲萬縷的關聯，他的目的很簡單，挑撥小皇帝跟呂后的關係，人為製造矛盾。又或者，他想在小皇帝的心中種下一顆仇恨的種子，等小皇帝長大後除掉呂氏，重整漢家天下。

這個消息對於剛懂事的小皇帝而言，就像是一道晴天霹靂，重重地砸在了他的心頭。得知真相後，小皇帝當即揚言：「太后太可恨了，竟然殺了我的親生母親，你等著，等我長大了，一定要報仇雪恨！」

小皇帝撂了一句狠話，自己倒是舒坦了，但是很可惜，他不懂朝堂的深不可測。

很快，他的這句牢騷就傳到了呂后的耳朵裡。呂后聽完，當時就坐不住了，當初劉盈去世後，自己好意將他扶上了龍椅，好心將他拉扯長大，想不到竟然養了一隻白眼狼。真要是讓這小傢伙長大了，自己不就完了嗎？

盛怒之下，呂后將小皇帝關了起來，永巷這個高級監獄就被派上了用場。對外則宣稱皇帝生病了，需要休養一段時間，誰也不許探望。

眼尖的大臣們立刻意識到，朝中又要變天了。

呂后也很忐忑，一邊是自己的親孫子，一邊是自己的娘家人。自己辛辛苦苦好不容易才為老呂家打下了一份基業，如果劉恭長大以後真對老呂家下手，那自己豈不是白忙活了？

經過一番痛苦的抉擇，呂后最終決定廢掉劉恭，換一個年齡小一點的，這樣便於控制。

這天上朝時，呂后跟大夥兒公布了一個消息：「如今皇帝一病不起，神經錯亂，精神狀態很差，恐怕不能上朝理政了。為了我們大漢的江山社稷著想，必須要換個皇帝。」

「換個皇帝？」

雖然大夥兒早有猜測，可是聽到這條重磅消息，還是心頭一震。廢立皇帝這麼大的事，從呂后口中說出來就像話家常一般，彷彿在她看來這只是一件稀鬆平常的事。更關鍵的是，呂后的這番話，明顯不是商量的口吻，她只是在宣布一個決定：「皇帝必須要換！」

滿朝文武一個個低著頭，心中各有計算，沒有一個人站出來對呂后說不。

其實，只要漢帝國這棟房子不倒，誰當皇帝都無所謂，大夥兒該上班還是得上班。呂后想換個傀儡？大夥兒沒意見，反正您才是家長，您開心就好。

在眾人的默許下，呂后廢掉了小皇帝劉恭，立未成年的恆山王劉弘為帝。

雖說皇帝換了，但是朝中大權依然掌握在呂后手中。新皇帝上任後，呂后連年號都懶得改。為了區分，劉恭被稱為前少帝，劉弘被稱為後少帝。

搞定了皇帝後，呂后又開始思索為自己的娘家人封王一事了。畢竟，眼下只有自己的姪子呂臺混了個呂王，其他呂氏子弟都在門外排著隊，等著自己叫號呢。

呂臺是呂氏子弟中第一個被封王的人，但是很可惜，他的命不好，在新的工作職位上做了一年就死了，呂后於是讓呂臺的兒子呂嘉代班，繼續做呂王。

呂嘉是個有名的紈褲子弟，平日最擅長的就是在長安城內到處惹是生非，完全就是官二代一枚。如今，他繼承了老爸的王位，非常得意忘形，出門都是橫著走的，連長安市長都不得不對他禮讓三分。

呂嘉的名聲很快就傳到了呂后的耳中，呂后很生氣，自己費了很大的力氣才弄了一個王位給你，想不到你不知珍惜，竟然還把這當成了炫耀的資本，豈有此理！

呂后下令，將呂嘉廢為庶人。

人雖然被拉下來了，但是位子可不能浪費，就在呂后準備從呂氏子弟中選一個出來繼任呂王時，大臣們忽然像開了竅一般，紛紛上書請求封呂后的另一個姪子呂產為呂王。

呂后有點激動：「難得啊，這幫大臣們天天跟我作對，想不到也這種時候。既然大夥兒都一致推薦，我也不好拒絕，就封呂產為呂王吧！」

呂后才知道，原來大臣們突然開竅，是因為自己的心腹張釋私底下鼓動大臣們上書的。呂后本來就對辦事牢靠的張釋很滿意，這下子，又讓他在呂后面前加分不少。

呂后不知道的是，這一切都在一個人的掌握之中。

這個人叫田生，齊國人，姓名不詳。

田生之所以指點張釋，不是為了幫呂后鞏固勢力，而是為了幫自己的恩公——劉澤。

劉澤是劉邦的遠房堂弟，早年跟著劉邦出門打天下，在戰場上衝鋒陷陣，在平定陳豨叛變的時候立下了大功，活捉了叛將王黃，受封為營陵侯。

劉澤雖然也是皇親國戚，但是要想繼承皇位，那是不可能的，他最大的夢想就是當個太平侯爺，舒舒服服過自己的日子。但是很可惜，身處權力的漩渦之中，想全身而退那是不可能的。

呂家小姐惹不起

呂后上位後，大肆提拔自己的娘家人，排擠打壓劉氏家族，讓劉氏子弟心中很是委屈，可是偏偏劉氏家族中沒一個能帶頭的。劉氏宗族選來選去，最終找上了劉澤，要讓他當劉家人的主心骨。

劉澤不想當這個帶頭大哥，他也不願意跟呂氏家族正面對抗。而那邊，呂后卻老早就盯上了他，為了密切監視這位侯爺，呂后把自己妹妹呂嬃跟樊噲的女兒嫁給了他。

這下子，劉澤的身分就有些尷尬了，你說他是呂黨的人？可他又是正牌的劉氏宗親；你說他是劉黨的人？可他又娶了一個特務老婆，你讓別人怎麼相信你？

劉澤成了夾心餅乾，兩頭不受待見。即便如此，有一個人依然忠心耿耿，不遺餘力地幫他。

這個人就是田生。

田生有一次出門玩，半路上沒錢了，只能到處跟人借錢，正好遇到了劉澤。劉澤非常欣賞田生，一出手就是二百兩金，田生不但「買到了回家的火車票」，還吃了一頓大餐。

一個陌生人，在別人落魄的時候施以援手，而且出手如此闊綽，這讓田生感動莫名。受了如此大的恩惠，田生無以為報，臨走的時候拍著胸脯保證：「以後您要是遇到什麼難題了，儘管來找我，我一定盡力幫忙！」

沒過多久，劉澤果然遇上了麻煩。他想到了田生說過的話，決定死馬當活馬醫，寫了一封信請他幫忙。

田生一看到信，不敢耽擱，立即帶著自己的兒子出發，前往首都長安。

一到長安，田生沒有馬上去找劉澤，而是先在城內找了個住處，然後讓自己的兒子到呂后的大紅人張釋府上找了份工作。幾個月後，田生的兒子邀請張釋到自己家裡吃飯，用一頓極度誇張的滿漢全席鎮住了張釋。

張釋有點糊塗了，他參加過很多飯局，但是裝飾如此豪華、酒菜如此豐盛的卻從來沒見過，一時有些摸不清楚這田生的底細了。

酒過三巡、菜過五味，田生屏退下人，開始跟張釋聊正事：「我見過很多諸侯王的府邸，他們都是高祖時候的功臣。呂家從一開始就輔佐高祖，高祖能夠統一天下，呂氏家族可謂是居功至偉。如今，呂太后年事已高，呂氏宗族力量薄弱。太后其實早就想封呂產為呂王，把代郡給他。但是又怕真這麼做了，大臣們不答應。

現在，您的機會來了，太后器重您，大臣們也敬畏您，您何不私下做做那些大臣的工作，要是能說服他們，讓他們主動提出為呂氏封王，太后心裡一爽，您封侯就指日可待了。機不可失，時不再來，可千萬要抓住啊！」

張釋一聽，有點心動了。呂后的心思他自然知道，如果自己能把這事做成了，自己還用擔心前途嗎？

「就這麼辦！」

回去後，張釋開始挨家挨戶上門拜訪，對他們曉以利害，這才有了開頭那一幕。

呂后聽到這個主意很高興，賜了一千兩金給張釋。對於呂后而言，她不缺錢，缺的是能懂她心思、好好辦事的人。

張釋沒有忘記田生這個大恩人，回去後就把一半的錢分給了他，祝二人合作愉快。

田生謝絕了錢財，又替他出了個主意：

「自從呂氏封王以後，大夥兒對於呂家專權都非常不滿，尤其是劉家的那些皇親貴族，勢力還是很大的。如果他們找麻煩，後果會很嚴重，得找機會安撫一下。劉澤是劉姓諸侯中年紀最大的，如果封賞劉澤，可以安定劉氏宗親的情緒。這樣一來，呂氏家族在朝堂之上也更能立住腳了。

張釋仔細一思索，說得很有道理嘛！回去後添油加醋把這話告訴了呂后，讓她加封劉澤。呂后聽了也覺得有理，從齊國劃出十來個縣，成立琅邪國，封劉澤為琅邪王。

任職檔案下來後，田生第一時間去找劉澤，告誡他立即動身，不可停留，以防呂后變卦反悔。

果然，劉澤剛出函谷關，呂后心想：「不對啊，劉澤是劉氏家族的人，我替他封王，不是在替自己樹敵嘛！」

感覺上當受騙的呂后馬上派人追趕阻攔，但是劉澤已經出關，想追回來那是不可能的，呂后只能吃這個悶虧。

呂后在劉澤這裡吃了虧，越對劉家人不信任，看誰都像是叛徒。而呂后的聯姻政策也在此時慢慢結出了惡果。

這其中，又以趙王劉友和梁王劉恢最為悲慘。

劉友是劉邦的第六個兒子，最初被封為淮陽王。呂后上位後，殺害了趙王劉如意，把劉友改為趙王。不僅如此，呂后還把自己娘家的一個女子嫁給他。

聽起來，呂后對劉友還是挺不錯的，可是劉友卻不這麼想。

在迎娶呂小姐之前，劉友是有太太的，而且不止一個。太后讓他娶呂小姐，劉友也沒辦法：「娶就娶吧，反正家裡有的是錢，多你一個不多，少你一個不少。」

不料，呂小姐過門後，立下了一條規矩：「既然你娶了我，其他女人就別想碰了，這輩子你只能有我一個女人，要一心一意愛我。要是讓我發現你跟其他女人不清不楚，別怪我不客氣！」

呂小姐不愧是呂后的親戚，其專橫跋扈可謂是青出於藍而勝於藍。

劉友很委屈：「我好歹也是一個王爺，有個三妻四妾怎麼了？凡事都有個先來後到，你憑什麼讓我拋棄她們？告訴你，這事不可能！」

呂小姐也不是好惹的：「我姑媽權傾朝野，我這才剛過門，你就敢對抗我，繼續跟別的女人廝混，這往後的日子還怎麼過？」

為了這件事，兩人吵個不停。

呂小姐很生氣，一怒之下索性回了娘家。

「我得不到的，別人也休想得到；你讓我活得鬱悶，我也堅決不讓你爽個徹底。」我相信，這是呂小姐心裡最想對劉友說的一句話。

按理說，夫妻吵架也是難免的事，過兩天劉友去趟長安，哄呂小姐回來就是了。可是問題在於，呂小姐似乎就沒想跟他好好過日子，一到長安，她就去找呂后了！

她告訴呂后：「劉友是個很狂妄的人，非常仇恨呂家，他還說等到太后您去世以後，他要聯合劉氏子孫發兵攻打呂家，讓呂氏全家死光光！」

一聽這話，呂后那根敏感的神經又被觸動了：「劉友這小子果然沒安好心，我好心好意封你為趙王，還送你一個漂亮太太，想不到你不知感恩，竟然還妄想等我死後報復，是可忍孰不可忍！既然你想吃刀子，我就讓你一次吃個夠！」

怒氣沖沖的呂后立即下令讓趙王劉友進京。

一路上，劉友憂心忡忡，他一直在想著如何才能消除誤會，接呂小姐回家，完全不知前方已經挖好坑，就等著自己跳進去呢。

劉友一到長安，就被呂后關在府邸中，斷絕飲食。

劉友驚呆了：「太后這是想幹嘛？」

很簡單，她在做一項實驗，一個正常人，不吃不喝，能堅持多久？

劉友的一些親朋故舊看不下去，想偷偷送他一點食物，結果全部被門外的警衛人員擋下，關到監獄中。

劉友叫天天不應，叫地地不靈，只能悲歌一曲，控訴自己的悲慘遭遇：

諸呂用事兮，劉氏微；迫脅五侯兮，強授我妃。

我妃既妒兮，誣我以惡；讒女亂國兮，上曾不寤。

我無忠臣兮，何故棄國？自快中野兮，蒼天與直！

於嗟不可悔兮，寧早自賊！為王餓死兮，誰者憐之？

呂氏絕理兮，託天報仇！

幾天後，劉友被活活餓死在自己的宅邸內。呂后派人用草蓆裹屍，將他扔到城外的一個犄角旮旯。「想厚葬？門都沒有！」

劉友死後，趙王的位子空了出來，呂雉將梁王劉恢調任趙王，呂產為梁王。

劉恢是劉邦的第五個兒子。他知道劉友是因為得罪了老婆，才被活活餓死後，對自己家的那位呂小姐更是畢恭畢敬，生怕她哪天不高興，到呂后那裡告狀，那自己的小命可就全完了。

劉恢之前有個喜歡的女子，兩人十分恩愛，呂小姐來了之後，劉恢心中苦悶，經常偷偷跑去找她，兩人一起互訴衷腸。呂小姐知道後，醋意大發，一杯毒酒將她賜死，徹底斷絕了劉恢的最後一點念想。

這下子，劉恢終於受不了了：「我少也是個諸侯王，連自己喜歡的女人都保不住，我還算什麼男人？不要欺人太甚！」

刻骨的哀傷下，劉恢覺得自己很是失敗，呂氏害死了自己的女人，而自己根本不敢表露出任何不滿。

男人做到這個份上，真是失敗啊！

絕望的劉恢含著淚，寫下了四首歌，命家裡的樂師日日演奏。

不久之後，劉恢終於忍受不了內心的痛苦與煎熬，他選擇了自殺殉情，化成飛蝶逐伊人去了。而當這事傳到呂后的耳中時，她沒有任何的愧疚之意，反而認定劉恢是個窩囊廢，為一個女人殉情，死了活該！

呂后下令：「劉恢這一脈不准承趙王的王位。」

連續三任趙王都完蛋了，下一個誰來接班呢？呂后挑來挑去，選中了代王劉恆。

「就你了！」

劉恆是劉邦的第四個兒子，此前一直在代地。本以為自己能躲開朝堂的紛爭，結果還是被呂后注意到了。

接到呂后的通知後，劉恆跟自己的母親及智囊團商量了半天，最終得出結論：「趙王的位子就在火山口上，說不定哪天又噴發了呢，自己可千萬不能坐上去。」

劉恆回覆呂后：「我覺得代地還是滿好的，趙國我就不去了，您還是把這機會留給別人吧。」

在此時的歷史舞臺上，劉恆只能算是匆匆打個照面，他的故事還很長，但眼下還不是他登臺的時機，歷史早已為他鋪好了未來的路，我們且耐心等待。

劉恆死活不去趙國，呂后想來想去，本著肥水不流外人田的心思，把趙王的位子送給了自己的姪兒呂祿。

經過這幾件事後，呂后終於意識到政治聯姻的做法確實不可靠，既然劉氏子弟不吃敬酒，那就只能請他們吃罰酒了。這之後，呂后終於撕下了偽善的面具，親自上場，手撕這些龍子龍孫。

這年九月，燕王劉建病死，王后沒有兒子，後宮美人倒是生了一個。按理說，燕王的位子本該傳給他的兒子，可是呂后卻強行干預，派了個刺客刺死了劉建的兒子，改封呂臺的兒子呂通為燕王。

不僅如此，呂后開始大肆分封自己的娘家人，絲毫不顧及旁人異樣的目光。她封呂勝為贅其侯，呂更始為滕侯，呂岔為呂城侯，呂瑩為祝茲侯，呂家一門三王六侯，在朝中的勢力進一步得到了鞏固。

反呂鬥爭陷入了低潮，劉氏子弟們只能繼續忍辱負重，眼睜睜看著呂氏一黨野蠻生長。

就在這一片沉默的氣氛中，有一個人卻勇敢地站了出來，要跟呂氏鬥一鬥。

這個人叫劉章，是齊王劉肥的兒子。

憑藉著家族關係，劉章混了個朱虛侯，也算衣食無憂。呂后政治聯姻時，也沒忘記給他一個太太。跟劉友和劉恢這倆倒楣鬼不同，劉章跟呂小姐非常恩愛，家庭關係很和諧。呂后包辦了那麼多婚姻，難得碰上一個不煩心的，對劉章也另眼相看。

眼看著自家人被呂氏揍得鼻青臉腫，劉章決定不能再當呂家的乖女婿了，他要給呂氏一點顏色看看。

這一天，呂后在宮裡舉辦宴會，劉家和呂家的人都有參加，劉章也在被邀請的名單裡。吃飯少不了要喝酒，要喝酒就得有人監督，呂后就把這工作派給劉章。

劉章也不客氣，跟大夥兒說自己是將門出身，要以軍法監酒，誰要是逃酒，可是要殺頭的。

大夥兒一聽，哈哈大笑，也沒當回事。「喝酒嘛，開心最重要，你說得那麼嚴肅幹嘛？」

酒宴上，氣氛很熱烈，觥籌交錯，言語歡暢，其樂融融。眾人酒興正酣之時，劉章站起來說道：「難得大夥兒都這麼高興，我想唱一首耕田的歌，替大夥兒助興！」

呂后笑道：「你爸過過苦日子，自然知道怎麼種田，你生來就是王孫，哪裡能知曉種田這種事呢？」

劉章：「我當然知道！」

大夥兒一聽，頓時來了興趣，想不到參加個宴會還能看節目，這福利不錯啊！

只見劉章端著酒杯，站起身，唱道：「深耕概種，立苗欲疏。非其種者，鋤而去之。」

這歌一唱完，大夥兒全傻眼了，呂后的臉立刻沉了下來。「非其種者，鋤而去之，你想剷除誰？難不成是我呂氏？」

大家伸長了脖子，都在等著看戲，可是呂后的表現卻很淡定，沒有要收拾劉章的意思，彷彿什麼事都沒發生過一樣。

不好意思，讓看熱鬧的群眾失望了。

酒宴繼續進行。過了沒多久，呂家有一個人喝多了，怕酒後失態，悄悄溜了出去。不料這一幕恰好被劉章看見了。

「等了這麼久，終於逮到一個不守規矩的，就你了！」

劉章衝過去，一把拉住那個剛要出門的倒楣鬼，也不廢話，一刀就砍死他了。隨後，劉章提著他的腦袋，大步走到呂后跟前：「報告！有人逃酒，被臣按照軍法斬首示眾了。」

「這還得了！喝個酒竟然鬧出了人命，死的還是呂家的人，劉章你簡直太放肆了！」

大夥兒都把目光投向了呂后，尤其是呂家人，無不咬牙切齒，就等著呂后一聲令下，將劉章拉出去大卸八塊。

呂后很鬱悶：「你們都看我幹嘛？我哪知道會鬧成這個樣子？逃酒要被殺頭，也是你們同意的，這個時候想起我來做什麼？」

一句話，願賭服輸！

呂后都沒說話，大夥兒也就很自覺地閉了嘴，反正死的是呂家的人，跟自己有什麼關係？

得了，那就繼續喝酒吧！

從這以後，劉章聲名大噪，呂家的人雖然對劉章無不切齒痛恨，但是沒有呂后點頭，誰也不敢胡來，路上見到他都繞道走。

劉家人在忍氣吞聲這麼多年後，終於報仇了，大家都很高興，紛紛稱讚劉章，都把他當成了劉家人的帶頭大哥。

陳平的煩惱

與此同時，陳平卻處在兩難之中。

面對呂家人的全面崛起，陳平沒有與他們正面對抗，而是選擇了忍氣吞聲，把一切都交給時間來裁定。但是從目前的處境來看，情況並不樂觀。

呂后已經六十歲了，她似乎已經知道自己的時間所剩不多，這些年大肆提拔呂家人，極力打壓劉邦的龍子龍孫。朝堂之上，呂黨的勢力越來越大，已經完全蓋過了劉氏宗親和功臣集團。再這樣下去，這局面可就危險了，說不定哪天一覺醒來，這天下就改姓呂了。

陳平每天都活在糾結中，他是劉邦的臣子，也是劉邦的託孤大臣。可是如今，看看朝堂內外被呂后折磨成了什麼樣子？劉邦的龍子龍孫快被呂后收拾得差不多了，朝野內外，只知呂后，不知皇帝。將來有一天，陳平去了地下，有何臉面去見劉邦？

直到有一天，陸賈來拜訪他。

作為當世名嘴，陸賈的口才不是蓋的，他的能力並不在酈食其之下。想當初，酈食其曾憑三寸不爛之舌，差點輕取齊國七十餘城，結果被韓信搞砸了。而陸賈卻憑藉如簧巧舌，成功糊弄了趙佗這個土財主，還從他那裡得了一大筆財富。

然而在呂后統治時代，做官是一項高危險職業，一旦站錯邊，小命立刻玩完。陸賈這官做得一點也不開心，反正這外交官也沒什麼意思，索性辭了官。他寫了封辭職信，內容只有兩句話：「**世界那麼大，我想去看看**。」

一個人離開權力時，才能吐出一口釋然的煙圈。

當然，這一切的前提是，你得有錢。陸賈不缺錢，他去南越出差時，趙佗給了他一千兩金，他把這錢分了五份，給了五個兒子。

分家產前，陸賈告訴五個兒子：「錢可以分給你們，怎麼處理自己決定，我只留一輛車，幾個傭人，一把劍。我會不定時到你們家串門，提前說好，我到了誰家，誰家就得好好招待我，不許怠慢。我要吃什麼喝什麼，你們都得答應，我住絕對不超過十天。如果我在誰家死了，誰家替我辦喪事，遺產歸誰。」

這個條件非常公平，五個兒子誰也不吃虧，一致贊同。很快，陸賈分完家產，帶著自己的僕人去領略大好河山了。

跟很多宦海浮沉的人相比，陸賈是個明理的人，他懂得官場的險惡，更懂得人性的涼薄。正因為如此，他才比別人更看得開。大夥兒都往朝中擠，唯獨他卻刻意遠離。

在外面遊山玩水晃盪了幾年，陸賈有點玩膩了，他有點想念朝中的那些老朋友，於是又回到長安，看望陳平。

陸賈一進去，就看到陳平一個人在家中發呆，於是問道：「陳平啊，你這眉頭緊鎖，在想什麼呢？」

陳平最近心中煩悶，見陸賈來了，反問他：「你猜猜我在想什麼？」

陸賈雖然常年在外面瀟灑，但是朝中動態他還是了解的，也知道陳平的煩惱，說道：「你身為右丞相，算得上一人之下，萬人之上，封地有三萬戶，吃喝不愁，做官做到你這個份上，也算是圓滿了。我猜你擔心的肯定是呂氏擅權，篡奪劉氏的江山了。」

都是聰明人，一點就通。

陳平接著問他：「那你說我該怎麼辦？」

陸賈告訴他：「這事好辦，要想掌握主動權，你得去找一個人！」

「誰？」

「周勃。」

「天下安定時，執政的主導權在丞相手裡；天下不安時，執政的主導權就在武將手中。你要是能和周勃打好關係，團結一心，自然可以控制局面。這樣即便天下有變，主導權依然在我們手裡。」

陳平一聽，豁然開朗。

事實上，陸賈在這裡點明了一個問題，朝堂之上的政治鬥爭，爭的到底是什麼？

有人會說是權力，這個答案沒錯，但是如果再明確一點，我認為是軍權。畢竟，軍權的掌握向來是政治鬥爭能否勝利的關鍵因素，掌握了對軍隊的控制權，基本上就可以立於不敗之地。

可是問題在於，周勃雖然名義上是太尉，相當於三軍總司令，但是實際上早已被架空，眼下南北軍的軍權並不在他手上，而在呂后的那幾個姪兒手中。

既然周勃沒有軍權，為何陸賈還要陳平跟他打好關係？

這是因為，周勃雖然被架空了，但他是劉邦的從龍之臣，南征北戰多年，在軍隊中依然有很高的威望。如果將來跟呂家人攤牌，還得靠周勃去聯繫軍隊。

接下來，我們來看看陳平與周勃的關係。

陳平跟周勃雖然是多年的老同事，但是兩人一個是文官，一個是武官，工作上沒什麼交集。想當初，陳平跳槽到劉邦集團時，經過一輪面試，立即得到重用，這讓那些武將們心中很不舒服，紛紛站出來檢舉陳平的黑歷史，周勃就是其中的積極分子。雖然這事後來被劉邦壓下來了，但是武將們自恃功高，就是看陳平不順眼。

劉邦去世前，安排了幾位託孤大臣，陳平和周勃就是其中之一。而如今，兩人一個是丞相，一個是太尉，一相一將，堪稱漢帝國的兩大支柱。對劉氏來說，折了任何一根，都有可能導致大廈傾倒。

陸賈從大局出發，提出了解決辦法，希望二人冰釋前嫌，重新和好。

陳平也不是小肚雞腸的人，經過陸賈一番提醒，馬上醒悟過來，開始跟周勃聯繫感情。他趁著周勃家辦喜事的機會，主動上門拜訪，一次就送了五百兩金做賀禮。周勃很感動，拉著他一起喝酒。

不得不說，酒精是個好東西，它不僅能讓人忘掉一切煩惱和憂愁，還能烘托氣氛，拉近彼此的距離。三兩杯酒下肚，周勃與陳平敞開心懷，把這些年憋在心裡的話都說了。沒過多久，曾經互相看不順眼的兩個人竟然越看越順眼了。

男人之間嘛，本來就沒深仇大恨，相逢一笑泯恩仇，一場酒喝完，兩人就成了哥們。

為感謝陸賈撮合的功勞，陳平事後送了他五百萬錢，五十輛車，奴婢上百人。陸賈很開心，有了陳平的資助，他又有錢出去玩了。看著陳平送來的這些東西，陸賈不由得心想:「陳平真是有錢啊，這年頭沒少貪汙吧？要不然哪來這麼多錢？」

陳平與周勃結成了政治同盟，約定共同對付呂家人。不過眼下，呂后大權在握，顯然不是攤牌的好機會，兩人決定繼續忍氣吞聲，等待時機。

呂后「胡蘿蔔加大棒」的手段，基本上擺平了功臣集團，可是就在漢帝國的政治格局逐步穩定的時候，南方的南越國又出事了。

南越自為王

說起這南越國的歷史，還得從秦朝說起。

南越國主趙佗原是秦朝的公務員，嬴政平定嶺南後，設了三個郡，趙佗任龍川令，領導者是任囂。陳勝吳廣起義時，任囂病重，找來趙佗，讓他代行南海尉事，堅守陣地。

任囂去世後，趙佗繼續悶聲發大財，趁著秦末天下大亂，迅速出兵整合了桂林、南海、象郡三個郡，建立了南越國，自封「南越武王」。

南越國疆域基本就是秦時嶺南三郡的範圍，包括今廣東、廣西全省和福建、湖南、貴州、越南的一部分，南瀕南海，東西萬餘里。

此時的趙佗才三十出頭，正是年富力強、奮發有為的年紀。

等到劉邦打贏項羽、騰出手來，才發現當初那個小小的龍川令如今搖身一變，成了一方土財主，輕易動不得了。

劉邦自然沒有忘記百越之地，但是連年的戰爭已經耗盡了國力，帝國百廢待興，不能再打仗了。

最好的辦法是：「給我服輸，拜個碼頭，然後你繼續當你的土財主，我就當沒看見，至少面子上得讓我過得去。」

劉邦需要一位說客去完成這項光榮而艱鉅的任務，原本酈食其是最合適的人選，可惜他命不好，被齊王田廣烹了。選來選去，最後選中了陸賈。

陸賈是漢朝的職業外交官，口才出眾，曾經替劉邦解說「不能馬上治天下」的道理，讓他出這趟差，最合適不過。

聽說漢朝皇帝派了人來，趙佗不慌不忙，擺出一副妄自尊大的架勢，衣冠不整坐在堂上，想給陸賈一個下馬威。

陸賈反應很快，他冷冷道：「你本是中原人，如今自甘淪為南蠻，盡喪中原之風俗，想憑藉區區南越之地，與帝國天子抗衡，我看你要大禍臨頭了！」

趙佗的內心有點慌：「我書讀得少，你不要騙我。」

緊接著，陸賈開始了他的長篇大論：

「想當初，秦朝暴虐無道，各路諸侯豪傑揭竿而起，漢王首先入關，占據咸陽。項羽背叛盟約，自立為西楚霸王，不可一世，諸侯們都歸順於他。但是漢王從巴蜀出兵之後，平定諸侯，擊敗項羽，征服天下。五年之間，平定中原，這不是人力能辦到的，而是上天護佑的結果。

現在漢朝皇帝聽說你在南越稱王，漢帝國的將軍們摩拳擦掌，都想來教訓你，只是因為天下剛剛安定，天子愛惜百姓，不願意再起兵戈，這才遣我前來，授予足下南越王印，互通使節。你沒來迎接，北面稱臣，反而倨傲自大，坐井觀天。倘若讓朝廷知道了此事，挖你祖墳、誅你宗族都算輕的，若漢朝大軍兵臨城下，攻破南越，那你可就死無葬身之地了！」

聽完陸賈的一番話，趙佗的心開始慌了，他趕緊坐正了身子：「不好意思啊，我在蠻夷待得時間久了，差點忘了中原的禮儀。」

陸賈這才滿意地點了點頭：「在我面前得意忘形，也不掂量一下自己的斤兩。」

趙佗雖然服輸，但是這畢竟是自己的地盤，他可不想在主場上輸了氣勢。

趙佗：「陸賈啊，你覺得我跟大漢的蕭何、韓信、曹參他們比，誰更厲害一些？」

陸賈：「嗯，你比他們厲害那麼一點點。」

趙佗：「那和你家皇帝相比呢？」

陸賈板起臉來：「這有可比性嗎？我們大漢皇帝滅暴秦、誅強楚，那是順天應命，再說中原那麼廣闊的天地，豈是你們南越國區區巴掌大的地方可比？」

趙佗悻悻道：「那是因為我的舞臺沒在中原。」

陸賈在南越住了好幾個月，與趙佗日夜飲酒，暢談天下大事。趙佗嘴上雖然不承認，可是心裡知道，自己跟漢帝國相比，那是小巫見大巫，根本沒得比。既然不是同一個重量級的選手，那就趁早輸，接受冊封，認了漢朝這個帶頭大哥吧！

臨別之際，趙佗拉著他的手，依依不捨：「一定要常來啊！」

陸賈拍著胸脯保證：「放心，一定常來！」

陸賈圓滿完成外交使命，雙方皆大歡喜，互通商貿，南越從漢朝進口了大量的鐵器、農具以及牛、羊、馬，經濟得到了飛速發展。

多年以後，劉邦去世，呂后上位，有關部門提議對南越限制鐵器、農具，牲畜只出口雄性，不准出口雌性。

呂后簽字蓋章：「准了！」

善意地揣測一下，呂后這麼做，應當與趙佗開始不把漢帝國放在眼中有關。但是不管怎麼說，呂后的翻臉，讓趙佗立刻發飆了。

對於南越而言，鐵器太重要了，南越地區本來就是老少邊窮地區，經濟和技術較為落後，許多地區仍是部落組成的，冶鐵技術不完善，耕地的犁和鏵都需要大量從漢朝進口。呂后斷了鐵器的交易，就是斷了他們的口糧，也是斷了南越的生命線。

趙佗咬牙切齒：「高皇帝立我，讓南越和中原互通有無，現在高后聽讒臣，把我當成蠻夷，不把我們需要的器物賣給我們，此必長沙王計，想消滅我們！」

長沙王一臉糊塗。

「沒什麼可商量的，出兵吧！」

這一年，趙佗兵犯大漢邊境，長沙國好幾個縣在南越國的兵威下相繼敗北。呂后派出了大將隆慮侯和周灶迎戰，但是由於中原的士兵不適應南越一帶炎熱和潮溼的氣候，紛紛得了病，連南嶺都沒有跨過去。

在擊敗了漢朝的遠征軍後，趙佗越發膨脹，他把中原皇帝那一套排場全部複製了過來，要跟漢朝皇帝平起平坐。

打又打不過，呂后雖然心裡生氣，只能選擇無視。

你的江山，我來守護

說了這麼多呂后的黑歷史，下面我們來說說呂后的優點。

呂后最大的功績在於執行了「與民休息」的國策，倡導黃老之學。

先說這分田地。

我們都知道，秦人以軍功授田，劉邦以服兵役為代價授田，只有到了呂雉這裡才真正實現了「耕者有其田」。她要求對未得到土地的退役軍人登記造冊，然後按照名冊分田地。

另一方面，全體國人被劃分為六等，最高一級的「侯」可以獲得田地九十頃，最低階的「庶人」可以獲得田地一頃，就連犯有輕罪的犯人也能在釋放後獲得半頃田。

百姓有了田產，勞動生產就有了動力，當時的賦稅是「十五稅一」，什麼意思呢？就是說，國家對農業稅的徵收比例為 6.6%。這個稅率高不高呢？我們來聽聽孟子的說法。

在孟子看來，「十稅一」（即 10%）是最佳稅率，他稱這為「堯舜之道」，比這稅率高的就是暴政。由此可知，在呂后當政的時代，民眾的農業稅是相當低的。

呂后不僅減輕農民的負擔，對於商人也是積極鼓勵。

農民出身的劉邦跟後世的朱元璋一樣，對商人天生沒有好感。他上位後，要求商人不得穿絲綢衣服、不得乘車，商業稅也是極高。在他看來，商人們不勞而獲，只會耍小聰明就能獲得巨大財富，簡直就是社會的蛀蟲！

劉邦的這種做法，嚴重挫傷了商人們的積極性，也不符合社會經濟發展的規律。

呂后卻比她老公看得長遠。

雖然當時是自給自足的小農經濟，但是每個人都只能因地制宜地生產特定的產品，有人耕地，有人織布。但是耕地的人也需要穿衣服，織布的人也需要填飽肚子。這樣一來，商品交易就不可避免了。為了提高商品的流通效率，呂后解除了商人在經濟上的重負及對商人的社會性歧視。

在呂后的主導下，朝廷積極興建長安西市，使長安成為漢朝經濟活動的中心，也為長安邁向世界性大都市奠定了基礎。

這是呂后在位時的唯一一項重大工程。

西元前 180 年，這是呂后主政後的第八個年頭。

這一年的春天，呂后出門去參加祭祀活動，回來的路上，忽然看見一條黑狗向自己撲過來，撞到她的腋下，隨後消失不見了。

呂后嚇了一跳，感到腋下疼得厲害，回到宮中一看，卻什麼都沒發現。呂后總覺得心中不安，她確信自己沒有看花眼，那確實是一條黑狗，可是怎麼就不見了呢？

「難道是撞到了什麼不乾淨的東西？」

想到這裡，呂后有點心慌。

對於鬼神這種事，呂后是寧可信其有，不可信其無。不要怪古人迷信，在科學知識沒有傳播前，大夥兒只能信這個。她找來巫師算了一卦，結果卦象很奇怪，巫師看了半天，對呂后解釋說：「您沒看錯，那東西是趙王劉如意變的，他來找你報仇了。」

呂后心中撲通一聲，一顆心猶如沉到了海底。

她一生殺伐決斷，殺人無數，卻唯獨對劉如意那事最為忌諱。戚夫人被她剁成「人彘」，扔在廁所中；劉如意被她叫回長安，一杯毒酒結果了性命。不僅如此，自己的親生兒子劉盈也因為看到了「人彘」，嚇得魂飛魄散，從此以後不理朝政。

呂后心中惶惶不安，難不成，真是劉如意那小子的冤魂來找我報仇了？

這段日子以來，呂后每晚都會做夢，而且都是同一個夢。

夢裡有濃得化不開的霧氣，還有陰森森的聲音，那聲音似笑似哭，似有無盡的怨氣，好像是一個孩子的聲音。呂后戰戰兢兢，摸索著向前行，眼前隱隱浮現出一個人的身影。呂后覺得那身影很是熟悉，可就是想不起來是誰。待呂后走近了，那身影抬起頭，面上毫無血色，竟然是劉如意！

他在朝她笑！

呂后驚叫著向後退去，卻被一個什麼東西絆倒了，她低頭一看，一團血肉模糊的東西，卻總覺得有些眼熟。陡然間，她想起一個人，這不正是被自己砍去雙手雙腳、做成人彘的戚夫人嗎？

呂后驚恐地叫著，好半天才從夢中驚醒，卻總覺得腋下的疼痛又加重了。

受此驚嚇，呂后一病不起，針灸吃藥也不見好轉。

這年夏天也頗不平靜，南方暴雨連天，長江及漢水氾濫成災，受災群眾多達一萬戶。

外面煩心的事一大堆，呂后的身體也一天不如一天。

不得不承認，呂后老了。

這一年，呂后已經六十一歲了，強悍如她，也不得不迎來命運的審判。老子說：「天地不仁，以萬物為芻狗。」荀子也說：「天行有常，不為堯存，不為桀亡。」區區凡人，又怎能逃避得了天命呢？

呂后不怕死，她擔心的是自己死後，娘家控制不住局面，被劉家人和功臣集團滅了。

呂后自己也明白，劉邦去世後，自己大肆提拔娘家人、打壓劉家人和功臣集團，大夥兒對自己早就不滿了。自己活著的時候，他們還不敢輕舉妄動，一旦自己死了，那幫人絕對會報復。呂后很清楚，自己的那些姪子們沒經歷過大風大浪，玩政治、搞詭計，一定會被朝中那些人精玩死。

要想保住呂家的地位，必須把軍權掌握在自己人手中！

呂后知道自己時日無多，她趁著還剩最後一口氣，叫來自己的娘家人，封趙王呂祿為上將軍，掌管北軍，呂產掌管南軍。

只要南北軍在手，京城無人可撼也。

為了確保萬無一失，呂后又為他二人面授機宜：

「我封呂氏子弟為王，大臣們多不服氣，我死之後，皇帝年少，一切都得由大臣做主，我怕他們會起來反對。你們記住，一定要牢牢掌握兵權，我的葬禮就不用參加了，密切關注朝中動向，千萬不要因為忙碌而給他人可乘之機。一旦兵權落入他人之手，呂氏一族必將面臨滅頂之災！」

劉邦去世後，呂后跟大臣們鬥、跟皇帝鬥，憑藉著一己之力，雖然打倒功臣集團和劉氏子弟了，但是那些反對派並沒有被徹底擊倒。他們只是隱藏在黑暗中，靜靜蟄伏，等待時機。

呂后已經意識到，她死後，劉氏和功臣集團必將會發起反撲，而她所能做的，只有握緊兵權，不給他們可乘之機。

呂后病得很重，這些天來，她總是昏昏沉沉，半夢半醒。都說人老了總愛回憶過往的一些事，呂后也不例外。每當清醒的時候，她就會想起一些事，那記憶如此清晰，彷彿就像是昨天發生的一樣。

那一年，她跟隨父親搬到了沛縣。二十多歲，正是少女懷春的年齡，呂雉也不例外。如同很多愛做夢的少女一樣，她也曾幻想著自己的意中人是個蓋世英雄，他會身穿金甲戰衣，腳踩五彩祥雲來娶她。

一次宴會上，一個四十多歲的中年大叔昂首闊步踏入正堂，與在場客人頻頻舉杯，氣勢非凡。那是她第一次見到劉邦，父親指著他告訴呂雉，那就是他為女兒挑的意中人。

那一刻，呂雉心中對於愛情美好的嚮往轟然倒塌。

那一年，劉邦在路上放跑了壯丁，帶著為數不多的弟兄們當了山大王。消息傳回沛縣，呂雉被抓到了監獄中。那時的呂雉孤獨無助，整日蜷縮在陰暗潮溼的監牢內，還要忍受獄卒們的侮辱。

那是她此生最不願提起的回憶。

那一年，她在戰亂中被項羽俘虜，在苦熬了兩年多後，終於回到了丈夫身邊。然而，幾年不見，自己的丈夫身邊卻有了一個叫戚夫人的女人，她比自己更年輕、更漂亮，更討劉邦喜歡，而自己這些年歷經風霜，早已熬成了黃臉婆。

面對戚夫人的橫刀奪愛，呂雉忍了，不料戚夫人得寸進尺，不斷要求劉邦廢掉劉盈的太子之位。

被逼到牆角的呂雉忍無可忍，決定反擊！她痛恨劉邦的薄情寡義，痛恨劉邦的女人們，痛恨命運的不公。她不要像螻蟻般活著，任人踐踏，她要主宰自己的命運！

她替劉邦除掉了韓信，除掉了彭越，震懾住了功臣集團。呂雉此生與劉邦恩愛過、爭執過、懷疑過、離心過，但是最後，劉邦臨死前依舊選擇相信呂雉。

劉邦去世後，沒了依靠的呂雉，擦乾眼淚，接過丈夫身上的擔子，站到了舞臺的正中央，面對來自朝堂內外的刁難和質疑。

「你的江山，我來守護。」

十五年來，呂后憑藉自己的政治手腕，逐步在朝堂站穩了腳跟。在她的任期內，雖然劉氏宗族和功臣集團對她多有不滿，但不可否認的是，呂后將大漢治理得井然有序，民眾得以休養生息，人民生活富足安康，天下晏然，罪人漸稀，民務稼穡，衣食滋殖，為後來的「文景之治」鋪好了路。

這一切，都是呂后的功勞。

一路走來，她送走了深愛的父母，送走了愛恨交織的丈夫，送走了寵溺疼愛的兒女。終於，輪到她來迎接死亡。

觀其一生，呂雉或許不是一個稱職的妻子和母親，但是她一定是一個優秀的領導者、一個合格的政治家，這一點連司馬遷都表示贊同。呂雉沒有辜負劉邦對她的期望，守住了他的大漢。

「是非功過，就留待後人評說吧！」

七月，呂后交代完後事，嚥下了最後一口氣。

第五章

文帝繼位

討伐諸呂

呂后一死，正如她生前所料，劉家人馬上跳出來，要殺掉呂家。

第一個出來挑事的是劉章。

前面說過，劉章是劉肥的兒子，劉邦的孫子。在劉邦的孫子中，劉章算得上是出類拔萃，年紀輕輕，孔武有力。不同於其他膽怯懦弱的劉姓宗室，劉章向來只有折磨人的份，從來還沒人能制得住他。想當初，劉章在宴會上挑釁呂家人，結果沒受到任何懲罰，一想起他，呂家人就頭痛。

這一次，劉章決定做一件大事。

劉章的老婆是呂祿的女兒，透過這層關係，劉章得知了呂后的臨終囑咐，以及呂產、呂祿把持南北軍的消息。權力交接往往是最敏感的時期，劉章從中嗅到了機遇，他立刻派人通知哥哥劉襄，說：「呂氏擁兵自重，準備謀反，老哥你趕緊帶兵來長安城，老弟我在城內替你做內應，我們裡應外合，殺掉呂氏，天下就是我們家的了！」

劉襄看完信，非常激動，他是齊王劉肥的長子，而劉肥是劉邦的長子。從理論上講，自己也有當皇帝的機會嘛！他已經在齊國等了十年，如今皇帝年幼，呂后又剛剛去世，正是做大事的好時機！

劉襄立刻把舅舅駟均、郎中令祝午、中衛魏勃幾個死黨找來，幾個人開始密謀準備起兵。

就在幾個人討論得非常熱烈時，一個反對者的出現，打亂了他們的布局。

這個人，是齊國的丞相召平。

按照漢朝的體制，各地諸侯國的丞相多數都由中央政府直接任命。這些人掌握了諸侯國的兵權，就是為了防止諸侯王不安分，背後做些小動作，而召平就是呂后的人。就在劉襄他們密謀起兵造反時，早就有臥底報告召平這個消息。

召平一看：「敢在我眼皮子底下商量造反，我先來個關門打狗，看你們還怎麼造反！」

部隊很快將王宮圍成了鐵桶。劉襄一看，頓時傻眼了，想不到自己算計來算計去，竟然被召平包圍。還造什麼反呀，束手就擒吧！

召平很開心，自己在齊國潛伏了這麼多年，終於抓到了劉襄造反的把柄，這事如果報上去，可就是大功一件呀！

就在劉襄氣得直罵髒話時，小弟魏勃站了出來，對劉襄說：「老大莫急，我有辦法！」

連劉襄都束手無策，一個中衛能有什麼辦法？

這裡要隆重介紹一下魏勃的發跡史。

魏勃年少時家裡非常窮困，經常是吃了上頓沒下頓，為了改變自己的命運，他決定外出闖蕩。在那個沒有科舉考試的年代，要想出人頭地，路就那麼幾條，最直接的辦法就是依靠大哥，在大哥面前顯示自己的價值感。說不定有一天，人家注意到你，就會把你帶進他的圈子裡了。

魏勃一開始走的也是這條路線，只不過他的目標有點高，他選中了當朝國相，也就是國務院總理曹參。

這年頭，要想結識大哥，有很多辦法，比如走親戚路線、夫人路線等，條條大路都能通羅馬。可是問題在於，無論是什麼路線，都是要花錢的，魏勃家太窮了，什麼錢都沒有。

想來想去，魏勃選擇了一條下人路線。

有一段時間，曹參家的僕人發現了一件奇怪的事，每天早上開門時，家門口總被人打掃得乾乾淨淨，連續好幾天都是這樣。關鍵是，這個打掃環境的人沒有留下任何資訊，事了拂衣去，深藏功與名。

僕人很奇怪，起了個大早蹲在門口觀察，天矇矇亮時，發現一個人自帶掃帚，主動來打掃環境。僕人立即衝出去，一把將他逮住，送到了曹參面前。

你沒有猜錯，這個人就是魏勃。

面對曹參的詢問，魏勃承認地是自己掃的，目的就是吸引曹參的注意，當他的手下。

曹參一看：「小夥子為了認識我，能想出這種辦法，也算是有心了。既然如此，那你就留在府中吧！」

魏勃如願以償進了相國府，他沒有讓曹參失望，工作期間沒少幫他出主意，曹參很滿意，把他推薦給齊王劉肥。劉肥一看：「曹參推薦的人，肯定差不了。」給了魏勃一個內史的職位，讓他掌民政。

劉襄接過老爸的位子後，魏勃進一步得到提拔，在軍隊中任職。這一次，面對已成甕中之鱉的劉襄，魏勃決定挺身而出，挽救危局。

魏勃走出王宮，點名要見召平。聽說魏勃要見自己，召平心中有些忐忑，魏勃在軍隊中有一定的號召力，自己沒必要跟他翻臉。

一見面，魏勃先恭喜召平：「您這圍宮圍得好，圍得妙啊，像劉襄這種敵對分子，就該活活困死他！」

召平一聽：「咦，這是自己人呀！」

魏勃接著糊弄：「不過呢，我有個想法，像帶兵打仗這種事，怎麼能夠麻煩您親自出面呢？這樣吧，如果您不嫌棄我，請允許我替您守住齊王宮，您覺得如何？」

上墳燒報紙，你糊弄鬼呢？

也許是魏勃的演技太好了，也許是召平確實眼瞎，總之，在那一刻，召平看著一臉真誠的魏勃，對他說：「既然你願意為朝廷出力，那這裡的事就交給你了，等辦完這事，我一定為你請功。」

說完，召平竟然真的就下班回家了。

魏勃也有些意外，想不到自己的一番話，竟然就這樣說服了召平，簡直不可思議！「還等什麼，趕緊放人吧！」

召平前腳剛走，魏勃後腳就放了劉襄，然後帶人包圍了召平的相府。

直到這時，召平才反應過來，為此，他想死的心都有了！

鬱悶的召平只能拔劍自刎。

劉襄很高興，在搬掉了召平這塊攔路石後，劉襄重新分配工作，以駟鈞為相，魏勃為將軍，祝午為內史，準備進軍長安，奪取皇位！

劉襄的願望很美好，可是現實很骨感，眼下的齊國被一分為四，猶如一盤散沙，連內部矛盾都還沒搞定，怎麼到長安挑釁呂氏？

說起齊國四分五裂的現狀，還得從劉襄的老爸，齊王劉肥說起。

想當初，劉肥到長安城拜見劉盈，兩人坐在一起喝酒惹惱了呂后。為求自保，劉肥把城陽郡讓給魯元公主，這才討得呂后的歡心，放他回了齊國。

這之後，呂后把齊國當成了一塊任人宰割的肥肉，想怎麼割就怎麼割。為了籠絡劉邦的堂弟劉澤，呂后又送女子又送地盤，而這地盤就是齊國的琅邪郡，劉澤也因此混了個琅邪王。

封完了劉澤，呂后又想起了自己的娘家人，為了不讓娘家人吃虧，她又把濟南郡送給姪兒呂臺。

每每想到這些事，劉襄心裡總是激動不已。

眼下的齊國被卸成了四塊，其中尤以劉澤的勢力最強。為了壯大反呂聯盟的力量，劉襄決定拉攏劉澤。但是這手段嘛，就不那麼光彩了。

糊弄劉澤的任務落到祝午身上。

祝午出使琅邪國，一見到劉澤，就對他灌起了迷魂湯：「呂氏即將作亂，我家主公想發兵誅殺呂氏，可是他覺得自己輩分小，年紀又輕，不懂軍事，擔當不起大任。您跟高祖皇帝平輩，又帶過兵打過仗，經驗豐富，誅殺呂氏、振興劉氏非您不可。我家主公願交付您齊國的兵力，讓您率兵向西，希望您抽空到臨淄來一趟，我們一起共商國家大事。」

這一碗迷魂湯下去，劉澤立刻就不知道方向了。被呂后打壓了這麼久，劉澤內心備受屈辱，只能在自己的琅邪郡內委屈地待著。在世風日下，人心不古的情況下，還有小輩尊重自己，難得，太難得了！

人家親自上門，請你出山主持大局，這份情誼劉澤不能辜負。劉澤立刻動身，跑去齊國，結果一到齊王宮，屁股還沒坐穩呢，就聽見劉襄冷笑一聲：「綁了！」

劉澤一時間沒反應過來，腦袋有點糊塗了：「什麼情況？」

劉襄得意地笑道：「呂氏肯定是要收拾的，只不過我手頭兵力太少，想跟叔父借點兵力而已。叔父不要擔心，等我殺入長安城，當了皇帝，肯定少不了您的好處！」

直到這時，劉澤才反應過來，原來劉襄一開始就沒安好心，他糊弄自己過來，只不過是想扣住自己，奪取兵權而已。想不到自己戎馬一生，大風大浪都過來了，卻栽在了一個小孩身上，真是太失敗了！

故事講到這裡，劉澤似乎是沒有翻盤的機會了。然而，劉澤是個不肯認輸的人，他眉頭一皺，計上心來，反手就對姪兒劉襄灌起了迷魂湯：「齊國第一任齊王劉肥是高祖皇帝的長子，您又是劉肥的長子，也就是高祖皇帝的長孫。照這樣來看，皇帝這個座位非你劉襄莫屬，只不過朝中那幫老傢伙對此還猶豫不決。我是劉氏宗室中最為年長的人，相信由我出面協調，應該是最合適不過了。再說，你把我留在這裡也沒什麼用，不如派我進入關中，讓我替你去遊說他們，這對你我而言，不都是很好的一件事嗎？」

劉襄一想，對啊，把劉澤扣在這裡貌似也沒什麼用，不如讓他跑一趟，要是他能說服朝中那幫老古董，自己當皇帝的阻力就會小一些了。

想明白了這個關節，劉襄立刻換了一副笑臉，向劉澤道歉：「小子年幼無知，衝撞了叔父，還請叔父莫怪。」緊接著，他為劉澤準備了幾輛車，請他先入關中為自己鋪路。

劉澤坐著馬車出發了，當他離開城門，遙望齊國時，內心五味雜陳。「劉襄，我辛辛苦苦過來幫你，想不到你暗藏禍心！總有一天，我會讓你好看！」

與此同時，劉襄也沒閒著，他派兵攻打呂產的封國濟南，還寫了一封信給各路諸侯王，痛訴呂氏一黨的罪行，表明自己出兵的正義性：

「想當年，高皇帝平定天下，封諸子弟為王，封悼惠王於齊國，悼惠王去世後，惠帝派留侯張良立我為齊王。可是後來，惠帝駕崩，呂后專權，她年歲已高，聽任自己的娘家人擅自廢除高帝封的王，殺死三位趙王，誅滅梁、燕、趙，替自己人封王，還把齊國一分為四，忠臣進諫，主上惑於亂臣而不聽。

如今呂后去世，皇帝年幼，不能治理天下，必須依恃大臣諸侯。呂氏家族霸占高官顯爵，聚合兵力耀武揚威，劫持列侯忠臣，假託帝命以號令天下，劉氏帝位因而出現危機。現在我要領兵進京，誅殺那些亂臣賊子，請大家支持我！」

如果把這封信壓縮成一句話，那就是：「殺掉呂氏，人人有份！」

聰明人和傻子

劉襄出兵的消息像風一樣傳遍了全國，也傳到了呂產和呂祿這裡。兩人一聽，頓時就慌了，他們沒什麼本事，也沒在軍隊中任過職，雖然接管了長安城的南北軍，但是在軍中並無人脈，帶兵打仗不是他們的強項。要想跟劉襄打架，只能找專業打手。

問題在於，找誰合適呢？

漢朝建國已有二十多年，當年追隨劉邦打天下的那些老將們紛紛故去，如今能打仗的只剩周勃和灌嬰了。周勃雖然是太尉，但是職權早已被呂氏架空，能信任的只有灌嬰了。

灌嬰是漢朝的開國功臣，他原本是在睢陽賣布的小商販。劉邦起兵之後，灌嬰成了劉邦的手下，在戰場上衝鋒陷陣，從此踏上了革命的道路。

劉邦也沒虧待灌嬰，他稱漢王之後，拜灌嬰為郎中，之後又提拔為中謁者。劉邦由漢中進突破瓶頸中時，灌嬰也打頭陣，先後攻下櫟陽和殷地，之後灌嬰又擊破項羽部將龍且等人，被賜爵為列侯，號昌文侯。

劉邦稱帝之後，灌嬰也沒閒著。作為劉邦身邊為數不多的最信任的武將，灌嬰跟著劉邦四處滅火平叛，先後搞定了臧荼、韓王信、陳豨、英布這些人，堪稱漢帝國的棟梁。

如今，帝國再起危機，呂產和呂祿只能搬出灌嬰這尊大神，讓他去迎戰劉襄。

接到任務後，年邁的灌嬰再一次披掛上陣，帶著大軍浩浩蕩蕩出發了。然而，當隊伍走到滎陽後，灌嬰卻做出了一個出人意料的決定，大軍在此休息幾日，不走了。

這又是為何？

就在大夥兒議論紛紛之際，灌嬰卻關起門來，陷入了深深的思考中。

自從領兵出征以來，灌嬰跟長安城內的陳平和周勃一直保持著密切聯繫，分析商討目前的形勢。呂后死後，呂氏一派倒了後臺，已無扛大梁者，僅靠呂產和呂祿這兩人絕對撐不起呂氏的門面，而呂后在位時極力打壓劉氏和功臣集團，使得這兩派對呂氏積怨已久。灌嬰是劉邦一手提拔的，如今劉氏終於獲得了抬頭的機會，他真的願意幫助呂雉打壓劉氏嗎？

灌嬰搖了搖頭。

既然不願意繼續為呂氏打工，那這道選擇題便不難選了。

這天傍晚，灌嬰找來自己的小弟，跟他們商量：「呂氏一黨在關中擁有強大的兵權，勢必不利於劉氏，倘若我們今天擊敗了劉襄，呂氏一黨的聲勢和實權不是更大了嗎？到時候這天下可就真要改姓呂了！我們都深受劉氏的恩惠，能做這種吃裡扒外的事兒嗎？」

大夥兒異口同聲：「不能！」

看到大夥兒的反應，灌嬰總算放心了，這幫人總算沒有忘記自己吃的是誰家的飯了。

在達成共識後，灌嬰寫了一封信給劉襄：「不要慌，我不是來打你的，而是來幫你的，我們見機行事！」

劉襄看完信，終於長舒了一口氣，連老將軍灌嬰都站在劉家人這邊，說明人心所向啊，自己就等著看好戲吧！

鏡頭再轉回長安城內。

呂產和呂祿現在終於體會到了什麼叫做度日如年，自從灌嬰領兵出征後，兩人就一直在等前線的消息。一旁的陳平和周勃終於看到了機會，周勃很激動，他很想拿刀砍人，可是問題在於，這把刀此刻正握在呂祿手裡。陳平雖然智商很高，可是沒有兵權也沒有用。

如何才能拿到兵權？

最簡單的辦法就是糊弄呂祿，讓他主動交出兵權。至於人選，兩人早就想好了，老將軍酈商的兒子酈寄。

之所以要找酈寄，是因為酈寄平常跟呂祿關係很好，兩人經常一起喝酒。更關鍵的是，酈寄是個有名的孝子，對老爸酈商言聽計從。

這一天，陳平找了個機會，請酈商到自己家中喝酒，然後派人告訴酈寄：「你老爸在我手上，想讓他活命，照我說的去做！」

酈寄心想，這是綁架啊！考慮到陳平的黑歷史，酈寄一點都不懷疑這確實是陳平的風格。沒辦法，老爸在人家手上，不服輸不行。

陳平交代酈寄的任務是：糊弄呂祿，要他交出兵權。

這個任務的難度相當困難，把兵權交出來，那自己豈不成了待宰的羔羊？想得美！除非呂祿智商變低，不然是絕不可能發生的。

酈寄也很無奈，但是沒辦法，死馬當活馬醫，試試看吧。

為了幫助酈寄糊弄呂祿，陳平連臺詞都幫他寫好了：

「想當年，高祖皇帝和呂太后共定天下，劉氏共有九位諸侯王，呂氏則有三位，這些都是經由大臣們共同商議，公告天下後才確定下來的。如今太后突然去世，皇帝年紀又小，而您被封為趙王，不趕緊回到自己的封地，卻在關中獨擁大軍，您就不怕被大臣們懷疑嗎？齊王出兵，就是為了應對這種情況啊！

當務之急，你應該把兵權和將印通通還給太尉，請梁王呂產歸相國印，與大臣們打好關係，回到各自的封地。劉襄就沒有了發兵的理由，肯定會退兵。這樣一來，你就可以放心地去當諸侯王了，大夥兒相安無事，這才是解決之道嘛！」

不得不說，這段臺詞寫得很拙劣。

酈寄原本也沒抱希望，不料呂祿聽完後，沒有明確反對的意思，只是說這事他自己一個人做不了主，得回去後跟其他人商量一下。

酈寄心中燃起一絲希望：「難道這事會成功？」

呂祿回去後就跟自己家族的人開了個會議，在這次議題嚴肅、氣氛活躍的「飲談會」（邊喝邊談）上，大夥兒七嘴八舌，吵得不可開交。有的建議交出兵權，回自己的封地好好過日子；有的說兵權不能放，不然自己會成靶子。

呂祿很糾結，最終還是決定 —— 再議！

再議，就是再議論議論，再研究研究，再商量商量，再權衡權衡，再比較比較，再考慮考慮，再觀察觀察，再看看，再想想，再等等……

呂祿這邊可以等，陳平那邊可急壞了：「這是你死我活的政治鬥爭，先下手為強，哪能讓你拖下去？繼續讓酈寄上門糊弄。」

呂祿這些日子壓力很大，各種事情一團糟，讓他應付不過來。為了緩解這種壓力，呂祿決定出去打打獵，散散心。

你沒有看錯，在這個關鍵時刻，呂祿居然還有心情出去打獵。

半路上經過自己的姑姑呂嬃家時，呂祿順便去串了個門。然而，當呂嬃看到呂祿這副樣子時，頓時就生氣了，她當即將自己收集的珠寶全取出來扔到廳堂上，然後教訓呂祿：「當前呂氏生死危亡之際，你身為將軍不鎮守長安，竟然還有閒情逸致出來打獵！我現在就把這些珠寶全扔了，反正遲早得落到別人手中！」

呂嬃不愧是呂雉的妹妹，做事有姐姐的風範。

呂祿很無奈，好心去看姑姑，結果被罵了個狗血噴頭，真是鬱悶！

按理說，這麼關鍵的時刻，被呂嬃這麼一通數落，呂祿也該清醒了。然而他卻表現得很淡定，沒有任何行動部署。

長安亂

時間一晃就到了九月初。

這一天，相國呂產和御史大夫曹窋在辦公室談工作，正巧碰到郎中令賈壽從前線回來，彙報了一個重磅消息：「灌嬰已經叛變，他已經聯合齊楚的大軍，馬上就要反攻長安了，您還等什麼呢？」

呂產嚇壞了：「這可怎麼辦？」

賈壽為他指了一條明路：「趕緊帶兵入宮，想辦法自保吧！」

一旁的曹窋看到這種情況，找了個藉口出了門，拔腿就跑，第一時間告訴了陳平和周勃這個重磅消息。

陳平和周勃一聽，稱讚曹窋：「不愧是曹參的兒子啊，關鍵時刻靠得住！」

既然呂氏那邊準備動手了，自己這邊也不用客氣，陳平和周勃經過商議，決定先拿下實力最強的北軍，把主動權握在自己手裡！

問題在於，全長安城的人都知道，北軍目前掌握在呂祿手裡，周勃雖然是太尉，但是職權早已被架空，如何才能奪回北軍的指揮權？

周勃一無所有，他只能增加自己的存在感。

當以前的領導者周勃出現在北軍軍營前時，大夥兒都很忐忑。然而，軍人以服從命令為天職。「沒有符節，你周勃就算說破天，我們也不能讓你進軍營，這是規定。」

周勃很鬱悶，自己準備了一大段臺詞，結果花了老半天，連軍營的大門都沒摸著。

就在周勃準備放棄時，有一個人助了他一臂之力。

這個人叫紀通，是紀信的兒子。

紀通知道，要想順利拿下北軍，必須得有皇帝點頭同意，帶著皇帝的符節去指揮部隊，而他恰恰就是專門管理符節的人。為了幫助周勃，紀通決定假傳聖旨，偷偷帶著符節直奔北軍大營，為周勃頒發了通行證。

拿到通行證，只是成功了一半，要想控制北軍，還得拿到將印。周勃立刻簽發了一條命令給酈寄和劉揭：「務必要說服呂祿交出將印！」

酈寄也知道時間緊任務重，帶著劉揭直奔呂祿家。一見面，兩人就開始糊弄呂祿：「皇帝已經下令讓太尉守北軍，請您立刻交出將印，主動請辭北軍司令官，否則必有災禍。」

不得不說，這套說辭依然很業餘，你說皇帝下的令，那聖旨呢？呂祿要是有疑問，完全可以到宮中親自去問皇帝，自己有軍權在手，愛做什麼就做什麼，別人完全管不著。

然而，此時的呂祿已經慌得六神無主，被兩人這樣嚇唬，竟然還真的相信了，老老實實交出了虎符和將印。

有了虎符和將印，事情就好辦多了，周勃順利進了北軍大營，接管了北軍部隊，然後站在高臺上，進行了一場民意測驗：「擁護呂家的，露出右臂；擁護劉家的，露出左臂！」

結果，大夥兒你看看我，我看看你，短暫的沉默過後，有一個人舉起了左臂，緊接著，後面的士兵紛紛效仿，舉起了左臂，宣布效忠劉氏家族，沒有一個士兵露出右臂。

人心所向啊！

周勃終於露出了久違的笑容，自己真是高估呂祿了：「這傢伙掌管北軍這麼長時間，竟然也沒培養出幾個嫡系，關鍵時刻連個為呂家說話的人都沒有，就這水準還想造反？真是痴人說夢！」

搞定了北軍，下一步就是拿下南軍。陳平馬上找來朱虛侯劉章，讓他協助周勃行動。周勃則命令劉章守住軍門，派遣曹窋火速通知宮殿的宿衛部隊，千萬別讓呂產帶部隊進入宮中。

此時的呂產還不知道呂祿已經徹底放棄抵抗，他的計畫是入宮劫持皇帝，然後發動兵變。然而，等呂產氣喘吁吁跑到宮門外時，卻發現未央宮大門緊閉，自己進不去了。

呂產急得像熱鍋上的螞蟻，他沒有膽量破門而入，只能在原地打轉。

看到這幅場景，裡面的曹窋開始心虛了，如果呂產下定決心要破門而入，自己還真的沒把握能贏他。保險起見，他馬上派人向周勃搬救兵。

周勃接到曹窋的求救信後，立即對劉章說：「你趕緊帶一千人入宮保衛皇帝！」

劉章很興奮，自己終於有機會跟呂黨正面對抗了。當他趕到宮門外時，發現呂產和一群小弟們還在門外大呼小叫，連宮門都沒進去。

沒什麼好客氣的，雙方擺開陣勢，決定打一架！

要論打仗，呂產和他的小弟們只能算菜鳥等級，剛耍了兩下把式，就輸了。就在這時，一陣狂風忽然颳來，呂產這邊頓時方寸大亂，四散奔逃。劉章趁機追殺，慌不擇路的呂產逃到了郎中府的廁所中，結果還是被劉章找到，一刀砍死了。

外面鬧成這個樣子，小皇帝劉弘不得不有所表示了。得知呂產已死，小皇帝立刻向劉家人示好，派人持符節前往慰問，還說了一大堆好話。

見到皇帝的特派員，劉章有些哭笑不得：「我在前面砍人，你還真以為是為了保護你啊？」撲過去就要搶他手裡的符節。

特派員也不是省油的燈，他的工作就是保護好符節，哪能輕易就被你搶了？一轉身就躲過了劉章。

劉章怒了，又撲上去，搶了幾次，還是沒搶到手。

「呵，還真有兩下子，既然搶不到符節，搶人總可以吧？」劉章立即把特派員劫持到了馬車上，一路奔向長樂宮，斬殺了呂氏家族的另一個幹將 —— 長樂衛尉呂更始，然後回報周勃。

得知呂產已被誅殺，周勃一顆懸著的心終於落了地。他立即下令全城追捕呂氏餘黨，無論男女老少，一律處斬，這其中就包括趙王呂祿、樊噲的老婆呂嬃、燕王呂通等人。

隨著一顆顆人頭落地，呂氏一族被連根拔起，徹底退出了歷史舞臺。

出來混，遲早是要還的。

而此時，距離呂后去世，不過短短兩個月。

史書在記載這個事件時，一致把呂后死後的呂氏家族被形容為威脅劉氏、篡權奪位的野心家，將呂黨認定為謀權篡位的團伙，認為是呂黨犯上作亂，被功臣集團壓制住了。如果沒有周勃和陳平，劉氏的江山就要被呂氏顛覆了。

然而，當我撥開歷史的迷霧，重新翻閱這段歷史時，卻冒出了一個疑問：呂黨真的是想篡權奪位嗎？

為了說明這個問題，我們將上述事件做個覆盤。

對「諸呂之亂」的始末，司馬遷在《史記》中的記載很奇怪，好幾處都說是「欲為亂」。也就是說，呂黨並沒有邁出實質性的那一步，他們頂多是有賊心沒賊膽。換句話說，所謂呂黨犯上作亂，只是一種猜測 —— 我猜你們一定想造反！

如果呂祿和呂產沒想過顛覆劉氏的江山，那他們的一系列行為就能說得通了：

呂后駕崩之後，首先發難的是齊王劉襄，而呂黨除了派灌嬰領兵出征，在長安城竟然沒有任何下一步動作。

陳平和周勃找到與呂祿私交甚好的酈寄，幾次三番去糊濘呂祿，讓他交出兵權，而呂祿最後真的交出了兵權，離開了長安。

呂產在未央宮門外被阻攔時，竟然只是急得跳腳，沒有任何暴力行動，這怎麼看都不像一個造反者。

呂祿和呂產明明握有一手好牌，為什麼到最後竟然打輸了？

事實再明顯不過，他們根本就沒想造反。所謂的諸呂犯上作亂，不過是劉氏宗族和功臣集團為奪取權力，而上演的一場賊喊捉賊的把戲！

為什麼曾經一手遮天的呂氏集團會落得這樣一個悽慘的結局？

這一切的根源都出在呂后身上。

作為劉邦執政思想的忠實繼承者，呂后在掌權後，一直都想讓自己的娘家人在朝堂之中掌握話語權。可惜的是，呂后的這些後輩們能力太差勁，不足以勝任這種高智商費腦筋的工作，也不被劉氏宗親和功臣集團認可。而大夥兒之所以捏著鼻子勉強承認呂氏集團，不過是在呂后高壓之下的暫時妥協而已。

想讓這些有著豐富人生經驗的人們承認呂氏集團的政治能力？不可能的。

看似平靜的水面下，其實早已是波濤洶湧。

呂后去世後，原先蟄伏起來的劉氏宗親和功臣集團，就像是早春三月的蛤蟆，蹬蹬腿，扒開泥土，又開始活絡起來。

「終於熬死了這老太婆，輪到我們揚眉吐氣了。」

呂后死了，權力勢必要回歸到與功勞、能力相稱的正常狀態，蛋糕需要重新分配。

問題在於，呂后去世後，呂氏集團中根本挑不出一個帶頭大哥。

這其中的緣由也不難理解。呂氏集團的許多子弟，從小在父祖輩的功業庇蔭下養尊處優，仕途平順，大多未經歷血與火的洗禮，也沒有經歷過失敗。

這群官二代顯然對權力鬥爭的殘酷性缺乏清醒的認知和足夠的心理準備，政治上過於幼稚，只有呂嬃這個老前輩嗅到了即將到來的危險。可是，即便呂嬃如何提醒，呂祿依然天真地相信他的好兄弟酈寄不會害他，兩人一起出門打獵，日子過得悠閒。

而此時，功臣集團嗅到了機會，他們迅速控制了軍隊，將呂黨連根拔起。

誰當皇帝？

做完這一切，周勃又做了兩件事：一是把灌嬰叫回來，二是告訴齊王劉襄：「長安城的叛亂已經搞定了，沒你的事了，你回家吧！」

劉襄一聽，當場就夢碎了。「我辛辛苦苦準備了這麼多年，兵都帶出來了，你就讓我看這個？」

灌嬰倒是很淡定，畢竟軍權在自己手裡。他聽說齊國有個魏勃慫恿齊王起兵叛亂，於是派人叫來魏勃，責問他：「起兵討賊這麼重大的事情，都不通知我，太不把我放在眼裡了。」

魏勃趕緊解釋：「當時情況緊急，就如同家裡著火了，當然是救火要緊，哪有時間先通知您呀！」

說這話的時候，魏勃的腿不由自主地發抖，臉色越發蒼白，頭上直冒冷汗。沒辦法，灌嬰手裡有兵，萬一人家替自己安個叛亂的罪名，那自己可就吃不了兜著走了。

灌嬰很享受這種居高臨下的感覺，他看著面前戰戰兢兢的魏勃，心情大好，對著左右大笑道：「聽人說魏勃不僅勇猛，還非常負責，敢作敢當，今天看到他本人，實在名不副實啊，不過一介莽夫而已。」隨後罷免了他的官職，讓他回家種地去了。

呂黨被消滅了，如今牌桌上只剩下了兩組人：功臣集團和劉氏宗族。一個問題擺在了眼前：小皇帝怎麼辦？

以陳平和周勃為首的功臣集團態度很明確，皇帝必須換！

漢朝不是已經有一個皇帝了嗎？為什麼還要選接班人？如果你去問司馬遷，他會一臉嚴肅地告訴你：「這絕對是個陰謀！」

小皇帝劉弘是呂后扶上臺的，如今功臣集團打倒了呂黨，那麼劉弘的處境也就變得很尷尬了。「萬一這小傢伙將來長大了，要為自己的奶奶家報仇，誰能攔得住？」

為了將來的穩定，必須把危險消滅在萌芽狀態！

如何才能合理合法地換掉小皇帝呢？

這個問題難不倒陰謀家陳平，要知道，這個世界上，藉口永遠是最不缺的。他的答案是：「小皇帝劉弘不是劉盈的兒子。」

史書記載，劉盈一共有六個兒子，陳平卻一口咬定，這六個兒子都不是劉盈生的，而是呂后從別處抱來的。

陳平是功臣集團的元老，也是剷除呂黨的主要負責人，他都這麼說了，其他人也紛紛站在他這邊，質疑這幾個兒子的血統。

在剷除了呂黨後，以陳平和周勃為首的功臣集團聯合朝中大臣，召開了一個工作會議，議題只有一個：誰來當漢朝的下一任皇帝？

大會在一片熱鬧祥和的氣氛中隆重召開。

有人首先發言：「少帝、梁王、淮陽王以及當今皇上常山王，其實都不是孝惠帝真正的兒子，而是呂后以奸計詐取他人的兒子，殺害其母親後，假裝是孝惠帝的兒子養在後宮，用來做繼承人或者立為諸侯王，他們存在的價值只有一個：強化呂黨的控制力。如今我們誅滅了呂黨，而這些呂黨扶持的皇帝長大後，肯定會向我們報復，到時將造成朝廷的混亂。所以我認為，不如從諸侯王中另選最賢者立為皇帝。」

顯然，這是功臣集團的代言人。為了拿掉小皇帝劉弘，他們不惜汙衊劉弘及其他幾位諸侯王都是冒牌皇子。

一聽要重新選皇帝，朱虛侯劉章立刻就興奮了，他把票投給大哥劉襄，理由也很充分：「齊王劉襄是劉肥的長子，而劉肥是高祖皇帝的長子，從血統上來講，劉襄最有資格當這個接班人嘛！更何況，劉襄在齊國經營多年，實力雄厚，對於管理頗有經驗，我提議選他。」

這個建議一經提出，劉氏元老、琅邪王劉澤立刻坐不住了，劉澤歡天喜地去入夥，結果反被劉襄綁了，好不容易找了個藉口逃了出來，如果再讓他當了皇帝，那還得了？

說什麼也得出這口惡氣！

劉章話剛說完，劉澤拍案而起：「我反對！」

劉澤不想讓劉襄上位，該如何阻止他呢？他想了半天，終於找到了一個絕佳的理由：「難道你們都忘了？呂氏之亂完全就是因為外戚作惡，幾乎毀了我們大漢王朝，危及到我們的宗廟，也讓大家人人自危。如今齊王的舅父駟鈞也以擅權勇猛而馳名，他們一旦當權，肯定比呂氏一族更為可怕，倘若齊王當了皇帝，呂氏亂政的悲劇必定會重演！」

大夥兒一聽，瞬間就想起了那個不好惹的駟鈞。一個呂后已經夠讓他們受的了，再來一個猛如老虎的駟鈞，這日子還怎麼過？大夥兒很快就達成一致意見：絕對不能讓齊王劉襄上位！

劉襄的皇帝夢就這樣被無情地擊碎了。

既然劉邦孫子輩的不行，那就只有從兒子輩選了。

劉邦有八個兒子，早死的有兩個，被呂雉殺掉了四個，眼下只剩下了兩個：代王劉恆、淮南王劉長。

二選一，選誰好呢？

對於這個問題，大夥兒似乎很有默契，互相對了個眼神，毫不猶豫地把票投給了老四劉恆。

為什麼不是老七劉長？

這要從劉長的身世說起。

那一年，劉邦討伐韓王信回來經過趙地，趙王張敖為了討好老丈人，把自己最寵愛的一個美人趙姬獻給了劉邦。對於送上門來的美女，劉邦自然是來者不拒，兩人有了一夜魚水之歡。這之後，趙國的丞相貫高意圖謀反被人告發，張敖和趙姬都受到了牽連，被關到了監獄中。

此時的趙姬已經有孕在身，她找到獄卒，說自己懷了劉邦的孩子。獄卒趕緊逐層向上彙報，最後傳到了劉邦的耳朵裡。然而，當著呂雉的面，劉邦並沒有表態。

趙姬又透過自己的弟弟，輾轉找到了呂雉的老情人審食其，希望他能向呂后求求情，看在肚子裡未出世的孩子份上，替自己留條活路。呂雉聽聞劉邦又在外面播下了龍種，心想：「不收拾你就算不錯了，還想讓我救你？做夢去吧！」

趙姬絕望了，在生下腹中的孩子後，她選擇了自殺。

獄卒輾轉將孩子送到了劉邦面前。看著襁褓中的嬰兒，劉邦的心一下子就軟了。他忽然有些後悔，為了彌補過錯，他為孩子起名劉長，硬著頭皮讓呂雉撫養這個孩子，又派人將趙姬遺體送往老家隆重安葬。

呂雉雖然心狠手辣，對小劉長卻很是照顧，視如己出。正是有了這層關係，劉長才能在此後的政治動盪中活下來。

翻完劉長的檔案，我們不難看出，劉長是呂后一手帶大的，如果讓劉長當了皇帝，搞不好他將來秋後算帳！

在用排除法去掉了錯誤選項後，大夥兒一致把票投給了代王劉恆。

為什麼大家都比較中意劉恆？

因為他很低調，用現在的話來說，他很佛系。

不止他本人很佛系，他的母親更佛系。

劉恆的母親叫薄姬，原來是魏王豹的女人。薄姬出身貧寒，她父親是一個來自吳地的薄姓男人，愛上了魏國宗室的遠房親戚之女魏媼。大概是沒有明媒正娶，魏媼懷孕了，不久後生下一個女孩，這就是薄姬。

薄姬生下來沒多久，父親就去世了。很快，秦帝國分崩離析，天下陷入了動盪之中，魏媼帶著薄姬在亂世之中苦苦求生。

秦失其鹿，天下共逐之，原先潛伏起來的六國宗室們重新打出旗號，想要趁此亂局渾水摸魚，不撈個皇帝做也要恢復舊家邦，魏國宗室魏王豹就在此時自立為王。魏媼心懷故國，將自己心愛的女兒送進了魏王豹的王宮，薄姬自此成了魏王豹的姬妾。

魏王豹原本是跟隨劉邦的，秦朝滅亡後，緊接著就是楚漢之爭。由於最初劉邦屢次戰敗，再加上當時有個著名的神婆許負，曾替薄姬算過一卦，說薄姬這女人將來必然貴不可言，以後一定能生出個皇帝來。

魏王豹一聽，眼睛瞪得很大。

他心想：「薄姬的兒子要做天子，而她是我的女人，她當然只能生出我的兒子來。我的兒子做天子，我豈不是也有當天子的命？」

想到這裡，魏王豹向劉邦請了假，說家裡人生病了，要回去看望。劉邦准假後，魏王豹帶著自己的小弟，剛過黃河就封了渡口，然後宣布與劉邦絕交，轉而投靠了項羽。

劉邦勃然大怒，派說客糊弄不成，發兵滅掉了魏王豹。薄姬也跟著遭殃，由於是「罪婦」，她被發配到了宮中的「織室」。

事情發展到了這一步，薄姬只能自嘆命薄，一句「當生天子」，居然讓她淪落到了這等處境，變成皇宮中最下賤的僕婦。

有一次，劉邦路過織室，色心大動，挑選了一批姿色出眾的女奴送進自己的後宮中，薄姬也在此列。

薄姬本以為自己有了出頭之日，然而命運又開了她一個玩笑。劉邦內有悍妻呂雉，外有一大群鶯鶯燕燕，薄姬的姿色在後宮中並不出眾，劉邦壓根就不曾注意過這個小妾。

在看花了眼的後宮中，劉邦寵幸過很多女子，可就是沒寵幸薄姬。這一晃，一年多過去了，薄姬連劉邦的面都沒能見到。眼看青春流逝，她只能自嘆命苦。

也就在這時，薄姬累積的人品開始爆發了。

當初在魏國後宮時，薄姬有兩個最要好的閨密，一個叫管夫人，一個叫趙子兒。三人情同姐妹，一起立下了盟誓：假如三人中有誰先得富貴的話，一定不要忘記另外兩人，要共享富貴和機遇。

管夫人和趙子兒的運氣比薄姬好，兩人很早就得到了劉邦的寵幸，日子過得很悠閒。有一次，兩人聊天時，提到了當年發過的誓言。劉邦無意間聽到了，便開口詢問，管夫人和趙子兒只得一五一十地都說了出來。

劉邦這才知道，深宮之中還有一位被冷遇的薄姬，忽然間心生憐憫，當天就召見了她。

為了這一天，薄姬已經等待了太久。她知道，這或許是她唯一的一次機會，於是使勁了渾身解數討好劉邦。一見面，她就編造了一個美麗的謊言：「昨天晚上我夢見有一條蒼龍盤踞在我的肚子裡。」

果然，劉邦立刻就上鉤了：「這是極貴的徵兆啊，我來助你一臂之力！」

那一夜的紅燭正好，那一夜的風光旖旎，那一夜的紅顏嬌豔，那一夜的紅鸞帳暖透了滄海桑田。

夢醒時分，劉邦早已離開。

對於劉邦而言，這不過是再普通不過的一個夜晚，然而對於薄姬，卻是改變她命運的一夜。因為就在那一夜，她懷孕了。

十個月後，薄姬為劉邦生下了一個兒子，取名劉恆。

薄姬有了兒子，按理說，她的身分地位應該有所不同，然而劉邦似乎完全忘記了此事，薄姬依舊受到冷落。薄姬繼續長年枯守孤燈，守著活寡，她唯一的精神寄託就是劉恆。

在後宮的那些年，薄姬備受冷落，生了兒子又被其他嬪妃嫉妒，處境可想而知。漸漸地，薄姬養成了謹小慎微、凡事忍讓的性格，她不敢得罪任何人，也不敢提任何要求，似乎早已被人遺忘。

這樣的日子，薄姬一過就是八年。

劉恆八歲這年，父親劉邦在平定代地陳豨的叛亂後，心情大好，封劉恆為代王。

第二年，劉邦撒手人寰，呂雉成功上位，隨即對戚夫人開展了血腥報復，將她剁成了「人彘」，殺害了戚夫人的兒子劉如意。然而對於薄姬，呂后卻沒有刻意為難。

有人說是薄姬委曲求全的生活讓呂后感同身受，所以才對薄姬網開一面，我卻不這麼看。

依照呂后的性格，她是絕對不會同情這樣一位競爭對手的。唯一的解釋是，劉恆早在前一年被封為代王時，就帶著母親薄姬一起去了代國，遠離了長安城這個政治漩渦。

代國就在今天的山西北部，靠近漢帝國的邊境，匈奴人時不時還會攻打，屬於當時有名的老少邊窮地區。然而對於劉恆母子而言，他們不在乎地盤大小，只要能夠遠離朝堂的政治紛爭，即便是發配到邊疆，他們也心甘情願。

就這樣，劉恆和母親在代國過起了與世無爭的生活，他們勤勤懇懇、兢兢業業，努力經營著自己的一畝三分地。

這一晃，十六年過去了，當年的小劉恆如今也長成了二十多歲的小夥子。如無意外，他將繼續做他的小王爺，娶個門當戶對的老婆，生一堆孩子，然後從中挑一個，繼承自己的王位。

但是命運終究不會讓這個人平庸下去。

呂后去世後兩個月，功臣集團聯合劉氏宗族搞定了呂黨，連帶否定了呂后立的小皇帝劉弘。經過一番激烈討論，大夥兒都把目光鎖定在了劉恆身上。

說到底，劉恆之所以能得到大多數人的認可，最關鍵的因素是他娘薄氏出身不高，薄氏一族也非常低調。如果劉恆上位，起碼不會出現外戚亂政的現象。

一朝被蛇咬，十年怕井繩。大夥兒都被呂后欺負怕了，只想找個沒有後臺、沒有背景的人當皇帝，過幾天安心日子。

這當中，最鬱悶的要數劉章了。本次行動中，劉章上竄下跳，表現最為積極，雖然他也立了功，但是在這群如狼似虎的功臣們眼皮底下，也不敢太放肆。

如今劉恆上位已是大勢所趨，他只能對自己的大哥劉襄說聲抱歉了。「哥呀，不是兄弟不幫你，是那幫糟老頭子太強悍了，兄弟我無能為力啊！」

大夥兒一致決定：迎代王劉恆進京！

劉恆進京記

當劉襄看到通知後，他開始磨牙，一股無名業火升騰而起。

「我熬了這麼多年，就是為了這一天，如今兵馬都點好了，就等長安城內兩個兄弟一招呼，自己就殺進長安城，過一過皇帝的癮。如今你卻告訴我，沒我的事了？劇本不該是這樣子啊！」

好歹自己也是第一個帶頭造反的人，手上也有數萬兵馬，就這麼被朝中那幫人無視了？

不能啊！

讓劉恆進京的通知，像是一個火辣辣的耳光，狠狠地扇在了劉襄臉上。他彷彿看到，自己的臉面被陳平、周勃他們輪流按在了地上，用力地摩擦，摩擦得鮮血淋漓。

「他劉恆算哪根蔥，也有資格入繼大統？」

劉襄覺得心有些冷。這對他而言，是人生中最大的打擊，沒有之一。

可是，不忍又能如何？一鼓作氣，帶兵打過去嗎？別忘了，老將灌嬰的大部隊還在滎陽駐紮。人家跟隨高祖皇帝四處征戰的時候，自己還沒出生呢，論打仗，劉襄跟灌嬰完全不在一個段位上。更別說，長安城還有南北兩軍，這些可都是精銳中的精銳，跟他們打一架？那也得看自己夠不夠分量！

「什麼也不說了，回家吃飯吧！」

鏡頭轉到劉恆身上。

這一年，劉恆二十四歲，遠在代國，也就是今天的山西。

二十多歲，本該是意氣風發、熱血湧動的年紀，然而此時的劉恆身上沒有同齡人的意氣與輕狂，卻有一種與年齡不相符的成熟與穩重。在呂后當家的時代，劉邦的龍子龍孫們被欺負時，劉恆的運氣還算好，沒有受到太大波及。

在那人心惶惶的年代裡，劉恆最大的願望就是好好活下去。此前，呂后曾試探想讓劉恆去做趙王，結果被劉恆婉拒。正是劉恆的這份不爭之心，才讓呂后對他放鬆了警惕。

在聽聞呂后去世後，劉恆隱隱感覺這大漢的天要變了，是陰雨還是晴空，他並不知曉。緊接著，齊王劉襄第一個跳了出來，向呂黨發出了挑戰，老將灌嬰親自出馬，帶著大部隊去平叛。

他一直保持低調，想遠離這場紛爭。也正因為如此，當朝廷派來的使者出現在正廳，傳達了百官的意願時，讓劉恆嚇了一跳。

劉恆簡直不敢相信自己的耳朵，有沒有搞錯啊？接自己去當皇帝？「我沒聽錯吧？」

劉恆身邊的人也是目瞪口呆。

使者不得不將百官的意思複述一遍，然後催促他趕緊收拾東西，準備出發。

劉恆瞇著眼，心裡很震驚，如今呂黨剛剛被誅滅，朝中亂作一團，正是各方利益集團重新洗牌的時候。自己蝸居在代國，遠離長安城，不過是想躲在角落裡，能保住性命就不錯了，哪還敢奢望當什麼皇帝？

「這不會是朝中那幫老狐狸設下的陷阱吧？」

越想越覺得有可能！

想到這裡，劉恆趕緊找來自己的智囊團，匆匆召開了一個內部討論會。

郎中令張武認為：「朝中那幫大臣，尤其是陳平和周勃，可都是跟隨劉邦打過天下的人，熟悉兵事，都不是什麼善茬。他們一個個虎視眈眈，只是因為畏懼呂后的威嚴與權勢，才安穩了一段日子。他們剛剛血洗呂氏，就來迎接你去當接班人，這當中變數太多，我不建議去！」

張武是一個老成持重之人，他對任何事都保持著足夠的謹慎。就算天上掉了餡餅，也得先看看能不能吃吧？萬一有毒呢？

中尉宋昌卻不這麼看，他說：「我不同意大家的意見。」

「理由呢？」

「第一，秦王朝滅亡後，諸侯豪傑並起，自以為可以得天下的人數以萬計，但是最後登上天子之位的卻是劉氏，這是天命。

第二，高祖皇帝封自己的子弟為諸侯王，封地犬牙交錯，劉氏宗族在地方上已經掌握了大權，根基深厚，功臣集團想作怪恐怕也沒那麼容易。

第三，漢朝建立後，幾乎全部廢除了秦朝的苛捐雜稅，法令簡約，對於百姓可謂是廣施仁義與恩惠，百姓安居樂業，這種合法性的向心力已經很難動搖了。

呂后以太后的威權，封了三個呂姓諸侯王，呂氏一黨擅權專制，他們本以為已經大權在握，然而太尉周勃僅憑一個符節，進入北軍登高一呼，將士們無不捲起左袖表示忠於劉氏，最終得以誅除諸呂的叛亂。

由此可知，劉氏的帝位來源於天授，不是靠人力奪來的。即使大臣們另有圖謀，百姓也不一定會聽他們支使的。現在朝內有朱虛侯、東牟侯這樣的宗室大臣，外面又有吳國、楚國、淮陽、琅邪、齊國以及我們代國等強大的宗室諸國，我相信大臣們不敢另生他念。

更何況，如今高祖皇帝僅存的兒子中，只剩下大王您和淮南王劉長了。大王您年長，聖賢仁孝之名廣布天下，大臣們為了穩定天下大眾之心，也不得不擁立大王您啊，大王不必猜疑！」

兩邊都有道理，劉恆一時間也不知道該聽誰的了。這時候，他想起了自己那位老實本分的母親，薄氏。

薄氏安分守己活了這麼多年，面對這種關乎家族性命的選擇，沒有任何可供參考的經驗。她也不知道，天上掉下來的是餡餅還是炸彈。

「乾脆去問巫師吧，問問老天爺是什麼意思。」

巫師占了一卦，結果是大橫之兆。

劉恆一臉糊塗：「這是什麼意思？」

巫師告訴劉恆：「大字加一橫就是天字，意思是說，你要當天王了。」

劉恆繼續裝傻：「我現在不就是王了嗎？還有什麼王可以當？」

巫師告訴他：「這裡所謂的天王，就是天子呀！」

劉恆心中一陣激動，連老天爺都同意了，看來這事十有八九是真的了。還等什麼呢？趕緊出發吧！

張武適時地站了出來，攔住了劉恆：「老大，保險起見，還是先派個人去長安城打探一下情況吧！萬一這是個圈套，我們可就白白送上門了。」

小心駛得萬年船，劉恆想了想：「就這麼辦。」

這工作自然落在了劉恆的舅舅 —— 薄昭身上。

此時的長安城已經初步穩定下來，大夥兒都在焦急地等著劉恆來接班。不料左等右等，等來的卻是薄昭。

也難怪人家起疑心，這幫大臣們剛剛血洗了長安城，刀尖上的血跡都還沒擦乾淨呢，一招手就要劉恆立刻來長安城，人家能不謹慎點嗎？

到了長安城，陳平等人熱情接待了薄昭，拍著胸脯向他表示：「我們絕對是誠心誠意為了漢朝政權和天下的安定，才擁立代王劉恆當皇帝。不要再猶豫了，趕緊來當接班人吧！」

薄昭還是不放心：「真的沒騙人？」

陳平一臉真誠：「真的不騙你。」

薄昭回去後，把自己這一路的見聞都告訴了劉恆，最後得出了一個結論：「我看那幫大臣們都是誠心誠意的，這事應該假不了！」

聽了舅舅的彙報，劉恆這才放下心下來。「既然這樣，那我們收拾收拾，準備迎接新的人生吧！」

從代地到長安城，劉恆這一路走得並不輕鬆。

劉恆是劉邦的第四個兒子，從一生下來，他似乎就注定與皇位無緣。但是在內心深處，劉恆也曾幻想過，或許將來某一天，自己也有機會能當上皇帝。然而，當這一天真正來臨時，劉恆卻一點也高興不起來，更多的是忐忑和懷疑。

前路究竟是坦途還是陷阱，劉恆其實一點把握都沒有。

隊伍到高陵時，劉恆又覺得不放心，派了同行的宋昌率人前去探路。而此時，陳平和周勃帶著朝中所有官員已經排好隊伍，在渭橋專門等候。

宋昌立即回報劉恆：「說大夥兒都排好隊了，就等您呢，我們趕快吧！」

劉恆聽了宋昌的彙報，這才放下心來，繼續前進。一行人到達渭橋時，以陳平和周勃為首的滿朝文武全部跪倒，恭迎劉恆。

劉恆有些受寵若驚，連忙下車，向眾人還禮。

現場的氣氛很和諧，雙方互相客氣了一番，周勃忽然來到劉恆的身旁，小聲說：「可否借一步說話？」

宋昌此時正站在劉恆身邊，一聽這話，立刻警覺起來：「有什麼話不能當著大家的面說？周勃絕對沒安好心！」

沒等劉恆開口，宋昌搶先一步對周勃說：「為什麼要私下單獨談？太尉如果談的是公事，請當著大家的面說；如果談私事，不好意思，此時不是談私事的時候！」

周勃一臉尷尬，只得獻上皇帝的玉璽、印章以及符節。

劉恆則表現得很淡定：「不急不急，我們先到代國的辦事處再商議吧！」

這裡有一個疑問，周勃單獨找劉恆到底要談什麼私密的事？

有人說是要獻上玉璽，但是我不這麼看。向新皇帝進獻玉璽，這不是什麼見不得人的事，周勃何必要避開眾人？

結合之前陳平與周勃一口咬定小皇帝不是劉盈所生這個論斷，我們有理由相信，周勃此時一定是想拉劉恆下水，一起為劉盈戴綠帽子。因為只有這樣，功臣集團剷除諸呂的行為才有合法性。

宋昌身為劉恆身邊的高參，對此顯然也是心裡有數，所以當周勃想跟劉恆私下講明這個情況的時候，宋昌趕緊堵住了他的嘴：「殺死孝惠帝的子嗣是你們做的好事，我家代王可是清白的，你們別想拖他下水！」

一行人簇擁著劉恆進了長安城，劉恆並沒有急匆匆地入宮，而是先到了代國官邸，也就是自己在長安城的辦事處。陳平等人隨即上演了一場勸進大戲。

「現任皇帝劉弘並不是孝惠帝的親生兒子，所以無權供奉劉氏的宗廟。大王您是高皇帝的兒子，理當繼承大統，為了漢帝國的穩定，臣等懇請大王立刻登基！」

早在劉邦登基之時，我就說過，勸進其實就是一種政治套路。有人想當皇帝，可懾於某種規矩和輿論，不好自己主動開口，這時就會有一班賢臣急主公之所急，跳出來論證稱帝的合理合法性。

這個時候，主角要反覆辭讓，表示自己德行不夠。賢臣們要反覆堅持勸進，來回三次，走完這個流程，才可以大大方方接受。

劉恆顯然也深知這個技巧，跟陳平等人來回拉鋸了三次，最終同意坐到龍椅上去。

眾臣匍匐在地，山呼萬歲。

成為眾人關注的焦點，這正是劉恆渴望而又陌生的感覺。這種感覺讓他心跳加速、面紅耳赤，讓他的大腦變得亢奮、狂熱，讓他感受到一種前所未有的愉悅與舒適，體驗到存在的快感。

既然劉恆答應當皇帝，接下來就是入主未央宮了。可是問題在於，此時的未央宮還住著小皇帝劉弘，大夥兒既然擁立了劉恆做天子，必須得請小皇帝出去了。

新皇帝上任，很多人都在忙著勸進邀功。東牟侯劉興居第一時間跳了出來，說：「大夥兒誅殺呂氏的時候，我沒有任何功勞，清宮這個事就交給我辦吧！」

在徵得劉恆的同意後，劉興居和夏侯嬰兩個人興沖沖直奔皇宮。

未央宮內，小皇帝見大隊人馬衝了進來，驚恐地問道：「你們想做什麼？」

劉興居回答得很乾脆：「你不是孝惠帝的親生兒子，不能待在皇宮裡了。」

事情到了這一步，已是無法挽回。宮中執勤的侍衛們得知消息，紛紛放下武器，各自回了家。有不少人不願放下武器，在張釋的勸說下，也選擇了面對現實。

夏侯嬰起小皇帝放在馬車上，打算送他出宮。天真的小皇帝問道：「您要把我送往哪裡呀？」

夏侯嬰只得哄道：「我帶你出去住，地方不會很遠。」

清理完未央宮後，劉興居和夏侯嬰舉行了隆重儀式，恭迎劉恆入宮。

劉恆強忍住內心的激動，整理衣衫，來到未央宮門外，抬頭仰望著這座象徵帝國權力的中樞。

前面說過，未央宮是劉邦在時，蕭何監督建造的，是皇帝生活起居、辦公理政和舉行朝會的場所，宮牆層層環繞，門禁道道森嚴。夜色中的未央宮黑壓壓的宮牆高高聳立，給人一種強烈的壓迫感。

劉恆深吸一口氣：「準備入宮。」

就在劉恆要進入未央宮時，兩邊的侍衛卻攔住了他：「這裡是天子的居所，未經允許禁止入內！」

劉恆的臉色霎時變得難看起來：「你們都不知道我就是天子嗎？」

衛士們面面相覷：「不知道，我們沒有接到通知。」

劉興居和夏侯嬰臉上一陣尷尬，剛才急著把小皇帝帶出宮，忘了宣布新君繼位的消息，這下子可糗大了！

劉恆瞪了夏侯嬰一眼：「看你們辦的這事，還不趕緊解決？」

夏侯嬰趕緊派人去找周勃。

劉恆一行人在宮門外乾等了老半天，才看到周勃急匆匆趕來宣詔。這下子沒有疑議了，衛士們終於放下武器，開啟宮門，正式迎接新皇帝劉恆入了未央宮。

未央宮裡夜未央。

這個夜晚，對於劉恆而言，注定是一個不眠之夜。此次進京，劉恆帶了兩個心腹，一個是宋昌，一個是張武。這兩人都是代國的老臣，能力資歷都沒得說，辦事也牢靠。如今在這群狼環伺的宮城內，自己能信任的只有這兩人。

當天晚上，劉恆提拔宋昌為衛將軍，管理南北軍。作為京城中兩大武裝力量，南北軍在剷除諸呂的行動中發揮了關鍵作用，劉恆也深知，只有掌握了軍權，皇帝的位子才能坐得安穩。

張武被提拔為郎中令，主管皇宮內務事，這樣自己好歹也能睡個安穩覺了。

兩個心腹，一內一外，掌握了京城的主動權。

劉恆正式坐上了龍椅，釋出詔書大赦天下。

當天夜裡，隨著劉恆登基，一場血腥的屠殺正在進行，梁王、淮陽王、恆山王以及小皇帝劉弘等人被祕密殺害，沒有人知道凶手，也沒有人敢深究調查。

斬草不除根，春風吹又生。玩政治嘛，就得把一切潛在威脅扼殺在搖籃裡。

這一夜，劉恆無心入眠，他坐在前殿，等待天明。

灰濛濛的天上掛著幾顆殘星，大地籠罩著灰黑色的輕紗。萬籟俱寂，偶爾從草地中傳出蟲鳴。不知過了多久，東方出現了魚肚白，天空漸漸露出了一條狹窄的暗紅色長帶，帶子上面是清冷的淡白色的晨曦。

天亮了。

一個混亂的時代結束了，一個名叫「文景之治」的黃金時代，已悄然降臨！

人生充滿了機遇與挑戰，所以不論何時何地，都不要喪失對未來的信心。

來，乾了這碗雞湯！

政治即是妥協

劉恆的成功上位，雖然從看熱鬧群眾的角度來看有點意外，但是從政治學的角度來看，一點也不意外。

政治是什麼？政治即是博弈，更是妥協。

為了說明這一點，我們將時間撥到西元 1643 年。

這年九月，建立了大清的皇太極，眼見就要攻破山海關入主中原，可是就在這樣關鍵的時候卻忽然重病不治，匆匆撒手人寰。

大夥兒有些糊塗了：「老大，您還沒選定皇位繼承人，怎麼就這麼走了？」

圍繞皇位，各位親王貝勒各施手段，開始了激烈的爭奪戰。雖然大夥兒手上都有軍權，但是真正有資格站在角鬥場上的，只有兩個人：一個是肅親王豪格，一個是睿親王多爾袞。

豪格是皇太極的長子，這年三十四歲。雖是繼妃所生，但是豪格能征善戰，戰功赫赫，皇太極參加的大戰役都有他的身影，是四大貝勒之一，其他皇子均無法與之匹敵。除此之外，豪格身後有兩黃旗和正藍旗的支持，統領兩紅旗的禮親王代善和統領鑲藍旗的鄭親王濟爾哈朗一開始也站在他這邊。

無論憑血緣，還是靠實力，豪格都是最有資格的皇位候選人。

多爾袞是努爾哈赤第十四子，皇太極之弟，這年三十二歲，手上有正白旗。他屢立戰功，威望甚高，兩個親兄弟阿濟格、多鐸也堅定地站在他這邊，也是實力雄厚的皇位競爭者。

雙方都有各自的一批小弟，實力都不弱。該如何抉擇呢？

當時的清朝立國未久，清軍一心想入主中原，自然不能先亂陣腳。「大夥兒都是有涵養的人，好好坐下來談談吧！」

在這些人當中，代善資歷最老，他是努爾哈赤的次子。他把票投給了豪格，理由是：「皇長子繼承帝位是傳統，不容置疑。」

代善話剛說完，濟爾哈朗馬上附議。一時間，支持豪格的一派占了上風，豪格內心很激動，眼看著帝位近在眼前，他開始得意了！

雖然內心已經飛起來了，可是表面上，豪格還要表現出謙虛的樣子：「你們這樣子，讓我很為難嘛！我得出去冷靜冷靜。」

結果，這一冷靜，就尷尬了！

豪格的本意是效法古代帝王登基之前「三辭三勸」，讓大臣們將自己拉回來，結果——沒人拉！

豪格就這樣滿懷幽怨地走了，牌桌上只剩下了多爾袞。

多爾袞內心很糾結，他雖然有兩個很厲害的弟弟，可是代善與濟爾哈朗顯然不支持他。兩黃旗的大哥又堅決要求立皇太極之子為帝，否則寧死從帝於地下。

雙方陷入僵局。

多爾袞眼看著自己離帝位越來越遠，為了撈取最後的政治資本，他提出了一個折中的方案：「既然豪格退出，那就讓先皇的第九子福臨入繼大統，自己與濟爾哈朗左右輔佐。」

我可以不當這皇帝，你們不是喊著要立皇太極的兒子輩嗎？那就立九歲的福臨好了，前提是我要當攝政王！

從這方面來講，劉恆跟福臨有相似之處，他們都是朝中大臣們在經過激烈的政治鬥爭後，互相博弈妥協的結果。他們雖然僥倖獲得了皇位，可是手中並沒有多少權力，朝政掌握在這些大臣手中。

劉恆不是一個胸無大志的人，他繼承了父親劉邦身上的優秀基因，也曾夢想著做出一番豐功偉業。既然命運將自己推到了風口浪尖上，他可不想錯過這絕好的機會。

劉恆上位之初，面前有兩座大山。

一座大山叫功臣集團，這個集團能量巨大，長期把持朝政。劉恆剛剛上位，要是想挑釁他們，馬上就會被玩死。

另一座大山叫諸侯王，這些人大部分都是劉恆的各類遠方親戚，很多人的輩分比劉恆還要高。他們在自己的地盤上有極大的自主權，如今逐漸坐大，漢帝國面臨著分裂的威脅。

在這裡，我們先重點說一下這功臣集團。

就眼下而言，功臣集團實在是太厲害了，想當初，劉邦正是靠著這些功臣集團，才完成了一路逆襲。他當皇帝後，功臣集團壟斷了上層政治資源，掌握著朝廷的軍政大權，丞相、太尉、御史大夫全部由功臣集團或他們的子孫擔任。劉恆上位時，功臣集團更是達到了權力的頂峰！

功臣集團在剷除諸呂后，在朝堂上一家獨大，幾乎完全控制了朝政。且不說劉恆上位靠的就是功臣集團，從當時的人事安排上也可以看出功臣集團的能量：

朝堂之上，有丞相陳平、太尉周勃、御史大夫張蒼、太僕夏侯嬰、衛尉足、典客劉揭、奉常根、郎中令賈壽、廷尉圍，這些人都是軍功出身。

王國之中，常山王相蔡兼、梁相王恬啟、長沙王相越都是出身軍功階層。

郡縣之內，河間郡守張相如、淮陽郡守申屠嘉、潁川郡守尊都有軍功背景。

從這裡不難看出，無論是中央，或是地方，還是郡縣，軍功階層都是一個很大的勢力。有這麼一個統計，文帝時期，軍功階層在全國的官員(包括三公九卿、王國相、郡太守)中的占比達50%！

這個利益集團形成於劉邦時期，經過二十多年的發展，如同滾雪球般越滾越大，到諸呂被滅、劉恆上位時實力達到最大，對朝政有著絕對的掌控力，遠不是劉恆僅憑一人之力就能挑戰成功的。

不著急，慢慢來。

劉恆上位後，第一件事就是跟大家排排坐，分蛋糕。

首先是周勃。他在平定呂氏集團中立下了大功，同時在擁立新皇帝一事上思路清晰、高瞻遠矚，加封封邑一萬戶，賞金五千。

其次是陳平和灌嬰。這二人一個負責動腦，一個負責動手，關鍵時刻靠得住，各加封三千戶，賞金兩千。

接下來就是劉家人了。

本次行動中，劉襄是第一個站出來挑釁呂黨的，原本也是新皇帝的熱門人選。這一次別說肉沒吃上，連湯都沒喝著。為了安撫這位大姪子，劉恆把當初呂后奪齊國的城陽郡、濟南郡、琅邪郡等全部還給劉襄。

可是這樣一來，劉澤就當不了琅邪王了。

劉恆也沒忘記劉澤，他給劉澤另一頂帽子：燕王，跟劉襄劃清了界限。

眼看著劉家人都享受到了紅利，劉襄的兩兄弟，劉章和劉興居開始眼紅了：「別人都得了好處，下面該輪到我們了吧？」

可是劉恆卻翻了個白眼：「你們嘛，就算了。」

劉章和劉興居都快哭了：「不能啊，當初周勃和陳平跟我們說好的，等除掉了呂黨，趙王和梁王留給我們。這才沒幾天呢，你可不能賴帳啊！」

劉恆微微一笑：「想當初，趙王劉友因為不愛呂小姐，被呂后活活餓死了，真是慘啊！如今我讓劉友的兒子劉遂繼任趙王，有什麼問題嗎？」

劉章哥倆還是不甘心：「那梁王的位子呢？」

「梁王的位子嘛。」劉恆想了想：「梁王這個位，我要留給自己兒子。」

看著劉章和劉興居一副如喪考妣的樣子，劉恆感覺心情大好。

為什麼劉恆要故意為難劉章和劉興居？

原因也很簡單，當初他們之所以在誅殺呂黨中表現積極，是為了接老大哥劉襄接風進城當皇帝的。沒想到的是，計畫趕不上變化，朝中大臣沒人提名劉襄，劉澤更是落井下石，他們無奈之下只得隨大流支持了劉恆。

劉恆深知，從一開始，他們的目的就不純：「別以為我不知道，現在還好意思跑來邀功？你們的臉皮得有多厚啊！」

遠在齊國的劉襄越想越鬱悶，自己辛辛苦苦準備了這麼多年，結果到頭來卻被人下山摘了桃，如何能甘心？氣急攻心之下，不久就去世了。

劉襄一死，劉恆那顆懸著的心終於落了下來。為了安撫劉襄那兩個傻兄弟，劉恆從原來的齊國土地上分出兩個郡，劉章被封為城陽王，劉興居被封為濟北王，算是借花獻佛。

當然，這已經是文帝二年的事了。

第六章

鞏固皇位

灰姑娘的逆襲

勝利果實被瓜分完了，下一步，大臣們就開始攛掇著劉恆早立太子了。

劉恆原本是有王后的，史料沒有詳細記錄代王妃的家庭背景，只是記錄了她嫁給劉恆後，替劉恆生了四個兒子。但是很遺憾，這位代王妃沒有當皇后的命，她的四個兒子也在老爸登上皇位後相繼病死。

劉恆登基是在西元前 180 年的十一月，而立太子是在次年一月，也就是說，在這短短兩個多月的時間內，劉恆的四個兒子相繼離奇死亡。

疾病？意外？都無法解釋四兄弟的死因。

這當中的細節頗值得玩味，我們不妨抽絲剝繭，深入分析一下。

先來說這代王后。史書上沒有記錄這位代王后的姓氏，不過依據呂后為劉邦的幾個兒子包辦婚姻的行為來看，這位代王后極有可能是呂氏女。

如果是這樣，那我不妨做個大膽的猜測：代王后和四個兒子死於政治清洗。

呂小姐是劉恆的原配，兩人已經有四個兒子，日後必然還會有更多的孩子。功臣集團絕對不願看到第二個呂后出現，也不願意看到未來的皇室宗親還帶著呂家血緣。

因此，這四兄弟的真實死因，有可能如同漢惠帝的幾個兒子一樣，死於功臣派的斬草除根之下。

當然，這一切只是我的猜測，歷史的真相早已消散在煙塵中，無從查證。

四兄弟雖然死了，不過好在劉恆這些年在後宮辛勤耕耘，總不至於沒有兒子。至於繼承人嘛，按照從大到小的順序，排名第一的是劉啟。

說到劉啟，不得不提他那位偉大的母親，竇漪房。

竇漪房的一生，堪稱中華版的「灰姑娘」。

她出身清河郡觀津縣，屬於趙國。小時候的竇漪房家境貧寒，自己是大姐，家中還有兩個弟弟，日子過得很艱難。

即便如此，竇漪房依然很滿足，在那個人命如草芥的年代，能活著已是不易，她不敢奢求其他。然而生活總會出其不意給你一些打擊，沒過多久，她的父母就去世了，只留下了她和兩個年幼的弟弟。

身為長姐的她，不得不擦乾眼淚，承擔起家庭的重任，帶著弟弟艱難求生存。

竇漪房漸漸長大了，生活沒有壓垮她，反而賜了她一副漂亮的臉蛋。

十三歲那一年，朝廷貼出了一則應徵通知，皇帝的後宮要選一批宮女，條件很優厚：包吃包住，還給薪資。

這是一個改變命運的機會。

在當時，無數人擠破了頭也想拿到名額進入宮中，畢竟這是一份很有前途的工作，接觸的都是頂級的人物。如果被皇帝寵幸，身分地位立刻躍升。

可是問題在於，要想入宮，條件非常嚴格，必須是身分背景清白，年齡不能太大，長相必須在中上水準。

幸運的是，竇漪房透過了報名、海選、面試等選拔，最終拿到了名額，邁出了人生中最為重要的一步。

竇漪房如願以償入了宮，她被分到了呂后身邊，當了一名侍女，每日端茶倒水，灑掃庭除。

如果日子就這樣過下去，貌似也不錯，可是呂后沒有給她們混日子的機會。為了籠絡劉姓諸侯王，她決定給諸侯王送女人，竇漪房也在這批名單中。

你問送女人做什麼？

當然是去做臥底啊！難不成還真便宜了那幾個龍子龍孫？

既然是要被分配到地方去，自然也有好壞之分。

這樣一個機會，聰明的竇漪房不會白白錯過。她拿出了自己這幾年的全部積蓄，賄賂了當時的管事太監，央求他一定要把自己派往趙國。

之所以要去趙國，是因為趙國離自己的家比較近，沒事還能回個家，照顧一下弟弟們。

然而，也許是竇漪房給的錢太少了，也許是那位管事太監粗心大意，他竟然忘記這件事了。當分配通知下來時，竇漪房卻得知，自己被發配到代國。

地球人都知道，代國是當時最靠北方的一塊地盤，和匈奴捱得很近，算得上是四類艱苦地區。

竇漪房崩潰了，她去找那位管事太監，可是不論她怎麼哭鬧，都無法改變被發配往代國的命運。哭完後，竇漪房灰心喪氣來到了代國。在這裡，她見到了代王劉恆。

此時的劉恆無論從哪方面來看，都不是個績優股。朝廷的生殺大權操於呂后一人之手，而她對劉邦的這些兒子們懷著深深的敵意，恨不得找個由頭將他們全部殺掉。劉恆每日膽顫心驚，生怕哪天呂后把屠刀指向自己。

一個是落魄的灰姑娘，一個是孤獨的王子，兩人一見鍾情，迅速墜入了愛河。

竇漪房雖然是呂后派來的人，但是她來到代國後，謙恭有禮，克己慎行，不僅沒有向呂后打小報告，反而處處幫助劉恆，與他共渡難關。

老天爺就喜歡開玩笑，如果竇漪房當初去了趙國，過不了多久，趙王劉友就會被呂后弄死，而她自己要麼獨守空房，要麼被遣返回家，平平淡淡過完一生。

不過好在，她遇到了劉恆。

無數個夜裡，劉恆都會從噩夢中驚醒，而竇漪房則會用女性特有的溫柔撫慰他那焦慮不安的心。

除了情感的陪伴，竇漪房還為劉恆生下了兩男一女，長子叫劉啟，次子叫劉武，還有個女兒叫劉嫖。

母以子貴，一位灰姑娘就這樣被命運推著偏離了人生的軌道。

西元前 180 年，呂后病逝。

陳平、周勃、灌嬰等人聯合起來，一舉扳倒了掌握大權的呂氏家族，迎接沒有任何背景的劉恆，到長安繼承了漢帝國皇帝的寶座。

歷史無數次證明，接班人選的問題拖得越久、越不明確，大家就會越焦慮，越是心神不寧，暗湧就是這麼來的。

面對大臣們的提議，劉恆一開始還有些不好意思：「我這人本身沒什麼德行，不但沒有把上天神明祭祀好，天下百姓也沒有從我這得到好處，生活還不夠富足。如今我沒能求取天下的賢人，以便把帝位禪讓給他，你們反而勸我早立太子，這不是加重我的無德嗎？怎麼對得起天下蒼生呢？還是暫且把這個事情放一邊吧。」

對於這種政治技巧，大臣們已經玩得很熟了，大夥兒再一次提議：「太子之位關乎國本，早立太子，並不是陛下您一個人的事情，是為了大漢天下的穩定，不能不重視啊！」

劉恆說：「楚王劉交是我的叔父，吳王劉濞是我的兄長，淮南王劉長是我的弟弟，難道他們不是早就存在的繼承人嗎？如果我現在不選擇賢能之人為繼承人，直接傳位給兒子，天下百姓將要以為我自私了，居然忘記了有德的人而只關注自己的兒子，這不是以天下為重的做法！」

見劉恆還要演戲，大臣們索性繼續陪他演下去：

「培養接班人一定要從兒子裡面選，這是自商周以來的傳統。當初高帝平定天下，老早就立了太子，其餘的子孫都封了諸侯王，到地方上任職。現在您想放棄自己的兒子，反而挑選宗室子弟立為太子，這是不對的。陛下的幾個兒子中，劉啟年紀最大，性格品德也最好，我們認為，不妨就選他立為太子。」

行了，把戲演到這裡，也差不多該打住了，再演下去就純屬多餘了。

劉恆有些開心，不過他還是壓住了內心的激動，深吸一口氣：「既然大家都這麼說，那就立劉啟為太子吧！」

母憑子貴，竇漪房也跟著沾了光，成為漢帝國的皇后，大女兒劉嫖被封為長公主。

哥哥當了皇帝，姐姐當了長公主，弟弟自然也不能落下。第二年，劉武繼承了老爸的代王之位，不久又遷徙到梁國，做了梁孝王。

竇漪房做了皇后，可是她並不開心。

竇漪房有個哥哥，叫竇長君，有個弟弟叫竇廣國，字少君。

小的時候，由於家裡窮，兄妹三個不得不外出乞食，不料竇少君在四五歲的時候被人販子賣了，從此杳無音信。

弟弟的失蹤一直是姐姐竇漪房的一樁心事，每每想到這些，她的眼淚總是止不住地流。

當了皇后之後，竇漪房在全國發了一則尋人啟事，找尋自己失散多年的弟弟。

對於這事，竇漪房原本也沒抱多大希望，人海茫茫，這麼多年過去了，當年的弟弟在不在人世還難說呢。

就在竇漪房準備放棄的時候，事情出現了轉機。

尋人啟事發出去沒多久，就有一名衣著襤褸的年輕男子，上書朝廷，說自己是當今皇后離散多年的親兄弟，要求與姐姐相認，自稱是清河郡觀津縣人，名叫竇少君。

當年竇少君被人販子賣掉時，只有四五歲，雙方已經分開了十多年，容貌早就變了，哪裡還能認得出來？這男子會不會是冒認皇親呢？

帶著這樣的顧慮，竇皇后派了一個人去了解他的背景，讓他說說小時候的事情。竇少君信誓旦旦地告訴對方：「我小時候有一次跟姐姐爬到一棵大桑樹上採摘桑葉，不小心從桑樹上掉下來過。」

聽完這個故事，官員心裡很懷疑：「大夥兒小時候爬樹，都有從樹上掉下來的經歷，你這理由不夠充分啊！」

不過，本著對皇后負責的態度，官員還是把這事如實上報。

竇皇后也沒把握，決定跟劉恆一起召來竇少君，詳細詢問一些細節。

畢竟，皇家的親戚也不能亂認嘛。

一見面，竇皇后就覺得眼前的年輕人面相有點熟悉，像，真像！

她懷著激動的心情，仔細詢問這個年輕人：「叫什麼名字呀？家在哪裡呀？父母是做什麼的呀？家中可有兄弟姐妹呀？」

竇少君對答如流。

竇皇后心潮澎湃，同時她也知道，這些其實都是公開的資訊，僅靠這個來認親，顯然不妥。於是，她繼續問眼前的年輕人：「你還記不記得小時候的其他事情？」

竇少君想了想，道：「當年姐姐走的時候，還去鄰居家借來米湯幫我洗頭，然後又借了點米飯，看著我吃完才離開，當時離別的場景我至今記憶猶新。」

竇少君的一番話，瞬間將竇皇后拉回了當初分別的時刻，那個場景她至今記憶猶新！

確定是親姐弟無疑。

竇皇后激動了，她一把抱住年輕人，失聲痛哭：「少君啊，這麼多年，你到哪兒去了呀？我找你找得好苦啊！」

竇少君也已是泣不成聲，待情緒平復下來後，他才將自己這些年的經歷斷斷續續告訴姐姐。

想當初，竇少君被人販子賣了後，輾轉被賣了好多次，不過好在他一直牢牢記著自己的身世。等到長大一點兒後，竇少君被販賣到河南宜陽，為一個煤老闆燒起了炭。

之所以是燒炭，而不是燒煤，那是有原因的。

一般的煤炭，會產生大量的煙霧，且因為雜質太多，含硫量高，燒起來就形同於是毒煙。我們小時候燒的蜂窩煤和煤球，其實都是經過精煉的，俗稱洗煤。只是在那個時代，想要洗煤，工藝上的難度太大，幾乎沒有任何可行性。

燒炭是個苦力活，也是個技術活。白居易寫過一首詩：「賣炭翁，伐薪燒炭南山中。滿面塵灰煙火色，兩鬢蒼蒼十指黑。」

一天，工友們正在山腳下的宿舍睡覺，忽然間山崩地裂，一百多個工友沒能逃出來，全部死在了裡面，只有竇少君僥倖逃了出來，撿回了一條命。

大難不死，必有後福。竇少君頓時感覺自己的運氣很好，那個時候也沒有彩券行，他的好運無處驗證，正好瞧見旁邊有個算命先生，就找他算了一卦。

算命先生掐指一算，說：「你不一般呀，數日之內必當大富大貴，將來封侯都不在話下。」

竇少君聽完，頓時就決定跟著煤老闆到首都長安試試手氣。

竇少君來到了富麗堂皇的大城市，在長安街頭，他看到了那則尋人啟事。

再一打聽，聽說新立的皇后姓竇。

「巧了，我也姓竇。」

旁邊有人告訴他：「皇后是清河郡觀津縣人。」

「太巧了，我也是清河郡觀津縣人，莫非當今皇后是我的姐姐？」

竇少君記性不錯，雖然從小被賣了很多次，但是依然記得自己的老家。不過，竇少君膽子再大，也不敢亂認親戚，尤其還是皇家的親戚。他多方求證打聽，跟自己小時候的記憶核對，確定無誤後，才上門認親，這才有了開頭那一幕。

劉恆得知後很為皇后高興，替這位小舅子又送錢又送地，封其為侯爵，在長安安了家。

消息傳到周勃和灌夫等功臣集團的耳朵中，這些人氣到不行，聚集在一起商議：「我們這些人歷經呂后屠殺功臣的劫難不死，可不能讓呂后的事情重演啊！」

這些人可沒忘記當年呂后對他們的摧殘，好不容易選了個沒什麼背景的劉恆，結果還是平空冒出來了兩個國舅，這兩人萬一以後飛黃騰達了，跟大臣們過不去，那可真是歷史要重演了！

怎麼辦？

靠著皇后這層關係，這兩位國舅上位是遲早的事，誰也攔不住。大夥兒商量來商量去，決定為這兄弟倆找個好老師，用禮義廉恥教化他們，讓他們成為高尚的人。

在老師的悉心教導下，這兩位國舅果然沒有讓大夥兒失望，成了好學生。尤其是竇廣國，長大後確實很有才華，劉恆原本還打算任用小舅子做丞相，最終也因為群臣的反對作罷。

周勃的尷尬

朝中大局初步穩定下來，陳平心裡卻開始忐忑了，都說「狡兔死，走狗烹，飛鳥盡，良弓藏。」如今劉恆上了位，可是功臣集團依然勢大，他能睜一隻眼閉一隻眼，裝作看不見嗎？

更何況，陳平身上的標籤就是陰謀家，這個標籤伴隨了他一生，無論如何也撕不掉了。新上位的劉恆會喜歡他嗎？陳平搖了搖頭。

既然如此，索性就不要當那個出頭鳥了，讓個高的站到前面。

誰是那個個高的人？

自然是周勃。

這一天，陳平找到劉恆，說：「在剷除呂氏集團中，周勃出的力最多，按照功勞排的話，周勃居首功，我願意把自己的右丞相一職讓給他。」

劉恆一聽：「這小子很有自知之明嘛，早就看你不順眼了，准了！」

就這樣，周勃升任為右丞相，陳平為左丞相。

周勃心中很得意，自己苦熬了這麼多年，終於躍居百官之首，感覺人生已經到達了高潮！

周勃開始得意了！

自從升了官，周勃開始忘乎所以，整天趾高氣揚，下巴都快能翹到天上，出門就差橫著走路了。就算面對皇帝劉恆，周勃也很高傲，每次上完朝，劉恆都要行注目禮，看著周勃走出去。

「太囂張了！」

有人囂張，自然就有人專治囂張。「你不過是一個臣子，對我們無禮也就罷了，想不到連陛下的面子都不給，這事我們忍不了！」

袁盎看不下去了，擼起袖子，到劉恆面前告了一狀。

做大臣，畢竟應該要有風骨的。

袁盎：「陛下，您覺得丞相周勃是個什麼樣的人？」

劉恆不假思索地回答：「他是社稷之臣。」

袁盎毫不客氣地說：「才怪，他也就只是一個有功之臣！國家重臣是要和老闆同進退、共生死的。當年呂后掌權，老劉家的天下就快完蛋了的時候，他周勃手握重兵也不能力挽狂瀾。呂后去世後，所有的人都起來反對老呂家，他周勃趁著這個機會幫了老劉家一把，所以他頂多也就是個功臣，根本算不上一個社稷之臣。」

末了，袁盎又補充了一句：「現在周勃已經越發放肆，不把陛下放在眼裡了，而陛下還要繼續謙虛禮讓，弄得君不像君、臣不像臣，不能再這樣下去了呀！」

劉恆聽了袁盎的話，心想也是，自己好歹也是個皇帝。「你周勃就算功勞再大，也是個臣子。這樣囂張下去，讓我這皇帝還怎麼做？我不要面子的嗎？」

這之後，劉恆每天上班就開始嚴肅起來，對待周勃也不如以往那麼熱情了。周勃感到老闆對自己態度的變化，開始有所收斂。

直到後來，周勃才知道是袁盎在老闆的耳邊嚼了舌根，恨恨地說：「這小子，我和他哥有交情，他倒來說我的壞話！」

袁盎倒是無所謂，反正他臉皮夠厚，一副「我就說你壞話，不服來咬我」的表情，就是不認錯。

周勃雖然當了百官之首，可是他畢竟是武官出身，是個大老粗，沒多少文化，對於治國理政更是不理解。劉恆當了一段時間的皇帝，業務逐漸熟練之後，就開始關心國家大事了。這一關心，周勃就露餡了。

這天上班時，劉恆不經意間問他：「周勃啊，你身為丞相，可知道去年一年判決了多少案件？」

周勃說：「陛下恕罪，臣不知。」

劉恆內心有點失落，算了，再問一個問題：「那麼，去年一年政府財政收入有多少？」

「這個……」周勃囁嚅了半天，道：「陛下恕罪，臣不知。」

此時的周勃後背發涼，已經開始冒冷汗了！

劉恆很鬱悶，說：「算了，你退下吧。」

周勃的臉一下子紅到脖子根，他有種被啪啪啪打臉的感覺，恨不得找個地縫鑽進去。身為百官之首，竟然被皇帝問倒了，而且還是一問三不知，丟人啊丟人！

不過，劉恆顯然沒有就此打住的意思，他把目光投向了一旁的陳平，準備打破砂鍋問到底了：「陳平，你知道嗎？」

大夥兒的目光投向了陳平。

陳平倒是面色如常：「決獄之事，可問司法部長（廷尉）；錢穀之事，可問糧食部長（治粟內史）。」

對於這個答案，劉恆顯然不滿意，他又問道：「既然各項工作都有負責人，那麼你們這兩個左右丞相，又是負責什麼的？」

劉恆的意思很明顯：「工作都讓下面的人做了，那你們是做什麼的？」

對於劉恆的追問，陳平顯然早有準備，他不慌不忙道：「宰相的職責是幫助陛下維護好國家，讓國家正常運轉，理陰陽，順四時，讓百姓都有飯吃，讓百官都有官做。從上到下，從裡到外，保證一切正常，就是宰相最大的職責所在！」

這話說得硬氣！

大夥兒紛紛在心裡稱讚陳平：「不愧是與張良齊名的謀臣，說話就是有水準！」

陳平心想，開玩笑，自己伺候了這麼多皇帝，什麼場面沒見過？要是被劉恆問倒了，豈不是白活了？

劉恆顯然也被陳平說服了，尷尬了半天，沒有再問下去。

我們常常認為，作為管理者，必定是事必躬親，他必須是各項業務能力突出，對所有資訊瞭如指掌，才能稱得上合格。

其實不然。

作為一名管理者，最突出的不應該是業務能力，而是管理能力。

領導者是要領導大家做事，做統率工作的，如果凡事都要事必躬親，不僅是對領導才幹的一種浪費，也是對下屬的一種不信任。

人的精力是有限的，把精力都放在瑣碎的事務性工作上，必然就沒有精力做別的工作了。比如，發現人才、培養人才。

陳平長期在皇帝身邊工作，而且是功臣集團的核心成員，看問題自然有更大的視野。對於如何做好這個當家人，他顯然比周勃更有心得。因此，在劉恆問到具體事務時，他才能從容應對。

下班的路上，周勃氣鼓鼓地攔住陳平，問他：「陛下突然發問，我沒有任何準備，這種事情你怎麼也不提前教我一下呀？」

陳平心想：「這種話你也好意思開口？你都多大的人了，還需要我教你怎麼君前奏對？」

他看了周勃一眼，道：「你是右丞相，百官之首，這種事情你怎麼能不知道呢？」

周勃尷尬了，直到這個時候，他才明白陳平為何要主動讓位給自己，右丞相之位是百官之首，雖然看著尊貴無比，一人之下萬人之上，可是實際上呢？陳平這是把他推到前面去呢！

「陳平也太壞了！」

周勃做了一個決定：「這工作我沒辦法做了，我要辭職！」

第二天一上班，周勃就向老闆劉恆遞交了辭職報告，說自己身體不好，精力大不如前，實在是沒辦法繼續工作了。為了不耽誤事情，還是把位子讓出來，讓能者上吧！

劉恆早就看他不順眼了，既然他主動提出來，索性省了不少心，准了！

於是，左右丞相被合併，陳平又扛起了丞相的重任。

請注意，劉恆合併左右丞相，只立一個丞相，絕對是一件大事，這象徵著自秦以來的左右兩丞相制度的結束和一丞相制的確立。從此以後，直到西漢末年的三公制建立以前，漢朝再也沒有恢復左右丞相制度。

劉恆這麼做，主要也是為了打擊功臣集團。陳平雖然也屬於功臣集團，但是他畢竟是文臣，不掌兵，而周勃出身軍功貴族，對皇權的威脅更大一些。

作為一名新上任的皇帝，劉恆很想在工作中做出點成績，向大夥兒表明自己的業務能力。

可是問題在於，做點什麼好呢？

劉恆找來一幅地圖，思考了半天，最後將目光定格在了南方——南越國。

一封書信免兵戈

展開西元前180年的中華地圖，南越蜷縮在南方一角，像一塊老年斑。

劉邦在的時候，好不容易跟南越國的老大趙佗牽上了線，雙方度過了一段蜜月期。不料呂后上位後，雙方感情破裂，徹底撕破臉，場面一度非常尷尬。

這不是劉恆想要的結果。

為了重新拉攏這個小弟，劉恆決定效仿老爸劉邦的做法，透過外交手段讓趙佗重新認自己為大哥。

為了讓對方臣服，劉恆先做了兩件事，他派人修繕了趙佗雙親的陵墓，並且派了專人去守護，又找出他留在中原的兄弟，替他們一個個封了官。

隨後，他才準備派遣使者出使。這項艱鉅的外交任務，又一次落在了陸賈身上。

為了國家利益，陸賈不顧年老力衰，不遠萬里之遙，再一次前往南越。而這時，距離陸賈第一次出使南越，已經整整過了十七個年頭。

趙佗聽說老朋友再度光臨，親自設宴為陸賈接風洗塵。老友相見，不免唏噓，卻也不用太多客套虛禮，都直奔主題。

陸賈開啟了他隨身的行李箱，這裡面有一封劉恆寫給趙佗的親筆書信，趙佗展開信，只見裡面寫道：

「皇帝謹問，南越王您辛苦了。

我以皇帝的身分向你表示問候。朕，漢高帝側室之子，素來被人家看不起，早年被棄置到北方的邊塞代國。那裡路途遙遠，資訊閉塞，我又愚鈍木訥，未與你有過書信聯繫，對你的不公平待遇並不知情。高皇帝去世後，孝惠皇帝繼承大統，高太后執掌大權，可惜還是出了一些問題。老呂家的人濫用權力，胡作非為，竟然抱了別人家的孩子來充當孝惠皇帝的子嗣。賴祖宗保佑，大臣們也厲害，已經把他們都除掉了。因為各位王侯大臣不嫌棄，我不得不坐上了皇帝的位子，現在已經上崗了。

之前我聽聞你曾寫過一封信給將軍隆慮侯，詢問家鄉親人的消息，還請求罷免長沙的兩位將軍。這兩件事我已差人去辦，博陽侯已被罷免。你不是要找你的親人兄弟嗎？他在你的家鄉真定，他很好，我已派人保護，還修繕了您的祖墳。

前日聽聞您又在邊境挑起戰事，弄得兵禍連連，長沙百姓深受其害，想來南郡尤甚。您雖然統治了一個國家，可是這對您又有什麼好處呢？戰爭會讓士兵大量犧牲，會讓文官武將折損，會讓妻子守寡、孩子成孤兒，會讓老人失去依靠。戰場上的每一寸收穫，都要付出十倍的代價！

我實在不忍心做這種事。

我希望，能重新確定我們兩國的邊界。這事我已諮詢過有關部門，但是朝中大臣告訴我，長沙的邊境是高皇帝定的，我不能隨意更改。我心想，就算我占了您的地，國家也沒有因此大多少；就算獲得了你的財富，我也多不了多少錢。所以，南越還是你自治的好啊！

不過，您自稱皇帝，我也是皇帝，天下就成了兩個皇帝並列，顯然不妥，必然會引發爭議，這不是仁者該做的事。我願意與您摒棄前嫌，重新和好，像過去一樣互派使臣，加強溝通。

所以，我託你的老朋友陸賈轉達我的本意，希望您能接受，不要再起兵戈了。另外，我還帶了幾件絲綿做的衣服給您，希望您把這當作好消息，消除疑慮，尊重鄰國。」

這封信，寫得用心也很精采，沒有居高臨下的口吻，有的只是如多年未見的老友一般話家常。劉恆簡單敘述了一下父親去世後政權更替情況，然後開始聯繫感情。

善意之後，就曉之以理了，道理講得很透澈，兵連禍結對誰都沒有好處，天子富有四海，也不在乎南越國的那點財富土地；但是天無二日，國無二主，歸順中央，共享太平，才是正理。

趙佗看完，感慨萬千。

沒有人喜歡戰爭，作為南越的老大，趙佗也不希望看到自己的百姓困苦不堪、流離失所。之所以要跟漢朝翻臉，無非是為了奪回南越的必需品。既然漢朝皇帝有意談和，那自己也借坡下驢，正好修復兩國的關係。

趙佗提筆，寫了一封回信：

「蠻夷首領老臣趙佗，冒死上書皇帝陛下：

老夫本來是南越的一個小官，承蒙漢高祖厚愛，賜給臣印璽，得為南越王，作為大漢的藩屬國，按時納貢就職。孝惠皇帝即位後，出於高義不忍斷絕與南越國的關係，對老夫賞賜尤多。

自從高太后臨朝用事，親近小人，聽信讒臣，對我蠻夷之國區別疏離，下令說：『不得給蠻夷之邦的南越國鐵器和農具，即使要給馬牛羊，也只給公的，不給母的。』

老夫身在偏僻之邦，牲畜的養殖因此得不到發展，故未能按時向大漢納貢祭祀，實在是死罪。老夫為此多次派內史藩、中尉高、御史平等三人上書說明緣由，可惜都沒得到朝廷回應。我又聽說自己的父母墳墓遭人毀壞、宗族兄弟已被誅殺，因此所屬官員討論說，我們是對內得不到漢朝的支持，對外又不能獨立，所以老夫改號稱帝，只為自己能管理自己的土地，不敢稱霸於天下。高皇后聽此消息後大怒，廢除了南越的大漢籍屬，自此使臣互不相通。老夫私下裡懷疑長沙王以讒言詆毀老夫，因此才發兵長沙國邊境，給他一點教訓。

再者，南方氣候潮溼，蠻夷之邦，西面有西甌國，百姓中半數是羸弱之人，尚可以南面稱王；東面有閩粵國，不過數千人，也可稱王；西北有長沙國，百姓中過半是蠻夷，也可稱王。老臣因此斗膽竊居帝號，不過聊以自娛自樂罷了。老臣平定了上百個城池，南越國地域廣袤，兵力百萬，還是要北面向大漢稱臣，為什麼呢？這是因為我不敢背叛祖先啊！

老夫在南越已經四十九年，現在都抱上孫子了，但我現在還是夙興夜寐、寢食難安，無心欣賞奢靡曼妙的舞蹈和悅耳的音樂，是因為不能效力於大漢啊！現在幸得陛下哀憐，恢復了老夫過去的稱號，恢復了南越與大漢的通使來往，老臣就是死了也沒有遺憾了！我馬上改號，不敢再稱帝了。

現派返程使者送給陛下白璧一雙，翠羽千尾，犀角十隻，紫貝五百，桂蠹一件，生翠四十雙，孔雀二雙。

老夫冒死再拜，以聞皇帝陛下！」

在陸賈的斡旋下，南越與漢朝最終達成和解。

這一年，趙佗六十歲。

你以為這就是趙佗全部的人生了嗎？不，嶺南雖然氣候溼熱，可是趙佗身體很健康。當他下一次出場時，時間已過去了四十年！

搞定了南越，劉恆長舒了一口氣。

兄弟二人唱雙簧

劉恆雖然當了皇帝，但他也是人，也有自己的愛好。他特別喜歡出門打獵，尤其是帶著自己的小弟，「左牽黃，右擎蒼，錦帽貂裘，千騎卷平岡」，想想都覺得拉風！

問題在於，愛好這東西，也得看人。譬如，蘇軾騎馬打獵，大家都會認為這是在醞釀下一首詞，而皇帝騎馬打獵，大夥兒多半會認為這是玩物喪志。

灌嬰手下一個叫賈山的小弟就看不下去了，他大膽站了出來，指責劉恆不好好上班，經常翹班去打獵遊玩：

「我聽說遭受雷霆轟擊，沒有不被摧毀的；在萬鈞之力的重壓下，沒有不成為齏粉的。人主的威嚴，其威力不僅僅是雷霆；人主的權力，其分量也不僅僅是萬鈞。人主即便是廣開言路、徵求諫言，虛心地聽取臣子們的意見，重用勇於進諫的人，大臣們也不敢暢所欲言，更何況人主驕縱暴虐，討厭別人指出他的過錯呢！

在嚴威的震懾下，在權勢的重壓下，即使有堯、舜那樣的睿智，孟賁那樣的勇氣，其人也不免被摧折！如果是這樣，人主就聽不到對他的過錯提出建議了，江山社稷就危險了。

從前周朝有一千八百個封國，憑藉九州的百姓來供養這些國君，君主有多餘的財物，百姓也有寬裕的力量，歌功頌德的聲音依然四處傳播。始皇帝憑藉一千八百個封國的百姓供養他一人，老百姓精疲力竭也負擔不起他的徭役，傾家蕩產也繳納不清他的賦稅。

始皇帝不過一位君主而已，所享受的也不過馳騁弋獵之快樂而已，然而天下傾其所有也無法滿足他的需求。始皇帝自以為功德無量，以為他的帝國可以傳之二世、三世以至於萬世，然而他死後不過幾個月，帝國便烽煙四起，轟然倒塌，其宗廟社稷也隨之滅絕。

始皇帝身處其中，卻意識不到危機，這是為何？沒有人敢告訴他啊！為何沒有人敢告訴他呢？是因為他不愛護百姓，沒有真心實意輔佐他的臣僚，批評朝政的官員被他罷黜，勇於直諫的士子遭他殺害，因此他的身邊只剩下阿諛諂媚之徒、圖謀私利的奸佞。他只能聽到他的德行比堯、舜還高，他的功績比湯、武還大，聽不到一丁點壞消息。

如今陛下下令薦舉賢良方正，天下人都歡欣鼓舞，說當今皇帝將要復興堯、舜之道、三王之功了。天下之士都積極進取以求被陛下選用。如今方正之士都已立於朝堂之上，陛下又從中挑選賢能，讓他們做常侍、諸吏。可是陛下卻帶著他們馳驅射獵，一天數次出宮，我擔心朝政會因此而鬆弛，百官會因此而惰政。

陛下即位以來，嚴於律己，厚養天下，節用愛民，平獄緩刑，天下人無不喜悅。我聽說關東地區官吏公布詔令時，即使是老弱病殘，也要拄著枴杖前去聆聽，他們都希望自己能多活幾天，以便能看到仁政德化的實現。現在功業方建，美名初揚，各地民風漸趨醇厚，在這關鍵時刻，陛下卻帶著豪俊之臣、方正之士日日獵射、抓兔擊狐。這樣難免會妨害大業，令天下人失望，我私下裡為陛下感到痛惜。

古代先王不允許大臣參與宴遊，目的是讓他們保持方正的品格和高尚的節操。風氣正了，就沒有人敢不正身修行，恪守禮儀，盡心侍君了。士子修養美德於自家，卻將其敗壞於朝廷，我私下裡深感惋惜。陛下與眾臣消閒的時候，如果既能遊不失樂，又能朝不失禮，議論不偏離正題，那是再好不過了，希望陛下能夠重視這件事。」

劉恆看著這樣洋洋灑灑的一篇文章，心裡有點不平，「我自從當了皇帝，節衣縮食，就剩打獵這個愛好了，你們還要阻止我出門，還有沒有人性啊？」

不過，廣開言路是自己親口答應的，大夥兒都在看著呢，如果自己下旨將賈山指責教育一頓，那這所謂的廣開言路豈不成了笑話？

「算了，忍忍吧，不就是打獵嗎？我以後不去了行不行？」

對於劉恆的深刻反省，大家很滿意，這才是皇帝應有的樣子嘛！好好上班才是正經事。

審食其的日子越發不好過了。

地球人都知道，審食其跟呂后長期保持著不正當男女關係。

當初，呂后在撤了王陵的丞相之位後，提拔陳平為右丞相，審食其為左丞相。審食其雖然頂著左丞相的帽子，卻不管丞相的事。他做什麼呢？繼續管理宮中的那一團雜務。對於審食其而言，只要把呂后伺候好了，那仕途就不用擔心了。

那段時間，審食其家門口的交通經常阻塞，放眼看過去，一輛輛豪車連成一片，都是等著走後門的。審食其有些得意，他很想高歌一曲。

然而，隨著呂后的駕崩，審食其也從高峰跌落了下來。朝廷用太傅的職位將他高高掛了起來，然後就彷彿將他遺忘了一般。

然而，審食其卻在家中坐立不安。

如今坐在皇位上的是劉邦的第四子劉恆，雖然劉恆暫時沒打算動自己，但是那些想置他於死地的人卻已經開始蠢蠢欲動。沒辦法，當初做了不少遭人恨的事，仇人太多啊！

這一天，審食其在家中休息，門房匆匆跑來告訴他，淮南王劉長前來拜訪。

審食其一聽，不敢怠慢，立即親自到門口迎接。一見劉長，審食其畢恭畢敬道：「不知大王來此，有何貴幹？」

劉長一聲冷笑：「送你上路！」

說話間，劉長從袖子中拿出一把鐵錘，對著審老頭的腦袋就是一錘，轉眼間，審食其血肉模糊地倒地斃命。劉長仍不解恨，讓隨從割下了審食其的頭顱，拎在手裡，揚長而去。

劉長為什麼要殺審食其？

前面說過，劉長的母親叫趙姬，被張敖牽連，生下他不久後就自殺了，所以劉長是由呂后一手拉扯大的。受環境的影響，劉長自小嬌生慣養，天生神力，據說力能扛鼎，跟霸王項羽有得拼。

劉恆即位後，出於其仁慈個性，也基於各種複雜的原因，對這個異母的弟弟格外遷就。劉長卻完全不領兄長寬厚之情，反而變本加厲，越發狂傲無禮，而劉恆也一再念及手足親情，一次次寬宥赦免他。

西元前 177 年，劉長自淮南國入長安朝拜，各種傲慢無禮。劉恆去上林苑打獵，劉長吵吵嚷嚷要一同前往，而且要跟皇帝哥哥坐同一輛車。更誇張的是，劉長常常當眾直呼劉恆為大哥，而不稱陛下。

面對大臣們驚愕的眼神，劉恆唯有苦笑。「他還是個孩子啊！你們跟一個孩子計較呢？」

劉長自從得知自己的身世後，做夢都想殺掉審食其，認為審食其沒有向呂后力爭，才使他的生母含恨而死。之前一直沒有動手，只是苦於呂后當政而不敢貿然行事。如今自己的哥哥當了皇帝，劉長非常放肆，揣了一把大鐵錘，上門就把審食其錘死了。

光天化日之下殺了人，死的又是高官，這在當時可是轟動了全城。劉長也知道跑不了，索性主動跑到皇宮向劉恆請罪去了。

凶犯已經自首，案件也不複雜，可是問題在於，這個嫌犯身分不一般。誰都知道，當今天子和這個不爭氣的弟弟，感情相當好。

劉恆有意為弟弟開脫，他親自審理這起案件，為劉長提供了一個為自己辯解的機會。劉長當然早就準備好了一番說辭，他振振有辭地列舉了審食其的三大罪狀：

「當初我母親本不該被貫高等人牽連，審食其不肯向呂后求情，才讓我母親自殺身亡，這是罪一。

戚夫人和趙王劉如意沒有罪過，呂后殺了他們，審食其也沒有盡力勸諫，這是罪二。

呂后為自己的娘家人封王，對我們劉家造成威脅，審食其同樣無動於衷，這是罪三。

審食其有這三大罪，我上為天下人殺賊，下為生母報仇，所以才殺他，還望陛下降罪。」

聽完劉長的辯詞，大夥兒都有點哭笑不得。「這要是能成為殺人的理由，那我們豈不是該被打入十八層地獄？想當初，呂后在朝堂上隻手遮天的時候，大夥兒都是睜一隻眼閉一隻眼，假裝看不見，也沒見誰站出來勸一下啊！」

就在大夥兒議論紛紛之際，劉恆說：「劉長雖然殺了人，但也是為了替自己的母親報仇，其情可憫，要我說就算了吧！審食其在日常工作中確實犯了不少錯，他有今日的下場，也是罪有應得。不過劉長啊，你把人錘成這樣，確實有點不禮貌了，下不為例！」

大夥兒你看看我，我看看你，都從對方的眼裡看到了一絲無語。陛下這是公然袒護啊！

「算了，看在皇帝劉恆的面子上，這次算你僥倖過關吧！反正那審食其也不是什麼好人，死就死了吧。」

被寵殺的劉長

劉長殺掉審食其後，沒有受到任何懲罰，尾巴簡直翹到天上去了。他回到自己的地盤後，每次出門，都要按照皇帝的警衛規格，還稱自己釋出的命令為「制」，另外弄了一套文法，一切都按照皇帝的標準來。

面對劉長的種種不法行為，袁盎勸劉恆：「陛下啊，諸侯王過於驕縱，可能會出事，陛下應當削減他們的封地以示警誡！」

劉恆無動於衷。

淮南王越發驕橫。

他不僅自作主張，在封國內制定及頒布法令，而且驅逐朝廷任命的官員，要求自己任命封國宰相和高級官員。在作死的道路上，劉長越跑越遠，一騎絕塵。

眼看自己的這個弟弟越來越不像話，劉恆也有點擔心，找來了自己的舅舅，車騎將軍薄昭，讓他寫封信給劉長，好好勸勸這個弟弟。

本著懲前毖後、治病救人的方針，薄昭咬著筆桿子，耗死了無數腦細胞，寫了一封長長的信給劉長。

這封信很有意思，我們來解讀一下。

在信中，薄昭首先列舉了劉長獲得的種種好處：

「大王對自己的地盤不滿，朝廷特許增加了三縣。

大王殺審食其，陛下赦免了大王，不予追究。

大王趕走了朝廷派來的官員，自主任命官員，陛下沒有追究。

大王當年一時想不開，想放棄封國，去真定為母親守靈，皇帝苦苦勸阻，保住了大王諸侯之位。」

你看看，皇帝陛下對你這麼好，夠意思了吧？但你是怎麼報答的呢？

隨後，薄昭總結了劉長不仁不義的八條罪狀，告訴他：「你要是再這樣下去，就離被開除皇籍不遠了！」

緊接著，薄昭又開始嚇唬劉長：

「想當年，周王為了安定周朝，不惜殺死管叔、流放蔡叔；齊桓公為了回到齊國當老大，殺死了兄弟糾；嬴政為了秦國穩定，殺死兩個弟弟，把母親遷到咸陽宮；你二伯劉仲在匈奴攻代地時逃離，你爸劉邦取消了他的封國；你姪子，濟北王劉興居舉兵反叛，陛下為了江山穩定，不得已殺了他。這些都是血淋淋的教訓啊！你現在這麼亂搞，陛下卻一再寬容，不是因為陛下沒看見，而是因為陛下仁慈，不忍心對你動手而已。」

寫到這裡，薄昭很滿意，劉長看到這裡，想必一定已經大汗淋漓了。不過不要怕，我替你出個主意，你現在應該立刻痛改前非，哭著喊著求原諒，告訴陛下：

「『臣不幸早失父皇，從小孤單，在呂氏當權時，常常受到死亡的威脅。陛下您即位後，我仗著您的恩德驕奢淫逸，做了很多壞事。如今想想自己以前犯下的錯，心中誠惶誠恐，現在我伏地等待正法，不敢起身。』

只要你按照我說的去做，陛下一高興，說不定就原諒你了，你好我好大家都好。要是繼續作死，那你就等著被收拾吧！」

寫完這封信，薄昭看了看，很滿意自己的文筆。就這樣了，送出去吧！

遠在千里之外的劉長看到這封信後，氣到不行：「你薄昭算個什麼東西，也配來教訓我？」

憤怒的劉長決定起兵造反！

這一年，劉長招呼了七十多個小嘍囉，準備了四十多輛馬車，準備挑釁朝廷。

當然，僅靠這點人馬就造反，顯然是痴心妄想。劉長又派出使者前往閩越、匈奴各處聯繫，希望他們到時候幫自己一把。「等完成了造反大業，少不了你們的好處。」

這邊還沒等劉長動手，那邊朝廷就已經聽到風聲了。造反可是要砍腦袋的，為了進一步考核此事，朝廷派了調查組召劉長入京，接受調查。

劉長被押解到了長安。

丞相張蒼、典客馮敬等人紛紛上書，列舉了劉長的種種不法、僭越罪行，劉長謀反一案鐵證如山，陛下當依法處置，斬首示眾，以儆效尤。

劉恆臉色瞬間就變了，道：「丞相你說得輕鬆，那是朕的兄弟，說殺就殺，人們怎麼評價朕？」

劉恆又說：「我不忍心依法懲治這個小弟，丞相你召集大夥兒再議一議吧！」

議什麼議？這就是大家議論的結果。張蒼也不讓步，聯合了朝中大臣再次上書，說：「劉長這個人沒有規矩，不聽天子的詔令，聚集了一批亡命之徒準備造反。我們已經討論過了，一致認為還是砍了最合適。」

劉恆有點無語：「讓你們討論討論，就是希望你們能減輕罪罰，留條活路給我這弟弟，非要我把話說得這麼清楚嗎？」

劉恆只好說：「我實在不忍心拿法律用在親兄弟頭上，大夥兒既然這麼堅持，那這樣行不行，免了他的死罪，只廢除他的王位吧！」

張蒼繼續堅持：「僅僅廢其王位不夠啊，起碼得把這個總惹麻煩的小子貶出京城，發配到艱苦邊遠地區，讓他去吃點苦頭吧！我看蜀地邛郵那兒就挺好，不如讓當地政府為他蓋一間草屋，提供必要的生活用品，准許劉長子女及孩子的母親陪同居住，讓他在那裡閉門思過吧！」

「算你狠！」

劉恆實在找不到藉口為弟弟開脫了，只得答應：「那就聽你們的吧，不過我兄弟飯量大，生活起居可不能虧待他，每天至少得供肉五斤、酒二斗，安排美人奴僕不少於十人貼身照顧。」

這一年，一輛輜車從長安城出發，啟程前往川蜀。

輜車是一種可以遮蔽風雨的大車，四面都罩著帷幔，既能運貨，也能載人。因為是戴罪之身，劉長只能被關在這輛車裡，上面還貼了朝廷蓋章的封條。也就是說，劉長的吃喝拉撒，只能在車裡解決。

劉長出發沒多久，袁盎找到劉恆，一本正經地告訴他：「陛下一直驕寵淮南王，沒有配個嚴厲的師傅給他，我擔心陛下會落個殺弟的罪名！」

劉恆滿臉問號：「什麼意思？」

袁盎解釋說：「陛下，您想啊，淮南王性情剛烈，如今像隻大熊貓一樣被塞到籠子裡，沿路被人參觀指點，哪有吃過這種苦，受過這種罪？我擔心他一時想不開，氣死了可怎麼辦？」

有這麼嚴重嗎？劉恆搖了搖頭，表現得很淡定：「應該不至於吧？我只是讓他嘗嘗苦頭罷了，等這陣子過了，就會讓他回來的。」

劉長坐著車孤零零地出發了。

他原本以為，自己怎麼說也是皇帝唯一的弟弟，這一路上肯定會有人來送暖，可是沒想到，沿路的官員聽說劉長來了，紛紛躲起來，假裝看不見，盼著他趕緊離境。「美酒佳餚？不好意思，我們比較窮，供應不起。」

劉長坐的這種車密不透風，外面還上了鎖。一路上，大夥兒似乎都沒放劉長出來透透氣，飽餐一頓的意思。

劉長在車裡憋壞了！

他大聲咆哮：「誰說我是個爺們兒？爺們個屁！我一大老爺們兒，如今被關在籠子裡，比狗熊還窩囊呢，太委屈了！放我出來！」

押運人員很無語，道：「開什麼玩笑？放你出來，我們還要不要腦袋了？」

劉長宣布絕食，一連幾天都沒吃飯。押運人員也很無奈：「不是我們不放你出來，這上面貼的可是朝廷蓋章的封條，誰敢撕掉？老弟你別為難我們啊！」

劉長氣鼓鼓地說：「我不管，不放我出來，我就死給你們看！」

結果，劉長硬是活活餓死自己了。

得知劉長的死訊後，劉恆哭得稀里嘩啦，他對袁盎說：「老袁啊，朕後悔沒有聽你的意見，果然害死了自己的親弟弟啊！」

看到劉恆如此傷心欲絕，袁盎只好安慰他：「事已至此，陛下還是想開一些吧。」

「想開一點？說得輕鬆，死的又不是你的親人，那可是我唯一的親弟弟啊！袁盎，你說說，有沒有什麼補救辦法？」

袁盎有點無語，這人都死了，還能怎麼補救？你不就是想找人出這口氣嗎？「殺了丞相和御史大夫這些傢伙，用他們的人頭來謝罪。」

「殺人？」

劉恆瞬間清醒過來：「這也太狠了吧？丞相和御史大夫可是三公，哪能說殺就殺？他們就算有錯，也頂多是負有領導責任嘛！」

袁盎又安慰他：「陛下啊，其實這事沒您想像的那麼嚴重，您有三樣高尚的德行，所以這事還無法影響您的名聲。」

劉恆很好奇：「哪三樣？」

袁盎說：「首先，您有仁孝之名，聞於天下。您母親生病的時候，您在床前盡心服侍，您的孝心比歷史上以孝著稱的曾參還要厲害。

其次，您有大勇，呂氏集團被誅滅後，您冒著風險到長安來，扛起了國家的重擔，這是什麼樣的精神？這是一種犧牲小我、成全大我，至高無上的大無畏精神，簡直是前無古人後無來者！

再者，您還有謙讓的名聲，大家請您挑擔子當皇帝，你先後讓了五次，傳說中的高士許由也不過才讓了一次嘛！

當然，最重要的，您之所以發配淮南王，那是要磨練他嘛，他死了，那是押運的人不謹慎，錯不在您啊！」

劉恆聽到此處，內心大悅。

瞧瞧人家這拍馬屁的功夫，竟讓劉恆產生了一種自豪感。「看來，我明君的人設並沒有崩塌嘛！」

不過，淮南王確實是死了，無論如何，都得給天下人一個交代。劉恆想了想，還是覺得不甘心，責令丞相御史們去調查淮南王所經各縣的官員，凡是見死不救的，通通斬首棄市，以告慰弟弟的在天之靈。隨後又以列侯的身分將劉長葬在雍縣，派了三十戶百姓為其守墳。

為了一個混帳弟弟，冤殺了多少無辜！

劉恆自以為對待兄弟算是仁至義盡了，大夥兒應該挑不出什麼毛病，可是沒想到，幾年以後，民間忽然流傳起一首有關淮南王劉長的民謠：「一尺布，尚可縫；一斗粟，尚可舂，兄弟二人不相容。」

意思再淺顯不過了：「別以為大夥兒看不出來，你劉恆不就是害怕劉長跟你爭皇位，才想盡辦法除掉了他嗎？」

這首歌謠很快就傳到了劉恆的耳朵裡。劉恆一聽，心裡不用提多委屈了，自己對這唯一的弟弟這麼好，做了這麼多仁義的事，怎麼大夥兒就不理解呢？

劉恆很鬱悶，他就像祥林嫂一般，逢人就說：「想當初，堯、舜放逐了骨肉至親的共工、三苗，周公殺掉了親弟弟管叔蔡叔，天下人仍稱讚他們是聖人賢君，為什麼呢？就因為他們能夠不以私情妨害公利。現在人們編歌謠諷刺我，莫非以為我貪圖江山而不顧親情？」

為了消除百姓們對自己的誤會，劉恆下旨，恢復了劉長的爵位，追諡為淮南厲王，按照諸侯王的規格和禮儀，重修其墳塚，又替劉長的四個兒子封了侯。

即便如此，還是有很多人不買帳，認定這是陰謀。

這是為何？

其實很簡單，身處權力場中的人，見慣了利欲薰心、爾虞我詐，大部分人早已沒有了親情觀念，他們眼中只有利益和算計。

為了說明這一點，我們不妨換個思路來看這段故事。

劉長是劉恆唯一活著的弟弟，劉恆又是被大臣們推舉出來的，他接的是哥哥劉盈的班。因此，從理論上來說，劉長也是有資格繼承皇位的。

如何才能消除這種隱患？

只有一個辦法，除掉劉長！

當然，作為一名很關心自己人設的皇帝，劉恆絕對不會採取粗魯的暴力方式，他用的是捧殺。

殺人有兩種，一種是捧殺，一種是棒殺。

《左傳》中有個故事：鄭伯克段於鄢，被《古文觀止》選在了第一篇。鄭莊公先封弟弟在京，然後聽任其胡作非為，大臣屢次勸諫他對弟弟採取管控措施，他就是不理。等到弟弟越發膨脹，發動叛亂時，鄭莊公才果斷出手，一舉將其鎮壓。

劉恆此時的做法，和鄭莊公是一模一樣：先慣著你，然後看你各種作死，等時機成熟，再滅了你。

《史記．淮南衡山列傳》中詳細地記錄了劉長的犯罪事實：

「劉長殺無罪者一人，命令官吏論罪殺死無辜者六人，藏匿逃亡在外的死刑犯，抓捕未逃亡的犯人為他們頂罪；任意加人罪名，使受害者無處申冤，被判罪四年勞役以上的有十四人；擅自赦免罪人，免除死罪者十八人；服四年勞役以下者五十八人；賜爵關內侯以下者九十四人。」

犯罪事實清楚，證據確實充分。

別以為有大哥罩著你，你就可以為所欲為，你做的一件件壞事，都記在小本子上了，就等秋後算帳！

第七章

用人之道

漢朝有個「包青天」

在這次事件中，袁盎憑藉著他的機敏與才智脫穎而出，成為劉恆面前的紅人。

袁盎出身不好，父親是個江洋大盜，後來金盆洗手，帶家人定居在安陵。呂后時期，袁盎當過呂后姪子呂祿的家臣，等到呂氏政權推翻後，劉恆登基，袁盎的哥哥袁噲保舉他做了中郎（宮廷禁衛官）。

袁盎在朝中以「多管閒事」著稱，他的口頭禪是：「這事我忍不了！」他對維護禮制的嚴肅性有濃厚的情結，遇到不合規矩的事情，不管職分內外，必須管到底。

除了在周勃與劉長事件中露過臉外，袁盎還有幾次表現堪稱完美。

事件一：手撕宦官趙談。

宮中有個叫趙談的太監，仗著劉恆的寵愛，隨意誣陷朝廷大臣，沒少在劉恆面前說袁盎的壞話。

袁盎沒有吭聲：「敢在背後說我壞話，我都記下來了，這筆帳回頭算！」

有一天，劉恆坐著自己的專車出行，趙談在車上服侍。車駕正要出發時，袁盎忽然跪在劉恆面前，進諫道：「陛下，微臣聽說，能和天子一起坐在乘輿上的人都是英雄豪傑。眼下，我大漢雖然缺少英雄豪傑，可是總不至於淪落到今天這個地步吧，竟然要委屈陛下和一個受過刀具刑罰的太監坐在一起！」

趙談一聽，臉都綠了，身為太監，最忌諱的就是提到自己的痛處，尤其是在大庭廣眾之下，這簡直就是被打臉啊！

趙談撲通一聲跪了下來：「陛下啊！他欺負我，您可得為我做主啊！」

劉恆尷尬了半天，說：「袁盎的話不無道理，你還是下去吧！」

皇帝都這麼說了，趙談只能連滾帶爬地下了車，從此以後夾緊尾巴做人，再也不敢放肆了。

事件二：阻止劉恆放縱自我。

有一次，劉恆從霸陵上山，看完風景，想從西邊的陡坡上縱馬而下，過一把癮。袁盎擔心出現意外，緊緊挽住馬的韁繩，就是不讓他單獨下山。劉恆很鬱悶，問袁盎：「怎麼，你害怕了？」

袁盎答道：「我聽說千金之子，不會坐在屋簷下；百金之子，不會倚在樓臺的欄杆上，就是害怕發生不測。聖明的君主不應該在面臨危機時心存僥倖，陛下騎著馬，一路飛馳而下，出了事怎麼辦？陛下對得起高祖和太后嗎？」

劉恆一聽，心裡頗為感動，真是個忠臣啊，事事都為自己著想，於是不再堅持飛奔下山。

事件三：勸阻慎夫人。

某年春，劉恆踏青上林苑，上林令按例做接待工作。過去在宮中，竇皇后與慎夫人比較要好，經常同席而坐，一家人倒也其樂融融。這回出來郊遊，兩人本想同席而坐，然而這一次，袁盎特意跑過來，往後拉了拉慎夫人的座席，請慎夫人到後面坐。

慎夫人看後很生氣，不願意坐。

袁盎繼續堅持：「請夫人到後面入座。」

慎夫人：「不去！」

劉恆心裡有點不爽：「袁盎你放肆！朝廷的事你管我，朕難得有空，和大老婆小老婆出來玩，你添什麼亂？」

場面一度有些尷尬。

回到宮中，袁盎特意向劉恆說明緣由：「臣聽說尊卑有序，則上下調和。如今陛下已立竇皇后，慎夫人是妾的身分，怎可同席而坐？縱然陛下確實喜歡慎夫人，對其倍加寵愛，卻也有可能為其招來災禍，陛下還記得當年人彘的事情嗎？您現在對慎夫人千好萬好，將來您駕崩了，能保證竇皇后不會收拾慎夫人嗎？風水輪流轉啊！」

一想起人彘這事，劉恆冷汗馬上就下來了，他忽然意識到，自己犯了一個極大的錯。「為了後宮和諧穩定，不如把這規矩弄得分明些，皇后就是皇后，夫人就是夫人，不要亂了規矩，這才是對慎夫人真正的愛護。」

慎夫人顯然也是個聰明人，很快就明白了，特意向袁盎表達了謝意，賞賜了袁盎。

袁盎由於表現突出，深得皇帝的信任，自然而然，這巴結奉承的人也漸漸多了起來。畢竟，袁盎是離皇帝最近的人，如果他能夠在皇帝面前美言幾句，說不定自己就能立刻官運亨通。

然而，面對大夥兒的熱情，袁盎卻是一概搖頭拒絕，唯獨對一個人除外。

這個人，叫張釋之。

張釋之，堵陽人，官至廷尉，掌管司法部門。

張釋之還沒發達時，跟哥哥張仲住在一起。張仲是個富豪，家裡有很多錢，可是張釋之整天悶悶不樂。一問才知道，張釋之很想在事業上有一番作為，可惜卻沒有門路。

為了實現弟弟的夢想，張仲廣施錢財，為張釋之謀了個騎郎官的工作，讓他有機會接近皇帝。

張釋之做事踏實，很有才能，可是十年過去，一直沒有升遷。

十年啊，對於平均壽命只有五十歲的漢朝人來說，人生還剩幾個十年？這十年來，張釋之見慣了官場的人浮於事與碌碌無為，大部分人都過著得過且過的生活，在官場這個大染缸裡同流合汙。

這不是張釋之想要的生活。

當人格理想與冰冷的現實政治發生碰撞時，是堅守還是妥協；是面對還是逃避；是一往無前還是隨波逐流；是明知不可為而為之，還是識時務者為俊傑，就成了擺在張釋之面前的兩難抉擇。

張釋之沒有猶豫，他選擇了辭官。

在辭官後，他開始交接工作。

袁盎老早就留意到了張釋之，對他的工作能力頗為認可。為了留住他，袁盎向劉恆極力推薦，說此人是個難得的人才，要是錯過就太可惜了，建議重用張釋之。

劉恆也很好奇，究竟是什麼樣的人才可以讓袁盎如此看重？既然是袁盎推薦的，那肯定錯不了，不妨見一見。

幾天後，劉恆單獨召見了張釋之，準備對這位員工做一番面試考察。

張釋之被召進了大殿，他畢恭畢敬地行禮，隨後按慣例上前言事。劉恆說自己公務繁忙，沒時間聽這些長篇大論，要求張釋之講點實際的東西，尤其最好能提出一些馬上能施行的好點子。

張釋之苦笑心想：「治國哪有這麼簡單？要是真有這麼簡單有效的辦法，那天下豈不早就大治了？」

不過，這話絕對不能說出來。既然皇帝出了考題，再難也得答。張釋之想了想，決定為劉恆講講劉邦艱難的創業史。

對於老劉家的創業史，張釋之可謂是如數家珍，他從嬴政講起，一直到劉邦登基，提出了許多精闢的見解，最後總結出了一條真理：「我們要吸取歷史的教訓啊！」

劉恆聽得如痴如醉，只覺與張釋之相見恨晚，立刻下詔，提拔他擔任謁者僕射。

謁者僕射，是謁者們的老大，平時負責宮廷禮儀及傳達皇帝旨意，相當於中辦主任。

張釋之雖然升了官，但是耿直的性子並沒有改變，他很清楚自己的使命，那就是充當一面鏡子，隨時指正劉恆的錯誤。換句話說，他是文帝時代的「包青天」，鐵面無私辨忠奸。

有一次，張釋之陪劉恆去逛動物園，見園中的動物千奇百怪、數量繁多，劉恆很高興，問了動物園園長幾個問題，結果這位園長支支吾吾半天，竟然答不出來。

劉恆的臉色頓時有點不好看了。

就在這尷尬的時刻，旁邊的老虎飼養員站了出來，將劉恆剛才提出的幾個問題一一解答，沒有絲毫停頓。

劉恆心裡有些感慨，又問了幾個問題，飼養員侃侃而談，儼然對園中事物了然於胸的樣子。一旁的動物園園長臉色早已漲得像豬肝一樣，恨不得找個地縫鑽進去。

自己的本職工作竟然被問倒了，丟人啊丟人！

劉恆心生讚嘆，對在場的大臣說：「作為一園之長，業務方面竟然比不了一個普通員工，這是嚴重的失職瀆職行為！這種園長要留他做什麼？不如換眼前這個年輕人做吧！」

大夥兒見老大生氣了，紛紛附和，責罵這位園長，又對飼養員大加讚揚，之後又稱讚老大：「陛下慧眼如炬啊！」

一片馬屁聲中，張釋之卻上前一步，勸阻道：「陛下，不可！」

劉恆不解地看著他，問道：「為何不可？」

張釋之：「陛下認為，絳侯周勃是什麼樣的人呢？」

劉恆很奇怪地看看張釋之，心想這事和周勃有什麼關係嗎？

不過，看著張釋之一臉凝重的樣子，劉恆想了半天，說道：「他是個忠厚長者。」

張釋之又問：「那您看東陽侯張相如怎麼樣？」

劉恆想了想，說：「也是個忠厚長者。」

張釋之拱手道：「這就好了，陛下既然還認同他們二人是忠厚長者，那也應該知道，這兩位功臣就和眼前的園長一樣，都是不善於表達的人。會做事，卻不一定能說事；一張嘴口吐蓮花，卻未必能做事。

想當年，萬惡的秦朝，就是重用這種伶牙俐齒的刀筆之吏，專事媚上欺下之能事，讓最高決策層聽不到自己的過失，這才土崩瓦解。現在陛下因為飼養員伶牙俐齒就越級提拔他，我擔心天下人都會崇尚這種風氣，爭相施展口舌之能而不求實際。今天陛下如果提拔了他，那麼明天，就會有千百個口舌之徒在您面前爭相表演。我們大漢朝，應該吸取前朝的教訓，我們需要忠厚長者，不需要口舌之徒！」

場面一度陷入了尷尬。

劉恆意識到，張釋之說的有理，與其說得好，不如做得好。眼前的這位園長雖然不善言辭，但是從目前的管理來看，至少是沒出什麼紕漏的。而這位老虎飼養員雖然口齒伶俐，但是就目前而言，還沒看到他做出什麼突出成績。

如果因為園長不擅表達就開除人家，確實有點說不過去。

最後還是劉恆打破了這種尷尬，他咳嗽一聲，說：「釋之說的有理啊，做工作還是踏實些好。」

回去後，劉恆提拔張釋之為公車令，這份工作主要負責看守宮廷闕門及夜間宮內治安，責任重大，馬虎不得。

人治還是法治？

很快，張釋之就遇到了一個棘手的難題。

一天，一輛大車開到宮門前，守保全士按慣例示意駕車人停車接受檢查，不料這馬車非但不減速，反而繼續加速，眼看就要衝破宮門了！

張釋之立刻警覺起來，趕緊關閉宮門，帶著衛士一路狂追。最終，在眾人的圍追堵截之下，馬車終於在闖進宮前被攔下了。

車子停穩後，下來兩個年輕人，錦衣華服，一臉滿不在乎的樣子。「我就闖司馬門了，你能把我怎麼樣？」

張釋之當然認得這兩人是誰，一個是當今太子劉啟，一個是皇帝劉恆的四子，梁王劉揖。

這兩人都是一般人惹不起的，如果換作其他人，早就嚇尿了，可是張釋之不一樣。

他是一個有原則的人。

張釋之冷眼看著這兩個年輕人：「來頭都挺大嘛，可惜我張釋之不吃這一套！」

「王子犯法與庶民同罪，你們不知道嗎？」

張釋之二話不說，扣押了車上的太子和梁王，並以「過司馬門不下車為不敬」的罪名，向劉恆彈劾太子和梁王。

這下子，事情鬧大了，連劉恆和薄太后都被驚動了。兩個兒子在宮門外闖了禍，做老爸的當然覺得臉上無光，只能放下皇帝的臭架子，摘下帽子親自向張釋之謝罪：「是我不好，沒管好自己的兒子，回去以後一定好好管教管教！」

薄太后也很擔心這兩個孫子，專程派人帶著她的詔書前來，要求赦免兩個年輕人，把二人帶回宮問話。

連皇太后都出面了，這面子得給！張釋之這才同意放人。

事情雖然告一段落，但是所有人都替張釋之捏了一把汗。這一次雖然是他有理。「但是你這麼做，等於是將皇帝和太后徹底得罪了，這以後你還能有好果子吃？」

張釋之倒也無所謂，守衛司馬門是自己的分內之事，自己是按制度辦事，不怕被人挑毛病。「皇上要是因為這事記恨我，就讓他記恨去吧，反正我問心無愧。」

好在劉恆還算開明，沒有對張釋之秋後算帳，反而認為他鐵面無私，提拔他到中郎將的位子上。

「小夥子，好好做吧，我看好你！」

連續兩次提拔，讓張釋之更加堅定了信心，當今皇帝是個講道理的皇帝，只要你說得在理，必定會採納。這之後，張釋之對皇帝的建議更加大膽直接。

有一次，張釋之陪劉恆到霸陵視察工作，只見此地山勢巍峨，綿延不斷。慎夫人也隨行在側，劉恆指著去新豐的大道，對慎夫人感慨道：「這是通往家鄉邯鄲的道路呀！」

劉恆讓慎夫人鼓瑟，隨著曲調唱起了歌。他想到自己過去當代王時的往事，回頭對群臣說：「霸陵真是個好地方啊！你們看，如果用北山的石頭作棺槨，用麻絮塞緊縫隙，再用漆封好，必定堅固無比，還有哪個摸金校尉能打得開呢？」

大夥兒一聽，紛紛豎起了大拇指：「陛下真是高明啊！」

張釋之舉手發言，表示不同意：「陛下的方法雖然好，但是終有遺憾。假設棺裡放了誘人的珍寶，就算把整座南山封鑄起來，還是會有摸金校尉能開啟的；假設棺裡不放誘人的珍寶，就算沒有外棺，又何必擔心誰會開啟呢？」

這話一出來，大夥兒頓時沉默了：「好不容易逮到個機會拍皇帝的馬屁，結果你卻掃了興，真是鬱悶！」

好在劉恆人品不錯，笑著圓了場：「釋之說得對，作為人民公僕，一定要以身作則，任何時候都不能貪圖享樂，大家要切記啊！」

劉恆雖然虛心接受了張釋之的指責，但是心裡卻未必好受。有這麼一個挑毛病的人天天跟在身邊，自己做什麼事都受到限制，這種感覺很不好。

想來想去，劉恆決定替他轉職。像張釋之這樣的人，工作中不近人情，有法必依，執法必嚴，做司法工作是再合適不過的了。很快，張釋之被調任為廷尉，相當於現在的司法部部長。

原本以為，換了新工作，張釋之應該沒工夫監督自己了，不料張釋之上任後，繼續對抗皇帝。

這不，才上任沒幾天，張釋之就弄了個大新聞。

那天，劉恆出門，城中各處按慣例清場封路。有一個路人甲見皇帝的車駕遠遠來了，躲避不及，一頭鑽到渭橋的橋洞裡貓著。等了半天，路人以為車隊過去了，就從橋洞裡探出身子，結果剛冒出頭，就被皇帝的車隊發現了。

幾匹馬受了驚嚇，紛紛舉起了馬蹄，在街上又蹬又跳，車裡的劉恆嚇到了。

侍衛們嚇壞了：「有刺客，抓住他！」

七八個彪形大漢撲過去，像拎小雞一樣將路人抓了起來。劉恆很生氣，將這人交給廷尉論罪。

皇帝的車隊受到驚嚇，這可不是小事。張釋之不敢怠慢，立即親自審問此人。結果問了半天，發現這人還真是一個路人甲，既不是刺客，也沒什麼陰謀。

案情很簡單，張釋之鬆了口氣，按照長安城治安管理條例，罰款，走人。

案件報上去，劉恆一看結果，大發雷霆，要求廷尉重新審理，從嚴從重處罰此人。

張廷尉不同意。

劉恆：「你知道這事有多嚴重嗎？幸虧我的馬性情溫馴，要是換了別的馬，恐怕早就翻車了，你居然只判他罰款了事！我的命在你眼裡不重要嗎？」

張廷尉：「陛下的安危當然重要，不過在我看來，還有一樣東西比陛下的生命更重要，那就是法治！」

大殿之上，張廷尉慷慨陳詞：

「法者，天子所與天下公共也！法律有明文規定，若是隨意更改，何以取信於民？要是陛下當時殺了這個人，那就罷了，現在既然交給廷尉來審理，那我只能按照法律來審判。廷尉是天下公正執法的帶頭人，如果廷尉不公正，天下執法者就會跟著任意刑罰，到時老百姓們就要手足無措了，還望陛下明察！」

劉恆愣住了，王子犯法與庶民同罪，聽說過，沒見過啊！

不過，當著這麼多人的面，劉恆也不好由著性子來，只得感慨一聲：

「廷尉做得對啊！」

大夥兒都看明白了，這張廷尉連皇帝都敢得罪，以後出門碰到他可得躲著走了。

有一天，長安城裡出現了一個小偷，這個小偷膽子比較大，居然將手伸向了皇家財產，偷了劉邦廟裡的玉環，大概是運氣不好，被逮個正著。

聽聞此事後的劉恆，差一點就原地爆炸了：「這膽子也太大了，為了一點蠅頭小利，連高祖廟裡的東西也敢偷！高祖廟是什麼地方？那是我爸的地盤啊！你連我爸的東西都敢偷，誰給你的膽量？」

氣鼓鼓的劉恆立刻將人交給張廷尉。

張釋之經過審理後，向劉恆報告：「這個人犯了盜竊罪，盜竊財物價值較大，行為惡劣，應當斬首示眾。」

上次你要人家死刑，我沒答應，這次我滿足你了。

還在氣頭上的劉恆聽完彙報，再一次爆炸了：「這次跟上次能一樣嗎！這次偷的可是我老爸宗廟裡的東西！要滅族啊！滅族懂不懂！死刑根本不足以解氣好嗎！」

張釋之聽完劉恆的咆哮後，免冠頓首，耐心向劉恆解釋：「本案事實清楚，量刑適當，判斬首完全沒有問題。如果因為陛下一時的憤怒，就動用重典的話，那今後若是真有膽大妄為之徒掘了高祖的陵寢，又該如何處置呢？」

劉恆還是不解氣：「真沒有其他辦法了嗎？」

張釋之：「陛下，法律如此，不能隨意更改。」

朝堂之上陷入了沉寂之中。

過了好半天，劉恆才緩過來，揮揮手道：「你先退下吧！」

心中煩悶的劉恆找到了薄太后，說明了案件情況。好在薄太后是個明事理的人，覺得張釋之做得正確，同意了張釋之的判決。

經此一事，張廷尉名揚天下。

有這樣的人坐鎮長安，王公貴族們哪還敢胡來？一個個夾緊尾巴做人，出門見到張釋之都繞道走，社會風氣頓時好轉不少。

回過頭來，我們再來看看張釋之的歷史價值。

在漢朝的歷史上，張釋之是一個很獨特的存在。說他獨特，是因為在一個皇帝說了算、皇權大於一切的時代，張釋之沒有選擇去迎合當權者，而是轉過身去維護法律的尊嚴。

雖然大家都說，王子犯法與庶民同罪，法律面前人人平等，可是一旦涉及特權階層，那就得打個折了。尤其是在古代，人治往往大於法治，皇權凌駕於法律之上，皇帝的一句話，就可以決定一個人的生死。

這是時代的悲哀，也是百姓的悲哀。

人治最大的問題在於完全依附於皇帝的開明與否，生命、財產等一切權利均仰仗於皇帝的鼻息。如果不幸遇上一位混蛋皇帝，人治恐怕就會成為禍亂的根源。

在古代，長期缺失法治觀念，歷代統治者奉行的是人治。他們堅信，只要解決了人的問題，那麼一切問題都不是問題。

儒家天真地認為，人治才是治國理政的基本方式。孔子說：「道之以政，齊之以刑，民免而無恥；道之以德，齊之以禮，有恥且格。」這種對於德行的極度推崇必定更偏向人治。他甚至提倡：「聽訟，吾猶人也，必也使無訟乎？」沒事打什麼官司呢，多傷和氣？他將法律的必要性幾乎都否定了。

韓非子雖然是法家的代表人物，但是在他的思想中，法律其實並非普遍適用的，只是對於官民適用，而不適用於君主。

荀子雖然也承認法制的重要性，但是他同時也說，「法者，治之端也，君子者，法之原也。故有君子，則法雖省，足以遍矣；無君子，則法雖俱，失先後之施，不能應事之變，足以亂矣。」什麼意思呢？這是說，法治雖然是治理國家的源頭，但是君子才是法治的本源。有了君子，法律即使簡略，也足夠用在一切方面了。如果沒有君子，法律即使再完備，也沒什麼用，社會還是會陷入混亂之中。

董仲舒提出「罷黜百家，獨尊儒術」後，漢朝開始全面排斥法治思想，儒家所倡導的「禮治」和「仁政」很快在諸子百家中脫穎而出，此後延續了兩千多年。

而「禮治」和「仁政」，說白了其實就是人治。

事實上，中西方數千年的文明發展和社會治理經驗早就證實，法治遠遠優於人治。唯有弘揚法治精神、維護法律尊嚴，才能讓老百姓相信法律能保護自己的權利，真正推動社會進步。

在人治占據統治地位的漢朝，張釋之能有這種法治觀念，實屬難得。文景之治之所以被後世稱頌，除了經濟復甦外，我想，也是因為有張釋之這種人以身作則，捍衛法律的尊嚴，這才讓天下百姓真正信服朝廷，共同開創了一個繁榮盛世。

左右為難

西元前 176 年，漢帝國發生了一件大事，丞相灌嬰去世了。

眼見當年的功臣宿將一個個離世，劉恆心裡很是傷感。

丞相是百官之首，不能長期空著，劉恆左思右想，想到了張蒼。

張蒼這個人不一般，他出生於戰國末年，有個老師叫荀子，同門師兄弟一個叫韓非，一個叫李斯，他還有一個門生，叫賈誼。

張蒼自幼喜歡圖書、音律和曆法，尤其酷愛做數學題，曾經校正過《九章算術》。有時為了做一道數學題，他能蹲在地上反覆驗算，太陽下山都不回家。

嬴政統一六國後，靠著李斯的關係，張蒼在秦朝宮廷中擔任御史，掌管文書檔案，後來犯了事，逃回了家鄉。

此後天下大亂，豪傑並起，劉邦帶著小弟路過陽武時，張蒼一眼相中了劉邦，自願當他的手下。有一次，張蒼又犯事了，這次犯事與上次不同，上次可以悄悄跑路回老家，這次卻沒跑成，要被斬首示眾。

一排人脫下衣服，伏在刑具上等著被斬首。張蒼心裡很絕望，磨磨蹭蹭地脫了衣服，頓時吸引周圍很多人的眼球。

這一身雪白的肌肉，太引人眼球了！

那邊，劉邦曾經的大哥、如今的小弟王陵恰巧路過，看到了這身肉，也不由得驚嘆道：「這小夥子，擁有一副好皮囊啊！」

這樣的人，砍了太可惜了，他找到劉邦為其求情，赦免了張蒼的死罪。

你沒有看錯，張蒼憑藉著這身肌肉，免於一死。

這之後，張蒼的人生一帆風順。後來燕王臧荼謀反，張蒼以代國相國的身分跟隨劉邦平叛有功，被封為北平侯，食邑一千二百戶。

此後，張蒼又擔任御史大夫一職，這個職位相當於國家監察委員會主任，是朝廷三公之列。

灌嬰去世後，劉恆將張蒼提拔為丞相。

丞相的人選有了，可是御史大夫又空下來了，該選誰好呢？劉恆將大臣們的履歷都翻了一遍，總覺得跟自己的預期有點差距。

就在劉恆糾結的時候，組織部的人提醒他：「陛下，你還記得季布這個人嗎？」

劉恆想了想：「就是那個一諾千金的季布？」

身邊人告訴他：「沒錯，這人人品很好，做事絕對可靠。可惜因為當年跟過項羽，有嚴重的歷史遺留問題，所以至今沒得到提拔，眼下一直在河東郡任太守。陛下若是有意向，不如把他叫過來面試一下？」

劉恆恍然大悟：「對啊，我怎麼忘了他，趕緊把他找來！」

得知季布即將出任御史大夫，底下的人心想：「御史大夫可是三公，有監察百官的權力，好不容易空了出來，好多人眼巴巴等著呢，結果反倒便宜了季布那小子，不甘心啊！」

果然，季布剛到長安城，各種對他不利的消息開始散播開來。有官員匿名舉報，季布在河東太守任上時，工作作風有問題，多次在上班時間飲酒，還愛發酒瘋。

劉恆一聽，心裡又開始忐忑起來，幹部的任用考察是一項大事，馬虎不得。如果季布真有這些毛病，自己還怎能放心大膽地提拔他？

季布在長安城的招待所裡住了一個月，也沒等到讓他進宮的消息。他敏銳地察覺到，這事要搞砸了。

自己只是一員降將，跟漢帝國的那幫大臣們本來就沒有共同語言。如今自己有機會得到提拔，那些大臣們必定心裡酸溜溜的，恨不得將自己踩下去，誰還願意為自己說話？

想到這裡，季布嘆了口氣。

一個月後，劉恆似乎是下定了決心，召季布入宮。

季布滿懷期待地見到了劉恆，然而劉恆卻只是聽取了一些河東的工作彙報，完全沒提御史大夫的事。

季布的心涼到了冰點。

等彙報工作快結束的時候，季布決定一吐胸中的塊壘：

「陛下，有句話我不得不說。陛下此次無故召我來，一定是有人在陛下面前稱讚我；我來京後，陛下又沒什麼指示就讓我回去，那一定是有人在陛下面前說我壞話。我的聲譽不要緊，我只是擔心陛下這樣以一人之譽而召臣，以一人之毀而去臣，傳出去，別有用心的人就會窺探出陛下的深淺。」

劉恆一聽，尷尬了半天，只得道：「沒有的事，你想多了。朕叫你來，不過是想了解一下河東郡這幾年的發展。河東是朝廷重鎮，你身為郡守，一定要做好本職工作，千萬不要疏忽大意！」

季布孤零零地回去了。

這樣一來，御史大夫一職又空了出來。

劉恆又陷入了糾結之中，從組織部要了一批人的履歷，一個個篩查。

很快，一個叫申屠嘉的人進入了劉恆的視線之中。

申屠嘉，梁地人，楚漢戰爭時期，他參加革命，當了一名勁弩手。此後因軍功升為排長。劉邦平定英布時，申屠嘉在作戰中表現突出，升任都尉。漢帝國建立後，大批軍人紛紛轉業，申屠嘉便到了淮陽。

劉恆當了皇帝後，為了慰問那些跟隨劉邦打天下的老兵，將年例在二千石的官員一律封為關內侯，這其中就包括申屠嘉。

申屠嘉為官多年，在地方上口碑很不錯，每年的幹部考核中也名列前茅。劉恆在經過一系列政治審查後，終於決定，提拔申屠嘉為御史大夫。

作為一名新上任的皇帝，劉恆很想有一番作為。可是放眼望去，朝中盡是一些老臣，這些人中有不少可都是高皇帝的從龍之臣，資歷老輩分高，要想讓他們心悅誠服地為自己辦事，難度有點大。

都說一朝天子一朝臣，歷來新君上位後，總會換一批人，因為只有自己親自提拔上來的人，才會對自己心懷感激，踏踏實實為自己辦事。

劉恆也想提拔一批自己人，培養自己的親信嫡系。這一年，他對全國各處的封疆大吏進行年度績效考核，其結果是：河南太守吳公，治平天下第一，考核成績是優。

「人才啊，這種人才怎麼能錯過？」

吳公原本是楚人，和李斯是老鄉，頗有才幹。劉恆對這個政績卓著的吳公很感興趣，將他從地方調到中央，擔任廷尉一職。

吳公在地方上熬了這麼多年，終於等到了出頭之日。不過很遺憾，他年齡已經大了，這廷尉恐怕也當不了幾年了。不過他對此倒是看得很開，本著扶持晚輩、獎掖後進的精神，他推薦了自己最最欣賞的門生給皇帝，洛陽才子——賈誼。

天才賈誼

很多人的一生在他出生時就已注定：生不逢時。

很遺憾，賈誼就是這樣一個生錯了時代的人。

從小到大，有這麼一種人，叫「別人家的孩子」：小時候比你聽話，上學的時候比你學習好，畢業後找的工作比你好，結婚生子比你早。反正他們就是那個一路成功走上人生巔峰的人。

賈誼就是那個時代父母眼中「別人家的孩子」。

先來看看賈誼的履歷。

他是洛陽人，生來聰慧，十八歲時就背功一流，聞名於郡中。他隨手寫出的文章，供眾人欣賞。

漢朝沒有科舉制，要想在那個年代出人頭地，是很難的。當時的選官制度是「察舉制」，以地方推薦為主，考試為輔。

也就是說，如果你沒有人脈和後臺，基本上就只能安靜地在家做個農夫了。畢竟，這裡面人為因素太多了。在這條通往權力巔峰的路上，有很多人望而卻步，也有很多人努力了一輩子卻默默無聞。

如此一條艱辛的道路，賈誼卻走得安穩又輕快。

原因也很簡單，他有兩個厲害的師父。

第一位老師是張蒼。沒錯，就是那個師從戰國學問家荀子，跟韓非、李斯同窗的張蒼。這人後來跟著劉邦打天下，在文帝時期歷任御史大夫和丞相，本人博學多聞，尤其精於立法和算數，人生經歷堪稱傳奇。

用現在的話說，年輕時的賈誼就憑藉才名成為了國家監察委員會主任、日後國務院總理的入室弟子。

第二位老師是漢朝非常有名的河南郡守吳公。

本地出了這麼個天才少年，吳公作為老鄉也很高興，對賈誼非常欣賞，收他為弟子，給予特殊的關照。

吳公後來高升，捨不得這個弟子，就極力向皇帝推薦賈誼，說他很有學問，精通諸子百家。劉恆對這個賈誼很感興趣，將他召至長安後，經過簡單的面試，升他為博士。

博士是什麼等級呢？漢朝的博士相當於皇帝的顧問，年例六百石，比現在的博士吃香多了。最為重要的是，博士有足夠的機會接觸到皇帝，如果表現優異，仕途還能再進一步。在當時，能混到這個職位的，基本上都是皓首窮經一輩子的人。

賈誼不過是二十出頭的小夥子，在這些老臣中顯得很另類。

雖然年紀最小，但是賈誼的思想最敏捷，才華最出眾。作為博士，經常需要幫助皇帝出謀劃策。每回劉恆心血來潮，布置個什麼題目，各位老先生都說不出個所以然：「這個問題，我沒準備啊，得回去好好想想。」

就在眾人抓耳撓頭時，那邊的賈誼淡定地站了出來，開始了他的滔滔宏論，邏輯嚴謹，思路清晰。

一次、兩次、三次……每一次召開專題討論會，賈誼總是第一個舉手發言，用自己敏捷的思想和出眾的口才征服在場所有人。

老臣們大為讚嘆：「後生可畏，前程無量啊！」

賈誼的表現很快就引起了劉恆的關注，他被納入了大漢集團青年後輩人才庫中。憑藉著優異的表現，賈誼的官職一次次提升，只用了一年的時間就成為太中大夫，年例一千石。

太中大夫是郎中令的二等屬官，是「掌論議」這樣的一個閒職，並沒有實權。劉恆這麼做，想必也是準備讓年輕的賈誼多看看，熟悉帝國的政務流程，待將來委以重任。

這一年，賈誼二十二歲。

賈誼剛升了官，就迫不及待地想做點事情，他上了第一道奏議〈論定制度興禮樂疏〉給皇帝，建議皇帝改曆法、易服色、制法度、興禮樂。

至於為什麼要改這些東西？賈誼說：「漢朝開國至今已二十年有餘了，可是我們還在使用秦朝的服飾和制度，這有點說不過去。我們應該破舊立新，用一套具有漢朝特色的禮樂文化制度。」

我們都知道，漢承秦制，劉邦在建立漢朝後，幾乎全部繼承了秦朝的那一套裝飾和制度。這期間，叔孫通根據秦朝的禮儀，重新制定了一套簡單易行的漢朝禮儀，不過在其他方面，秦朝的痕跡還是很明顯。

作為一名儒家信徒，賈誼對秦朝的那一套很排斥，名不正則言不順，言不順則事不成，他想確立大漢自己的風格與氣派。比如說，秦朝興水德，服飾顏色崇尚黑色，按照五德學說，漢朝就應該興土德，崇尚黃色。

然而，對於賈誼的提議，劉恆卻是不置可否。

劉恆雖然當了皇帝，但是他的根基並不牢，他信奉的是黃老之學。「弄那些東西做什麼？省點錢不好嗎？」

第一炮啞了火，賈誼並不氣餒。很快，他又上了一道分量更重的奏摺〈論積貯疏〉，用現在的話來說就是：關於建立糧食儲備制度的建議。

這篇文章太有名了，是賈誼的成名作。在這裡，請允許我全文翻譯一下：

「管子說：『糧倉充足，百姓才懂得禮節。』百姓缺吃少穿而可以治理得好的，從古到今，我沒有聽說過這種事。古人說：『一個男子不耕地，有人就要挨餓；一個女子不織布，有人就要受凍。』

生產東西有時節的限制，而消費卻沒有限度，社會財富必然會缺乏。古人治理國家，考慮得極為細緻和周密，所以他們在日常生活中累積了足夠的糧食。如今人們開始棄農經商，但是糧食卻要照樣消耗，這是國家的大禍患，過度奢侈的風氣一天天地滋長，這也是國家的大禍害。這兩大禍害公然盛行，沒有人去稍加制止；國家的命運將要覆滅，沒有人去挽救；生產的人極少，而消費的人很多，國家的財富怎能不枯竭呢？

漢朝從建國以來，快四十年了，公家和個人的糧食累積還少得令人痛心。錯過季節不下雨，百姓就將憂慮不安，年景不好，百姓納不了稅，朝廷就要出賣爵位，百姓就要出賣兒女。這樣的事情陛下已經有所耳聞了，國家已經到了如此危險的地步，陛下難道不感到震驚嗎？

災荒是常有的事，當年夏禹、商湯都曾遇到過。假如發生大面積的旱災，國家拿什麼去救濟？如果邊境上有緊急情況，國家拿什麼去為部隊發放糧餉？假若兵災旱災互動侵襲，國家財富必然枯竭，膽大力壯的人聚眾搶劫，年老體弱的人易子而食。朝廷的影響力遠未滲入偏遠地區，那些人必定會聚眾造反。到了那個時候，陛下才著急上火對付他們，怎麼還來得及？

糧食是國家的命脈。如果糧食多了，財力充裕，什麼事情做不成？想打哪個就打哪個，想守哪兒就守哪兒。讓敵人歸降，讓遠人歸附，招誰而不來呢？現在如果驅使百姓，讓他們回歸農業，使天下的人靠自己的勞動而生活，工商業者和不勞而食的遊民都轉向田間做農事，那麼糧食就會充足，百姓就能安居樂業了。本來可以做到使國家富足安定，卻造成了這種令人危懼的局面，我真替陛下痛惜啊！」

很多人都會說，工商業的營利能力明顯大於農業，而振興商品經濟更是增強國力的最佳途徑，為什麼賈誼還要重農抑商，把百姓都捆綁在地裡？這不是開歷史的倒車嗎？

但是我在深入研究歷史後，卻不這麼看。

首先要承認的一點是，古人雖然在知識量上不如今人，但是在智商方面並不比今天的我們差，我們能想到的事，他們也能想到。既然賈誼極力強調農業的重要性，必然有他的原因。

什麼原因？

農業生產力。

漢朝的農業生產力遠遠低於後世，有多低呢？我們來看個例子：

晁錯彙報工作給皇帝時，說過這樣一番話：「一個五口之家，能下地種田的不過兩人，能耕的地不過一百畝，百畝地的產量不過三百石。」拋開各種折算比例，也就是說，漢代的畝產粟基本上在三石左右。農民需要省吃儉用，耕種三年，才能有一年的積蓄。

所以說，糧食就是命根子。在不解決飢餓的情況之下，什麼徹底打破士農工商的結構，簡直就是笑話。後世的人們最為稱頌和推崇，且號稱最富裕的大宋王朝，其宋史之中，照樣有不少「歲飢，人相食」的記錄。

在這種農民勉強能吃飽飯的情況下，統治者重農輕商也就有了合理的解釋。一旦商業興起，在利益的驅動下，勢必會導致大量的人經商，無數人為商賈效力，國家最精壯的勞動力就被商賈呼叫，商業的興起勢必會傷農。

其次，全國能被開墾耕種的土地總量在一定時期內是不變的，而人口則會不斷增加。想要養活更多的人口，必須要求大量的人口對土地精耕細作，否則一個災荒來臨，便是烽火連天了。

所以說，不解決民以食為天的根本問題，發展工商貿易業就無從談起。

雖然在短時間內提高糧食生產和儲備很難，但是工作還得照樣做。第二年，劉恆帶著文武百官在郊外選了一塊地，親自趕著黃牛，象徵性地犁了一行地，算是為天下臣民做了個表率 —— 你看，連皇帝陛下都親自拉起袖子做農事了，你還好意思躺在家裡混吃等死嗎？

縱覽史書，中國歷代帝王似乎都熱衷於勸農，一到春天，找塊自留地，象徵性地做點農活，表明自己對農業的重視。

不過很可惜，這種「秀」做了兩千多年，沒看到有什麼用。

雖然賈誼的很多建議並沒能得到施行，不過劉恆對這個年輕人越看越喜歡。賈誼的職權也逐漸超出了奏議的範圍，正當他準備一飛沖天時，卻遭遇了一個重大挫折。

悲情遷客

文帝二年冬，丞相陳平病逝。

對於陳平為人，歷史上對他或褒或貶，評價不一。

有人認為陳平的人品存在問題，作風不夠廉潔，私生活也存在問題，這個人做事，總有自己的私心。更何況，張良與陳平都是劉邦的謀臣，但是一個是玩陽謀的，一個是玩陰謀的，做事總有些不夠光明磊落。

陳平也知道自己玩的「陰謀」是道家所不允許的，擔心自己損了陽壽。他很有自知之明：「我玩的那些都不光彩。正人君子，是不屑玩這個的。」

不過那又如何？娶別人不敢娶的女人，走別人不敢走的路，甚至玩別人不屑玩的陰謀，一方面是為生活所迫，另一方面，是因為他很早就明白「成大事不拘小節」的道理。

陳平是一個務實的人，他從來沒想過要做君子，只要結果是好的，玩點陰謀詭計又如何？

好在劉邦也不在乎陰謀還是陽謀，他要的是結果，而不管過程。

兩人一拍即合，攜手走過血雨腥風的戰爭歲月。陳平也沒有辜負劉邦的期望，在呂后去世後迅速出手，除掉了呂黨成員，穩住了大漢的萬里江山。

陳平一死，丞相一職就空了出來，劉恆很激動，終於可以做一番大事了。然而真正做起來才發現，很多事並沒有他想像得那麼容易。國事千頭萬緒，各地奏摺如雪片般飛來，沒了陳平幫忙，劉恆根本無從下手，每天晚上加班成了常態。

直到這時，劉恆才念起陳平的好。

丞相是百官之首，長期空著也不是個辦法，劉恆決定親自面試，挑選自己滿意的人。可是面試來面試去，竟然發現沒有人能夠勝任丞相這份工作。放眼朝堂內外，其他人要麼資歷不夠，要麼能力不夠，反正就是不合格。

當然，除了周勃。

周勃雖然是武將出身，做事也有點粗心大意，但是他畢竟做過這工作，熟悉工作流程。最關鍵的是，周勃在朝中資歷最老。

這就很尷尬了。

好不容易請走了周勃這尊神，現如今，又不得不請他回來，劉恆心裡不用提多鬱悶了。

作為皇帝身邊的紅人，賈誼敏銳地發現了劉恆的苦惱，他覺得這是一個展現自己的機會，於是向劉恆提了一個建議：「何不趁此時遣列侯就國？」

劉恆一聽，眼睛頓時亮了，這倒是個好藉口，只是大夥兒能乖乖聽從嗎？

他決定試試看。

就在周勃回任相位的同時，劉恆頒布了這樣一道詔令：

「朕聽說，古代諸侯建立的國家有一千多個，他們各守封地，按時入朝進貢，百姓不覺勞苦，上下歡欣，沒有發生不遵守道德的事情。如今列侯大都住在長安，離封邑遠，要靠官吏士卒供應運輸給養，既浪費又辛苦，也不方便管理封地。為了減輕百姓的負擔，朕希望各位列侯都能回到自己的地盤去。」

之所以要提這個建議，是因為要實現政府的文治改革，必須首先刷新吏治。

眼下朝中的大臣大部分都是跟隨劉邦起兵的軍功貴族，這些人在朝中擔任要職，以元老自居，對劉恆也是缺乏必要的尊重。劉恆要想做一番事業，必須要打破這種軍功勳貴集團。

賈誼的建議給了劉恆信心，他決定拿整個開國功臣集團開刀。

對於眼前的這位青年才俊，劉恆是越看越喜歡，一向穩健的他迫不及待地向群臣提出了一個建議，準備把賈誼提拔為中央正經八百的行政官員(公卿)。

這下子，大夥兒氣到不行：「早就聽說你在背後使壞，想發配我們這些王侯到地方，如今你惹了眾怒，還想往上爬？那也得問問我們答不答應！」

以周勃以代表的大臣們開始挖賈誼的黑歷史，然後上書皇帝劉恆，申訴他們的不容易，說這個洛陽人年紀輕輕，學識淺薄，只想獨攬大權，把政事弄得一團糟，一致要求皇帝罷免賈誼。

面對這些老臣的奏疏，劉恆心裡也有點慌了，江山雖然是劉家的，可是沒了朝中眾人的支持，絕對是不行的。這些老臣們代表的是權貴的態度，這是一個龐大的利益集團，其中包括周勃、灌嬰、東陽侯、馮敬等人，這些人已經結盟，要跟賈誼硬碰硬到底。

賈誼要面對的，將是一個龐然大物般的利益集團！

想要戰勝他們？難！

對於這些權貴而言，長安城基礎設施完善，醫療有保障，物價又便宜，「我在首都待得好好的，你憑什麼要趕我們到地方去？要去你去，我死也要死在大城市！」

誰動了我的蛋糕，我就要和誰拚命，這是利益集團共同的心聲。

一邊是功高蓋主的老臣，一邊是初出茅廬的後生，兩邊劍拔弩張，眼看就要發生火拚。

老臣惹不起啊！

劉恆有點擔憂，都說眾怒難犯，自己這皇位還沒坐穩，他可不想就這麼被趕下來。

賈誼確實很有才，可是江山更重要啊！

面對整個功臣集團的集體施壓，劉恆被迫棄車保帥，否定了賈誼的提議，任命他為長沙王太傅。

看著孤零零的賈誼收拾行囊，踏上去往長沙的路，老幹部們相視一笑，畢竟是太年輕太單純啊！

劉恆卻有自己的想法。他這麼做，不是為了打壓賈誼，而是為了保護他，讓他離開朝廷這個漩渦。不信你看，賈誼之前的官職是太中大夫，屬於一個閒職，年例才一千石，而諸侯王的太傅可不一樣，年例兩千石，和朝中的九卿屬於同一個等級。賈誼雖然被外放了，但是卻間接得到了提拔。

劉恆在等待一個時機：「反正你還年輕，到地方上歷練歷練，增加點閱歷，過幾年再把你調回來。」

離開，是為了更好的歸來。

然而，年輕氣盛的賈誼得知這個消息，瞬間就絕望了，有一種萬念俱灰的感覺。

當時的長沙，地處偏遠，離京師有數千里之遙。賈誼沒能理解劉恆的一番苦心，他以為這一去，再也沒有希望回到長安，心中十分愁悶。

那個意氣風發指點江山的大才子，自此成了怨天尤人、自憐自哀的失意人。

就這樣，賈誼滿懷失意與挫折感，還有滿懷的委屈與孤獨，一步一步向長沙踟躕而來。

歷史無數次證明，遠見卓識往往自絕於時代。

卓則必絕，遠則自離。

俗人昭昭，我獨昏昏；俗人察察，我獨悶悶。

南下的路上，經過湘江時，望著滔滔江水，賈誼想起了楚國的一位失意者。

沒錯，就是那位被髮行吟於江畔的文藝大家 —— 屈原。

《史記》之中，司馬遷將屈原與賈誼放在一起來寫，讓他們比鄰而居，我覺得大有深意存焉。

在生命的時空中，屈原先賈誼約八十年。

在生活的時空中，他們沒有過交集，但是面對這滔滔江水，兩個孤寂落寞的心靈卻在這一刻相通。

那一年，屈原遭小人陷害，放逐江湖，雖有心報國，卻無力迴天。他昏昏沉沉地來到江邊，在清澈的江水裡看見了自己的滿頭白髮，心裡像波浪一樣翻騰起來。

一名漁父問他：「你不是三閭大夫嗎？怎麼就潦倒到了這個地步呢？」

屈原答道：「舉世皆濁我獨清，眾人皆醉我獨醒，我不肯同流合汙，不被容於世人，是以被放逐到了這個地方。」

漁父就勸他：「聖人不會拘泥執著於任何事物，而是能夠隨著世道的變化而變化。世人都渾濁不堪，你何不跟著他們一起渾濁？眾人皆沉醉不醒，你何不跟著他們一起痛快飲酒？幹嘛要想太多，故作清高，把自己弄得這麼慘呢？」

屈原搖了搖頭：「我聽說，剛洗過頭的人，戴帽子的時候一定會彈彈帽子；剛洗過澡的人，穿衣服的時候一定會抖抖衣服，為的就是去掉帽子和衣服上的灰塵。我怎能讓清清白白的身體，就這樣被世俗所汙染？我寧願跳進湘水裡，葬身在魚腹之中，也不願意讓晶瑩剔透的純潔，蒙上世俗的塵埃！」

聽了屈原的話，漁父大笑而去，身後飄來一陣歌聲：

「滄浪之水清兮，可以濯吾纓；滄浪之水濁兮，可以濯吾足。」

當年屈原投江自沉的情景彷彿就在賈誼眼前，忠潔不阿的屈原受讒流放，如今自己也遭貶謫長沙，境遇何其相似？

兩顆文藝家的心靈跨越了時光，在江畔擦出了火花。那一瞬間，有一種強烈的情感擊中了他的心，他寫下了一首〈弔屈原賦〉：

誼為長沙王太傅，既以謫去，意不自得；及度湘水，為賦以弔屈原。屈原，楚賢臣也。被讒放逐，作〈離騷〉賦，其終篇曰：「已矣哉！國無人兮，莫我知也。」遂自投汨羅而死。誼追傷之，因自喻，其辭曰：

恭承嘉惠兮，俟罪長沙；側聞屈原兮，自沉汨羅。造託湘流兮，敬弔先生；遭世罔極兮，乃殞厥身。嗚呼哀哉！逢時不祥。鸞鳳伏竄兮，鴟梟翱翔。闒茸尊顯兮，讒諛得志；賢聖逆曳兮，方正倒植。世謂隨、夷為溷兮，謂跖、蹻為廉；莫邪為鈍兮，鉛刀為銛。籲嗟默默，生之無故兮；斡棄周鼎，寶康瓠兮。騰駕罷牛，驂蹇驢兮；驥垂兩耳，服鹽車兮。章甫薦履，漸不可久兮；嗟苦先生，獨離此咎兮。

訊曰：已矣！國其莫我知兮，獨壹鬱其誰語？鳳漂漂其高逝兮，固自引而遠去。襲九淵之神龍兮，沕深潛以自珍；偭蟂獺以隱處兮，夫豈從蝦與蛭螾？所貴聖人之神德兮，遠濁世而自藏；使騏驥可得系而羈兮，豈雲異夫犬羊？般紛紛其離此尤兮，亦夫子之故也。歷九州而其君兮，何必懷此都也？鳳凰翔於千仞兮，覽德輝而下之；見細德之險徵兮，遙曾擊而去之。彼尋常之汙瀆兮，豈能容夫吞舟之巨魚？橫江湖之鱣鯨兮，固將制於螻蟻。

帶著感情寫的，就是不一樣。

在這篇文章中，賈誼描寫了一個善惡顛倒、是非混淆的黑暗世界，表現對屈原深深的同情，也流露出對自己無辜遭貶的憤慨，但是他並不贊同屈原以身殉國的行動。他認為，不管環境多麼惡劣，也應當努力活下去。

賈誼在長沙待了很久，由於遲遲看不到調回去的希望，他的心裡越發絕望，開始懷疑人生。挫折沒能使他成熟，反而使他如驚弓之鳥，悽悽惶惶。

有一天，一隻貓頭鷹飛進了賈誼的家裡，淒厲哀號，賈誼嚇得不輕。在當時，貓頭鷹是不吉利的代表，賈誼頓時感覺會有不好的事發生，他趕緊為自己算了一卦，結果顯示：「野鳥入室，主人將去。」

賈誼一下子心如死灰。

他覺得自己快掛了，於是寫了一篇〈鵩鳥賦〉。在這篇賦中，賈誼假想這隻貓頭鷹會說話，還講了一篇大道理，大意是說：你啊，看開一些，這人啊，生若浮，死若休，沒什麼可糾結的，不如順應天命，如不繫之舟，自在漂游。

一個二十多歲的年輕人，就因為受了一點小小的挫折，就開始懷疑人生，在死亡的陰影中不能自脫，這不能不說是一種悲哀。

趁著賈誼在長沙懷疑人生的當下，我們來看一下朝堂上發生了什麼。

周勃剛剛擠走了賈誼，本來以為這下子可以放心了，可是他卻低估了劉恆的決心。

讓各位王侯回到各自的封地，各回各家，可以極大緩解劉恆所面臨的壓力。雖然賈誼當了炮灰，但是不代表劉恆就會放棄，他只是在等待一個機會。

周勃的頓悟

就在賈誼被貶出京之後不久，劉恆又下了詔令：

「讓列侯就國是當下的重要工作，希望大家自覺落實。」

通知發下去後，大夥兒你看看我，我看看你，然後直接忽視了。

「想讓我們自覺回到地方？不可能，這輩子都不可能。」

劉恆心裡不用提多鬱悶了：「我好歹是皇帝，你們尊重一下我好不好？」

還是沒人理。

長安城內的王侯中，數周勃資歷最老，又有軍方背景，大夥兒唯他馬首是瞻。

擒賊先擒王，劉恆決定先找周勃，先啃下這塊硬骨頭。

這一天，劉恆跟周勃聊天，聊著聊著，話題就轉到這事上去了：

「貫徹列侯就國的旨意是眼下的頭等任務，事關朝廷工作，事關最廣大人民根本利益。可是通知發下去後，有些大臣過於計較個人眼前利益的得失，甚至產生了逆反情緒，這為工作帶來了很多挑戰。周丞相是朝廷股肱，又是先帝所封的絳侯，一向深得朕的信任，希望你能從大局出發，帶頭落實這項工作。千萬不要讓朕失望！」

周勃一聽，心想：「沒想到過了這麼久，陛下還對這事念念不忘呢！」

他本來以為，自己是三朝老臣，資歷深厚，什麼大風大浪沒見過？如果自己不肯退讓，皇帝是奈何不了他的。可是沒想到，劉恆這小子是鐵了心啊！

「怎麼辦？繼續頑抗到底嗎？」

這顯然不現實。

劉恆雖然年紀小，但畢竟是君；自己再厲害，也就是個臣子。除非想叛亂，要不然臣子是不可能挑釁皇帝的，這是遊戲規則。原本以為，這位劉恆是個好好先生，不會跟自己硬碰硬，可是沒想到自己還是看錯了這個年輕人。劉恆雖然是這幫老臣們挑選出來的，可並不是個軟柿子，別人想怎麼捏就怎麼捏。他做事沉穩，有自己的主見，不會輕易被別人左右。他認定的事，即便再艱難，只要是對的，他都會堅持下去。

周勃的心情很糟糕。

事已至此，多說無益，還是抓緊時間，收拾東西準備走吧！

於是，第二次出任宰相之後僅僅十個月，周勃再度被罷相，回到了自己的封國。

搞定了周勃，後面的工作就好開展了，朝中王侯陸陸續續回到了自己的地盤，守著自己的一畝三分地過日子去了。有的人在長安當官，去不了怎麼辦？沒關係，讓你兒子回封地去。

總而言之，劉恆就是要想盡辦法削弱功臣集團在朝中的影響力，這樣就可以做自己想做的事。

然而，不等他屁股坐穩，又一個重磅消息傳來：周勃在家中私藏兵器，準備造反！

劉恆一顆心又懸了起來，周勃是功臣集團的帶頭大哥，又有軍方背景。自從自己上位後，一直對他頗為忌憚，好不容易找了個機會拉他下來，沒想到這老傢伙在封地還不老實！

他立即下令，對周勃展開調查。

那麼周勃到底有沒有造反的意圖？這當中有沒有隱情呢？

周勃這人，疑心病比較重。自從被免職後，他總覺得朝廷會派殺手來除掉他，於是在家中收藏了很多兵器鎧甲，操練家丁，應對可能來臨的突發事件。

為什麼周勃會疑神疑鬼？很簡單，當你遠離了權力中心，你也就被剪去了翅膀。

每當河東郡的地方官上門拜訪時，周勃的神經都高度警惕，他讓家人都披甲持兵，站在兩邊。只有這樣，周勃的心才會踏實一些。

這種行為，十分反常！

這哪裡是接待客人，明明是要造反哪！

地方官早嚇壞了，回去後就寫了一封舉報信給朝廷：「我舉報，周勃要造反！」

「莫非定律」告訴我們，人往往越怕什麼，就越容易發生什麼。

周勃被朝廷派來的調查組祕密帶走，關進了長安城的監獄中。

在冰冷潮溼的監獄中，周勃戴著鐐銬，陷入了無盡的絕望中。自己這輩子為劉家人衝鋒陷陣，沒有功勞也有苦勞，想不到，最後卻落得這麼個局面！

都說天家涼薄，想不到竟應在了自己身上。「陛下，你忘了嗎？那一年，你老爸去世的時候，我還是託孤大臣，被劉邦贊為漢帝國的壓艙石。那一年，呂后去世，劉氏宗族各懷鬼胎，是我力排眾議，將你從邊疆接回來，立為天子。這些你難道都忘了嗎？上天待我周勃不公啊！」

他委屈，他憤怒，他不甘！

周勃想申訴，想澄清自己，可是偏偏他的嘴不是一般的笨拙，他不喜歡文辭學問，肚子裡沒多少墨水，後人評價他「厚重少文」，見到儒生來找自己說事，先甩給他們一句話：「有話就說有屁就放，沒事就別說了。」

他本能地想到了自己在朝中的門生故吏，雖說官場講究人走茶涼，自己早已不在其位，但是看在當年一起共過事的情分上，應該還有那麼幾個正直的人，會站出來幫自己說點好話吧？

事實卻是，沒有！

一個都沒有！

皇帝劉恆早就放出話來，周勃此人罪大惡極，仗著自己資歷老，對朝廷多有抱怨，在家裡購置兵器，預謀造反，誰都不許為他求情！

為什麼劉恆要執意收拾周勃？

其實，周勃有沒有造反、能不能造反，劉恆心裡是最清楚的。劉恆未必是鐵了心要殺周勃，不過他拿周勃開刀，目的也很明顯。他要消除功臣集團的代言人周勃在政壇上的影響，從而建立起自己的權威。

周勃歷經劉邦、劉盈、呂后三位掌權者，是真正的帝國元老。他是開國功臣，追隨劉邦征戰多年，又官至太尉，在軍隊中根基深厚。此外，呂后在世時他服從呂后，呂后去世後又反過來滅了呂氏，這種見風使舵的政治立場也讓劉恆很不放心。

還有最為重要的一點，周勃身為臣子，曾經弒殺少帝，這種以下犯上的事是皇帝最為忌諱的。「如果我劉恆哪天失勢了，你周勃是不是也要給我來一刀？」

有人或許會說：「不是說周勃是個大老粗嗎？他怎麼會有這麼多不好的心思？」

如果你要這麼想，那你就被周勃木訥厚重的外表騙了。

權力場是什麼？是博弈，是心計，這圈子裡除了智者就是能人，隨便拉出一個來就是天下頂尖的菁英，如果雙商不高，根本混不下去。

想當初，劉邦就非常看好周勃，認為他能當大任，臨終之時還不忘囑託：「周勃厚重少文，將來能安劉氏的人，必定是周勃！」

然而，在多年的政治淬鍊中，周勃早已不是那個木訥的老實人，在權力的鬥爭中不輸於任何人。當初在打天下時，周勃不滿劉邦重用陳平，汙衊陳平跟自己嫂子有不正當關係。

劉恆上位後，周勃等人又不滿皇帝重用賈誼，極力施壓，導致賈誼被外放。

由此可知，周勃不僅僅有老實人的一面，論起整人的本事也不輸於任何人。

這樣的周勃，讓劉恆寢食難安！只要他還活著，劉恆夜裡就會睡不著覺。

皇帝都發話了，底下的獄吏們開心了。那就不用客氣了，老虎凳、辣椒水，全都搬上來吧！

汙濁潮溼的地牢、黯黑令人恐慌的寂靜、火辣辣的傷痛，刺激著周勃的每一根神經，他終於體會到牢獄的恐怖和折磨。

一旦脫去權力的甲冑，周勃也只是一介凡夫而已。他照樣會流血，照樣會慘叫。

周勃被虐得夠厲害，他本就年紀大了，哪受得了這些？百鞭之後，已是血肉模糊。

此刻的周勃，披頭散髮，渾身傷痕累累，再也沒有了以往的驕傲與自信。為了活下去，他委託家人準備了一筆豐厚的錢財，找了個機會，悄悄塞到了審問他的獄吏手裡，求他指條明路。

獄吏拿到錢，樂了。「你周勃好歹也是三朝老臣，經歷過大風大浪的人，什麼樣的境遇沒有遇過，怎麼這個時候反倒卡住了？你手裡明明有一張王牌，為什麼不打出來？」

趁著四下無人的時候，獄吏悄悄塞給了周勃一張小紙條。

周勃接過，開啟一看，上面寫了五個字：「以公主為證！」

周勃恍然大悟：「對啊，我怎麼忘了？真是當局者迷，旁觀者清啊！」

周勃立即託人轉告家人：「趕緊入宮去找公主殿下！」

周勃要找的公主，其實是劉恆的女兒，史稱絳侯公主。當初劉恆剛上位時，為了拉近兩人的關係，將女兒嫁給了周勃的長子周勝之。

公公有難，兒媳婦自然不能坐視不理。可是問題在於，絳侯公主並沒有把握能說服父皇，她也只能乾著急。不過，她還是為周勃家人指出了一條路：「去找薄太后。」

劉恆雖然當了皇帝，畢竟也是個孝子，總不能連母親的話都不聽吧？

這一次，周勃傾家蕩產，拿出所有的本錢，賄賂了國舅薄昭，求他在薄太后面前幫自己求個情。

薄昭回去後就把這事告訴了姐姐薄太后。薄太后一聽，臉色頓時就變了：「這個逆子，當了皇帝尾巴就翹到天上去了，竟然拿開國功臣開刀！豈有此理！要是沒有周勃，我們還在代地窩著呢，哪輪得到你當皇帝！這事哀家必須管！」

次日一早，劉恆像往常一樣去向太后請安，不料這一次，氣氛卻有點反常。還沒等劉恆行完禮，只見薄太后一把抓起旁邊的頭巾就朝劉恆砸了過來，厲聲道：「聽說你把周勃抓起來了？」

劉恆心中咯噔一下，這事母后怎麼知道了？只得支支吾吾解釋道：「這個，母后您聽我解釋……」

薄太后：「解釋什麼？周勃是什麼人？他是先帝欽定的託孤大臣，是我大漢的開國功臣！你也不想想，周勃若是想造反，當年他在軍隊時就反了，哪還用等到今日！那時候他都沒反，如今身居一個小縣，反倒要謀反嗎？」

劉恆：「那個，這事剛剛已經查清楚了，周勃是清白的，所謂造反純屬謠言，我這就安排人放他出來！」

「還不快去！」

劉恆連忙告退，當天就把周勃從大牢裡放了出來，恢復了他的清白。

周勃被除去了枷鎖，沿著石階一步步離開陰暗的死牢，回到地面。陽光從入口照射進來，在臺階上形成鮮明的光暗對比。周勃踏上最後一級臺階，忽然停住腳步，臉上浮現幾許感慨。

終於見到了久違的陽光。

自己從鬼門關前轉了一圈，終於又回來了。

回想這幾日來的經歷，周勃感慨萬千，對身邊人說道：「我曾統帥過千軍萬馬，但是今日方知獄卒的威風！」

經歷了這一次劫難，周勃算是看開了，什麼三朝元老，什麼開國功臣，通通都是浮雲，活著最重要！

從監獄出來後，周勃回到了封地，安安心心當起了富家翁，過起了自己的日子，走完了最後七年的人生路。

周勃退場了，但是周氏家族的故事並沒有結束，他的兒子接過父輩的旗幟，繼續書寫著屬於周家人的輝煌。

第八章
文帝心思

命案埋下的仇恨

有一次，劉恆做了一個夢，夢見自己怎麼努力也登不上天，正著急之際，一個黃頭郎從身後將他推上天。次日劉恆遊船，遇見了頭纏黃巾的鄧通，便認定他是自己的登天貴人，從此百般寵幸，賞鄧通數十億錢，又封為上大夫。

鄧通富甲天下，源於相士一番話。劉恆曾讓大名鼎鼎的神運算元許負替鄧通看相，許負看完後說鄧通將來會餓死。這下劉恆不高興了，說：「鄧通富貴貧賤朕說了算，小小相士何出此言？」

話雖如此，可是劉恆心裡還是沒底，於是把蜀郡的嚴道銅山賜給他，准許其自行鑄錢。隨後鄧通千里迢迢來到嚴道，開山鑄錢，求天下財富，榮登西漢富豪榜。

漢初允許民間鑄錢，不過鑄錢需有銅礦資源，所以非王侯官家背景就沒辦法。當時最大的兩個鑄錢商除了鄧通，還有一個是吳王劉濞。

劉濞是劉邦的二哥劉仲之子。

漢高祖十一年，也就是西元前 196 年，淮南王英布反叛，劉邦親自率軍前往征伐。劉濞在當時是沛侯，年輕有衝勁，隨同劉邦擊潰了英布的軍隊。劉邦擔心吳地民風強悍，若是沒有一個強硬的王，恐怕壓不住他們，而自己的兒子還都小，選來選去，決定立劉濞為吳王。

然而，當劉邦重新審視面前的劉濞時，忽然有點後悔了。

原因很簡單：劉濞有反骨！

不過已經晚了，封劉濞為吳王的消息已經傳了出去，總不能自己打自己臉吧？

劉邦撫著劉濞的背，感慨道：「我掐指一算，漢後五十年東南有亂者，那個人是不是你呀？」

劉濞一聽，立刻就嚇尿了，他馬上跪拜道：「陛下，我替您做牛做馬還來不及，哪敢啊！」

劉邦一笑，語重心長地說道：「記住！我們劉家永遠是一家人，你可不能挖自家人的牆腳哦！」

劉濞立即表忠心：「我們是一家人！我怎麼可能做那種事呢？」

劉濞辛勤耕耘，經過數十年的努力，終於將吳國治理成了天下數一數二的富國。

說起來，劉濞之所以能迅速累積大量的財富，靠的就是吳國境內豐富的自然資源。

吳國境內有銅礦，又臨近大海，自然條件得天獨厚。正好漢初朝廷放開了鑄幣權，鼓勵大夥兒自主創業，自己印鈔票。劉濞很高興，他開山鍊銅，煮海為鹽，短短數十年內累積了大量的財富，長期霸占漢朝富比士排行榜第一名。當時，吳王錢以發行量大占優勢，鄧通錢則以質地優良取勝，兩種貨幣流通全國，有「吳幣、鄧錢布天下」之稱。

經過數十年的發展，吳國國力大幅提升，吳王深得其臣民的擁護。

就在劇情平穩推進時，一樁慘案改變了吳國的命運。

那一年，按照慣例，劉濞的兒子劉賢進京，拜見皇帝。

對於這位遠道而來的姪子，劉恆自然是熱烈歡迎，安排他跟太子劉啟聯繫感情。

那時候又沒什麼娛樂設施，兩個年輕人渾身荷爾蒙無處發洩，決定下棋！

問題在於，陪上司下棋，是一件相當糾結的事。贏了吧，上司面子上過不去；放水吧？自己又不甘心。南朝有個皇帝叫劉彧，是個骨灰級圍棋愛好者，可惜水準不怎麼樣。他下棋時要在棋盤上「去格七八道」，也就是用小棋盤。不過劉彧一向自我感覺相當良好，他偏要和當時最好的棋手王抗對局。

王抗的內心是拒絕的，他誠惶誠恐，除了讓子之外，還不時地吹捧皇上：「皇帝飛棋，臣抗不能斷。」劉彧居然信以為真，自以為天下第一，對圍棋更著迷了，還特別為圍棋手們設定了一種專門的官署，叫做「圍棋州邑」。

不過，或許是過於年輕，劉賢顯然沒有王抗的這份心思，他拿出了自己的真實水準，將劉啟殺得七零八落，讓劉啟一度懷疑人生。

「讓你？不存在的。」

劉啟滿臉尷尬，連輸了好幾盤後，言語上對劉賢自然也不那麼客氣了。

劉賢也不客氣，輸了棋還罵人，沒見過這麼不要臉的人，自然是強勢頂撞了回去。

劉啟氣炸了！

「我是太子，未來的儲君，你劉賢算個什麼東西？也敢挑釁我？」抄起桌上的棋盤，朝劉賢的腦袋上狠狠地砸了過去。

劉賢的腦袋頓時血流如注，倒在地上，一動也不動了。

這下子，事情鬧大了。

劉啟這才回過神來，感覺自己玩大了，頓時就嚇跑了，跑回去求老爸保護了。

皇帝劉恆得知這個消息，也是一個頭兩個大。人家大老遠來拜見自己，結果被自己的兒子衝動之下打死了，上哪兒說理去？吳王劉濞能善罷甘休嗎？

雖說王子犯法與庶民同罪，「可是問題在於，這可是朕的兒子，漢帝國的太子，難道真要為了你一個小小的藩王之子償命？」

想來想去，劉恆也沒有好的辦法，決定將此事低調處理，派人將吳太子收殮了送回吳國，大夥兒就當沒看見。

千里之外的劉濞左盼右盼，結果盼來的卻是自己兒子的棺材，當場就昏了過去。好不容易被人搶救回來，劉濞當場就崩潰了：「劉恆，我兒子千里迢迢跑去拜見你，結果莫名其妙就死了，你不給個說法，也太欺負人了吧？我不管！我兒子死在哪裡，就得葬在哪裡，你就在長安城為我兒子舉行葬禮吧！」

憤怒的劉濞拒絕簽收，這快遞我不要，誰寄來的就退給誰！

自此，劉濞和劉恆感情破裂，吳國和中央政府離心離德。每到入朝覲見的時候，劉濞一律稱病不朝，拒絕接受中央指令。

劉恆對劉濞的不合作深表不滿，於是下令逮捕吳國使節，來一個抓一個，來兩個抓一雙。

自己的使者接連被扣，劉濞內心深感不安。此時的他，正在暗中為謀反做著準備，不過從眼下看，安撫住劉恆的情緒似乎更為重要。

這年秋天，漢帝國按照慣例舉行朝賀，劉濞派了個機靈的使者前往長安，希望能消除劉恆對自己的敵意。

使者到了長安，照例替劉濞請病假。劉恆很不高興：「朝賀是國家大事，吳王長期請病假，這麼多年都不露面，是不是對朕有什麼意見呀？」

使者答道：「吳王現在確實沒病，但是朝廷數次逮捕吳國的使者，吳王心裡害怕啊，你說他還怎麼敢來呢？至於當初吳王是怎麼得的病，陛下您心裡是有數的，何必一定要說出來呢？過去的事都已經過去了，希望陛下網開一面，捨棄前嫌，給吳王一次改過自新的機會。」

劉恆聽完，臉上有點掛不住。吳王為何不來參加朝賀，他比誰都都清楚，當年那事，本來就是自己公然袒護兒子，做得不道地，自己又怎麼好意思反過來指責人家呢？

既然劉濞已經服軟，那索性借坡下驢，給他一個機會吧。

在這裡，劉恆還有一個舉動，他送劉濞一套「几杖」，還告訴他：「既然老了，那就多注意身體，不用來朝請了。」

這個舉動頗耐人尋味，因為此時的劉濞才四十歲左右，遠遠談不上老。要知道，劉濞六十二歲時還能起兵造反，相比之下，四十歲左右還正值壯年呢。

既然如此，劉恆為何還要送劉濞一套「几杖」？

其實原因也不難猜測。劉恆此舉，一是為了安慰劉濞，二是為了告誡他：「你年紀大了，就老老實實在地方上當個諸侯王吧，不要抱有非分之想了。」

接到劉恆的旨意，劉濞鬆了一口氣，繼續忍氣吞聲，準備他的造反大業。劉濞在自己的地盤上有開採銅礦和製鹽的權力，百姓都不必繳納賦稅。為了拉攏人心，劉濞每年都會慰問有才之士，賞賜鄉里。與此同時，他還收容其他郡國的在逃要犯，為他們提供庇護。

而這一準備，就是二十多年。

鄧通和劉濞的私人造幣公司開足了馬力生產，每天二十四小時不停運轉，再加上各處的私人作坊也紛紛開工，為圖額外利益，這些黑心商人往往在鑄錢時混入鉛、鐵等賤金屬，導致假幣劣幣橫行市場，嚴重擾亂了金融秩序。

沒有席位的發言

遠在天邊的賈誼憂心忡忡，他又坐不住了，出於知識分子的責任感，他又寫了一封信給劉恆，名字就叫〈諫鑄錢疏〉。

在這封信中，賈誼列舉了私人鑄錢的三個弊端：

(一) 私人鑄錢會破壞法禁。

讓百姓鑄幣，他們只有摻假才能盈利。在巨大利潤的驅動下，百姓們就算被處罰也會爭前恐後投機。更何況，百姓鑄錢獲利的只是少數，真正賺到錢的是那些大地主和商人，他們家裡有礦，手中有錢，可以冶煉金屬大量鑄錢。這些人不受約束，長此以往必然會出事。

(二) 私人鑄錢會擾亂金融秩序。

民自鑄錢，各地的規格不同，有的地方用輕錢，有的地方用重錢，有時候還得換成四銖錢。如果放縱不管，錢幣規格不統一，會擾亂金融市場秩序，影響市場經濟的健康發展。

(三) 私人鑄錢會影響農業生產。

因為鑄錢可以獲取鉅額利潤，大夥兒都把主要的精力都放在「大煉青銅」上，對種地不大上心了，也帶壞了一些老實本分的人。這樣一來，大量的農田被閒置，糧食會逐步減產，長此以往，國本動搖！

後果很嚴重！

該怎樣解決呢？

賈誼也提出了自己的方案：將全國的銅礦收歸國有。民間沒有了流通的銅，自然也不會有人冒著風險去鑄錢了，國家掌握了鑄幣權，就可以利用貨幣來調控市場，打擊不法商人，增加國庫收入了。

其實，不只是賈誼，當時的學者賈山也上疏劉恆：「錢可以換來富貴；富貴是人主捏在手裡的胡蘿蔔；現在陛下把本該捏在手裡的蘿蔔發給大家，這樣的話，天下還有幾個人會聽陛下的話呢？」

劉恆看完，唯有苦笑。

「把銅礦收歸國有，說得容易，誰去吳王那裡把銅礦收回來？吳王要是造反了你賈誼去平叛嗎？」

鄧通是自己的好友，好不容易為他謀了點福利，你現在要我收回來？

書生誤國啊！

不過，賈誼身居江湖之遠，還操心著廟堂之事，這種精神還是很值得敬佩的。「這樣吧，你在長沙也待了好幾年了，找個機會把你調回來吧！」

三年後，賈誼終於盼到了朝廷發來的調令。

接到調令那一刻，賈誼哭了，他在長沙城待了三年，除了吐槽，就是哀傷，如今終於迎來了出頭之日！

賈誼暗自壓抑住內心的興奮，他即將告別被閒置的長沙王太傅身分，步入最高權力圈，開始獨當一面。好的開始等於成功的一半。他深信，內外交困、急於反擊的皇帝劉恆，一定會給他一個好的開始。

回到長安的賈誼，興奮地與年輕的皇帝開始了一場夜談。當賈誼昂首闊步進入未央宮時，他滿懷著對未來的美好憧憬。他為這次遲到的閒談做了充分的準備，他知道，這次皇帝終於是要重用自己了。

未央宮的宣室殿中，燭火盈盈。燭光映照下，是兩張年輕的面孔。

從北方的匈奴到南方的吳越，從朝中的功臣集團到地方的藩王……兩人越聊越起勁，誰都沒有睡意。

劉恆聽得很激動，他把屁股底下的墊子往前挪了挪，順口問賈誼：「對於鬼神，你是怎麼認為的？」

賈誼侃侃而談：「子不語怪力亂神，夫子對於這些鬼神之事，一向是敬而遠之，不過這世上確實有很多常理無法解釋的現象，就比如……」

不知不覺，外面已是天光大亮。劉恆感慨道：「賈誼啊賈誼，幾年不見，朕以為會超過你，沒想到，今日一見，朕還是不如你啊！」

賈誼表面上雖然很平靜，但是內心卻五味雜陳。他原本準備和劉恆談談自己這些年來思考的政治主張，但是劉恆卻只對鬼神感興趣，內心的失落可想而知。

面對依然如此優秀的賈誼，劉恆很高興，改封賈誼為梁懷王太傅，臨走還不忘囑咐他：「梁王是我最喜歡的小兒子，你要好好做哦。」

賈誼頓時就傻眼了，他感覺自己被騙了：「不是說好了把我留在長安嗎？我想待在長安啊！」

唐朝有一位大詩人，叫李商隱，在讀到這段歷史時，寫了一首很有名的詩，為賈誼鳴不平：

宣室求賢訪逐臣，賈生才調更無倫。

可憐夜半虛前席，不問蒼生問鬼神。

劉恆你糊塗了，這麼有才的賈誼在你面前，你不問民生，專問這些亂七八糟的問題，你的腦袋裡進水了嗎？

不論劉恆怎麼想，賈誼心情很低落：「既然陛下有要求，好吧，我去就是了。」

賈誼收拾好行囊，走出雄偉的長安城，默默向梁國走去，一路上一言不發。他實在想不明白，為什麼自己無論如何努力，都得不到皇帝的重用？為什麼自己的建議明明是正確的，皇帝就是不採納？

不止賈誼不明白，後世很多人都不明白。

要我說，賈誼本人確實很有才，看問題的眼光也確實犀利，也指出了很多帝國的弊病。可是問題在於，他的很多改革理念過於理想主義，很難落實到操作層面。

這個世界從來都不是非黑即白，很多事情不是你想到了，就一定能做得到的。提出問題很重要，可是解決問題更重要，作為一名決策者，他更需要的是找到一個切實可行的方案。

改革是一個利益再分配的過程，這其中涉及很多博弈和妥協，要找準一個切入點，選擇一個大家都能接受的方式，去貫徹你的意志。

「你說工商會傷農，傷了農，這是動搖國本，因此糧食儲備很重要，我也承認。可是問題在於，發展農業鼓勵農耕，哪是自己說幾句勉勵的話就能搞定的事？

你說讓老臣們回到自己的封地去，我知道你是為我好，可是這些人有資歷有地位更有軍權，豈能輕易撼動？連你都被人家趕出了朝廷，我能一紙詔書就把他們發配回封地嗎？

你說朝廷應該收回全國的銅礦，把鑄幣權牢牢掌握在自己手裡。可是你也不看看，天下最大的兩處銅礦，一個在鄧通手裡，一個在吳王手裡。鄧通就不說了，那礦是朕賞給他的，吳王在地方上割據多年，累積了雄厚的實力，早就跟朝廷不對盤了，現在貿然收回銅礦，這不是逼著人家造反嗎？」

飯要一口一口吃，事要一步一步做。有時候，為了達成最終目的，還得繞個圈子。

劉恆自己也承認，賈誼是一位很出色的政論家，但是他的方法太過激進，單刀直入，直擊要害，沒有任何迂迴的餘地，如果貿然實施，勢必會引發極大的反彈。

眼前的這個年輕人，還有待打磨啊！

劉恆揮揮手，將賈誼打發到了梁國。

一肚皮幽怨的賈誼來到了梁國，他的少年雄心再一次受了挫折。在這裡，賈誼除了教導梁王劉揖讀書學習以外，還要思考很多問題：

「北方的匈奴虎視眈眈，經常南下騷擾，怎麼辦？」

「各地的諸侯國過於強大，蠢蠢欲動，怎麼辦？

「朝廷制度混亂，禮儀不完備，怎麼辦？」

這些問題牽涉到帝國的長治久安，有的人看到了，但是不敢說。多一事不如少一事，反正自己的班照上，薪資照樣拿，國家治理跟我有什麼關係？

賈誼不一樣，他內心的良知告訴他，發現問題必須說出來，這是知識分子的使命。

無數個深夜裡，伴著一盞昏暗的油燈，賈誼奮筆疾書。很快，一篇千古雄文出現在了皇帝劉恆的書桌上，這就是大名鼎鼎的〈治安疏〉！

這篇文章有多厲害？

這麼說吧，眼下的漢帝國就像一位浮腫病人，看著還能正常吃飯睡覺，但是身體多處早已發出了警報。賈誼就像一位醫術精湛的大夫，早已將病人的病因分析得一清二楚，甚至很多潛在病症，都被他一眼看破，並提出了全面的治療方案。

鑒於這篇文章實在太長，為了避免注水的嫌疑，原文我就不貼了，僅將這篇文章做個簡單的解讀。

文章一開頭，賈誼痛陳了漢帝國面臨的九大弊端，依照嚴重程度，為它們一個個排了順序：

「眼下我大漢面臨的問題很多，大問題有一個，普通問題有兩個，小問題有六個，其他的小毛病太多了，寫不完，就先不提了。有人向陛下進言，說如今天下大治，社會和諧了，小康社會就要建成了，可以放心睡大覺了。

可是事實真是這樣嗎？

非也！

那些說天下已經安定大治的人，不是愚蠢無知，就是阿諛逢迎，他們根本不懂治國之道。眼下的漢帝國，猶如睡於乾柴之上，只是火把暫時還沒有把柴堆點燃而已。現在國家的情況，與在火堆上睡覺沒什麼不同。」

既然你說漢帝國面臨著嚴重的危機，那這危機到底是什麼呢？是北方的匈奴嗎？

賈誼說：「當然不是。」

「眼下漢帝國面臨的危機不在外部，恰恰在內部。說白了，漢帝國最大的敵人不是匈奴，而是自己人！日益強大的諸侯國！」

為了讓皇帝重視自己的這篇文章，賈誼描畫了一幅美好願景：

「如果我提出的治國之道，讓陛下精神痛苦、身體疲憊，一點娛樂休閒的時間都沒有，那您就不要採納了。用了我的方案，您馬照跑，舞照跳，酒照喝，待遇跟現在完全一樣，卻可以讓各封國遵守法規，遠離戰火，匈奴歸順，百姓安定。陛下您生為英明的皇帝，死後也將成為明神，美名佳譽永垂青史。」

吹捧完畢，緊接著進入正題。

「如果諸侯王太過厲害，必然會造成天子與諸侯對立，臣下屢遭禍害，陛下也為此憂慮，這不是長久之計。如今陛下的親弟弟劉長圖謀在東面稱帝，親姪子劉興居起兵造反，近來又有人檢舉吳王劉濞圖謀不軌，情況讓人擔憂啊！

現在之所以沒有發生暴亂，天下暫時還安定，是什麼原因？因為那些諸侯王現在還都是小孩子，還在玩泥巴，朝廷派的太傅和宰相還能拿住局面。再過幾年，諸侯王們長大了，血氣方剛，說一不二，有想法了，封國的太傅宰相們，就不是他們的對手了。要麼稱病辭職，要麼被掃地走人。到時候，他們就是下一個淮南王劉長，下一個濟北王劉興居啊！」

問題如此嚴重，到底該如何破局？

別急，賈誼很快就說了自己的答案。

「黃帝說過一句話：太陽當頭時一定要晒東西，利刀在手時一定要割點什麼。什麼意思呢？就是說，要在正確的時間做正確的事。」

賈誼大膽地以劉恆與劉邦相比較，直言不諱地斷言，劉恆不像老爸劉邦，他缺乏對付諸王作亂的能力，必須提早做準備。

「那些功臣宿將，想當年都是追隨劉邦打天下的，憑著功績才混了個諸侯王的位子。劉邦在的時候，那些異姓諸侯王都不安分，一個個起來造反。如今劉邦不在了，這些同姓王，雖然名義上稱臣，實際上都是你的兄弟，你劉恆能降得住他們？不可能的。

事實證明，疏者必危，親者必亂。那些異姓諸侯王，漢朝已經搞定他們了，同姓諸侯王的問題，更是複雜得多，等他們翅膀硬了，遲早有一天會造反。既然如此，那應該怎麼做呢？」

在這裡，賈誼舉了一個例子：

「有個叫屠牛坦的人，一天能宰十二頭牛，而鋒刃不鈍，是因為他下刀的地方，都在肌理肢節的縫隙之間。至於髖髀等大骨頭，就得要用斧頭來砍了。

仁義恩厚，就是天子的鋒刃；權勢法制，就是天子的斧斤。這些驕縱的諸侯王就像難啃的骨頭，對付這些人，小刀是沒用的，只會崩壞刀刃，必須得用斧頭。跟這些人講仁義，就是對牛彈琴，純屬浪費口舌，再說形勢也不允許。」

賈誼在分析了形勢後，總結了歷史經驗：「強者帶頭造反，弱者跟在屁股後面造反。不信你看，淮陰侯韓信做楚王，地盤最大，最先反叛；韓王信倚靠匈奴，接著反叛；貫高有趙國的資助，接著反叛；陳豨兵精，接著反叛；彭越也接著反叛；英布也跟著反叛；盧綰最弱，最後反叛。長沙王吳芮，因為功勞最小，封地最少，都沒本錢造反。」

根據這條邏輯，賈誼提出了自己的解決方案：「削弱他們！」

具體來說就是，讓各個諸侯王將自己的封國，分成若干個小國，由自己的子弟繼承；子孫少的，先把地盤劃出來，等有兒子了再分。如此，諸侯國越分越小，再無力對抗中央朝廷。

有人會說，這不就是漢武帝時期的「推恩令」嗎！

你沒看錯，賈誼是最早提出「推恩令」思路的人。

文章最後，賈誼寫道：

「如今的漢帝國就像一位虛弱的病人，腿腳嚴重浮腫，一條腿腫得像腰一樣粗，一根腳趾腫得大象腿一般，平時無法屈伸，只要有一兩個腳趾抽筋，就會擔心摔倒。如果今天還不抓緊機會治療，將來一定會成為頑症，以後即使有扁鵲再生，也無能為力了。

除了腿腳浮腫的毛病外，病人的腳掌也扭折了。元王的兒子，是陛下的堂弟，現在繼位的，是堂弟的兒子；惠王的兒子，是陛下親哥哥的兒子，現在繼位的，是兄子之子。嫡系子孫有的還沒有封地，非嫡系子孫反倒握有大權可以威脅天子。

正因為如此，所以我才敢斷定，目前的大漢就像個浮腫的病人，看似龐大無比，其實一身傷病，沒多少力氣，這才是最致命的啊！」

行家一出手，就知有沒有。不得不承認，這是一篇極其出色的政論文，被後世選入《古文觀止》，成為標準範文。

賈誼總結了漢初反分裂鬥爭的歷史經驗，指出諸侯王封國的強盛必然導致謀叛作亂。暫時的安定祥和只是表面現象，異姓王的分裂勢力雖已剷除殆盡，同姓王的割據勢力卻盤根錯節，包藏禍心。

為此，賈誼提出了解決矛盾的根本辦法，也就是削強為弱，逐漸分割諸侯封地，分封給他們的子孫，使得大國不復存在，而眾多各自為政的小封國也將失去對抗朝廷的實力。

劉恆一口氣看完，感慨萬千。真是厲害啊，寫文章都能寫得這麼蕩氣迴腸，時而娓娓道來，細雨潤物般溫柔；時而痛快酣暢，無所顧忌，頗有戰國縱橫家文風！

那麼，劉恆會採納賈誼的意見嗎？

答案是：不會！

這又是為何？

因為形勢不允許。

千古嘆賈生

我們都知道，劉恆是以藩王身分入主朝廷，成為漢帝國的第三任皇帝。他繼位之初，面前立著兩座大山，一座是功臣集團，一座是劉氏宗室，也就是同姓諸侯王。如何才能推翻這兩座大山，將權力收歸己有？這是劉恆執政二十三年，一直在苦苦思考的最大難題。

一方面，朝堂之上，功臣集團的帶頭大哥周勃雖然被拉下來了，但是老臣的勢力依然強大；另一方面，各地的同姓諸侯王割據一方，已成尾大不掉之勢。

很多人看到這裡，或許會產生困惑，我們口口聲聲說文帝時期諸侯王很厲害，那當時國內到底有多少諸侯王？他們的實力到底如何？

為了說明這一點，我們不妨對當時的局勢做個深入分析：

劉恆剛繼位時，異姓王只剩下了長沙王，不過他的實力太菜，我們可以忽略不計。除此之外，還有吳、楚、齊、趙、代、燕、淮南等七個同姓諸侯王，他們的地盤加起來占漢帝國的一半以上。

這些諸侯王，他們有數之不盡的莊田，他們才是真正的大戶，要地有地、要糧有糧，有數之不盡的金銀，奴僕成群，更不必說，還有一定數量的軍隊了。

劉恆繼位時，當年劉邦分封的子姪大多都已成年，在地方上積蓄能量多年，本身的實力也逐漸由弱變強，漸成尾大不掉之勢。

還有最為重要的一點，這些地方諸侯遠離中央，盤踞一方，要想控制他們，遠比降服功臣集團要難得多。

劉恆雖然做夢都想削藩、實施中央集權，可是問題在於，他本人是由功臣集團擁立而登上皇位的，他在中央的根基並不深，不敢貿然削奪諸侯王。

誰都知道諸侯王是個隱患，可是問題在於，如果真的削藩，相當於中央朝廷跟地方諸侯徹底決裂。一旦自己的這些遠方親戚們挑戰中央，劉恆有把握擺平嗎？

顯然沒有。

更何況，他還不得不依靠這些劉氏宗室來抗衡功臣集團。我們往後來看，劉恆在繼位的第十五年和十六年又調整了諸侯王，以致諸侯王多達十七個，比劉邦當初分封的還多了一倍。

既然如此，是不是可以說，劉恆面對諸侯王的坐大，無動於衷呢？

也不盡然。

在很多人看來，漢文帝劉恆是個守成之君，在國家治理上採取黃老無為而治的思路，既沒有開一代風氣的氣概，在政治上也沒有什麼作為。

這種評價顯然有失偏頗。

文帝劉恆由於繼位時缺乏根基，所以他的手段更為平和。在安撫各地諸侯王的同時，劉恆也看準時機，採取分化瓦解的方式將諸侯的地盤化整為零。比如，他曾將淮南一分為三，齊國一分為六，逐漸解除藩國對中央的威脅。

關於劉恆的削藩策略，我後面會重點講到。

此時此刻，看到這個提議，劉恆唯有苦笑。「賈誼這小夥子眼光確實不錯，可惜不懂政治啊，還是太年輕太單純。」

眼見自己辛辛苦苦寫的文章石沉大海，賈誼又鬱悶了。他似乎從來都沒有明白這個世界的複雜，他只有滿腹的才華和敏感的內心。

閒不住的賈誼又寫了一篇文章，標題叫〈過秦論〉。

隨著歲月的積澱，思想的成熟，現在的賈誼，已臻人書俱老的境界。提筆未幾，已是千言立就。

很快，這篇文章再一次引得眾人讚嘆。鑒於這篇文章大家太熟悉了，我就不翻譯了，貼個上篇，大家自行感受一下。

「秦孝公據崤函之固，擁雍州之地，君臣固守以窺周室，有席捲天下，包舉宇內，囊括四海之意，併吞八荒之心。當是時也，商君佐之，內立法度，務耕織，修守戰之具；外連衡而鬥諸侯。於是秦人拱手而取西河之外。

孝公既沒，惠文、武、昭襄蒙故業，因遺策，南取漢中，西舉巴、蜀，東割膏腴之地，北收要害之郡。諸侯恐懼，會盟而謀弱秦，不愛珍器重寶肥饒之地，以致天下之士，合從締交，相與為一。當此之時，齊有孟嘗，趙有平原，楚有春申，魏有信陵。此四君者，皆明智而忠信，寬厚而愛人，尊賢而重士，約從離衡，兼韓、魏、燕、楚、齊、趙、宋、衛、中山之眾。

於是六國之士，有甯越、徐尚、蘇秦、杜赫之屬為之謀，齊明、周最、陳軫、召滑、樓緩、翟景、蘇厲、樂毅之徒通其意，吳起、孫臏、帶佗、倪良、王廖、田忌、廉頗、趙奢之倫制其兵。嘗以十倍之地，百萬之眾，叩關而攻秦。秦人開關延敵，九國之師，逡巡而不敢進。秦無亡矢遺鏃之費，而天下諸侯已困矣。於是從散約敗，爭割地而賂秦。秦有餘力而制其弊，追亡逐北，伏屍百萬，流血漂櫓。因利乘便，宰割天下，分裂山河。強國請服，弱國入朝。延及孝文王、莊襄王，享國之日淺，國家無事。

及至始皇，奮六世之餘烈，振長策而御宇內，吞二周而亡諸侯，履至尊而制六合，執敲撲而鞭笞天下，威振四海。南取百越之地，以為桂林、象郡；百越之君，俛首繫頸，委命下吏。乃使蒙恬北築長城而守藩籬，卻匈奴七百餘里。胡人不敢南下而牧馬，士不敢彎弓而報怨。於是廢先王之道，焚百家之言，以愚黔首；隳名城，殺豪傑，收天下之兵，聚之咸陽，銷鋒鏑，鑄以為金人十二，以弱天下之民。

然後踐華為城，因河為池，據億丈之城，臨不測之淵，以為固。良將勁弩守要害之處，信臣精卒陳利兵而誰何。天下已定，始皇之心，自以為關中之固，金城千里，子孫帝王萬世之業也。

始皇既沒，餘威震於殊俗。然陳涉甕牖繩樞之子，甿隸之人，而遷徙之徒也；才能不及中人，非有仲尼、墨翟之賢，陶朱、猗頓之富；躡足行伍之間，而倔起阡陌之中，率疲弊之卒，將數百之眾，轉而攻秦，斬木為兵，揭竿為旗，天下雲集響應，嬴糧而景從。山東豪俊遂並起而亡秦族矣。

且夫天下非小弱也，雍州之地，崤函之固，自若也。陳涉之位，非尊於齊、楚、燕、趙、韓、魏、宋、衛、中山之君也；鉏耰棘矜，非銛於鉤戟長鎩也；謫戍之眾，非抗於九國之師也；深謀遠慮，行軍用兵之道，非及向時之士也。然而成敗異變，功業相反，何也？試使山東之國與陳涉度長絜大，比權量力，則不可同年而語矣。然秦以區區之地，致萬乘之勢，序八州而朝同列，百有餘年矣；然後以六合為家，崤函為宮；一夫作難而七廟隳，身死人手，為天下笑者，何也？仁義不施而攻守之勢異也。」

前面大量排比鋪陳，結果卻只簡單一句：仁義不施攻受異也，舉重若輕，絕不拖泥帶水。

通篇讀完，我只有兩個感受：縱橫捭闔，汪洋恣肆。

這篇文章有多厲害？

司馬遷這樣的大牛在寫《史記》時，幾乎全文引用了〈過秦論〉。

蘇軾的老爸蘇洵寫過一篇〈六國論〉，而他模仿的正是〈過秦論〉。

劉恆看完〈過秦論〉，也是極為佩服賈誼的才華。然後，沒有然後了。

賈誼繼續在梁國當他的老師。

調回中央？你想多了。

賈誼終究沒有等來自己的調令。有一次，梁王外出騎馬時，不慎墜馬而死。

得知消息那一刻，賈誼感覺自己的信念崩塌了，他認為有負漢文帝的託付，從此態度消沉，沒過多久鬱鬱寡歡而亡。

賈誼去世那一年，只有三十三歲。

當絕大多數人還在自怨自艾，虛度光陰時，賈誼已經走完了自己的人生。他的一生，宛如一顆流星劃過天際，璀璨而又短暫。

蘇軾專門寫過一篇文章〈賈誼論〉，為賈誼深表惋惜。他認為賈誼懷才不遇，問題出在他本人身上。

蘇軾說：「不是文帝不用賈誼，是賈誼不能用文帝。一個有才華的人，如果被欣賞並委以重任，那當然是好事；但是如果一輩子都懷才不遇，那也只能說明這個世界有問題，天命如此，沒什麼可遺憾的。」

再說了，如果只是因為一時不能用，耐心等待就是了，該喝酒吃肉，照樣吃喝不誤，何必陷入自我懷疑與焦慮中呢？

賈誼此人，志向遠大而氣量狹小，才力有餘而見識不足，他的所謂不得重用，根本是他自己沒給劉恆機會重用他。

典型的高智商，低情商，易碎玻璃心，受不得一點挫折。

蘇軾本人心性豁達樂觀，這麼評價賈誼倒也符合他的性格。不過很遺憾，不是所有人都有一顆豁達的心，賈誼就沒有。

如今提起賈誼，往往和懷才不遇這個詞畫上等號。

賈誼眼看著理想離自己越來越遠，年華虛度，只能暗自感傷。

然而，無論處於何時何地，他內心始終堅守著一個信念，即便是在他認為人生無望的時候，依然懷有知識分子最崇高的歷史使命，依然記得「鐵肩擔道義」的夢想。

他是以筆為劍的俠客，遇到不平之事，他都要大聲疾呼。

禮儀陳舊、沿襲秦制，他要說。

商人橫行、糧食減產，他要說。

諸侯滿朝、皇權不振，他要說。

藩王勢大、蠢蠢欲動，他要說。

你可以說他春風得意時目中無人，可以說他遭遇挫折時自怨自艾，可以說他才華橫溢卻不辨形勢，但是唯獨不可否認，他是一個充滿理想主義情懷的人。

而理想主義在任何一個時代，都是極為稀缺的東西。

斯人已逝，文章千古。

第九章

北疆風雲

劉恆與匈奴的較量

就在漢帝國聚精會神弄建設、一心一意謀發展時，在遙遠的北方，匈奴人又不安分了。

想當年，劉邦親自帶隊，雄糾糾，氣昂昂，想打擊一下冒頓單于的囂張氣焰，結果自己卻被包圍，圍困在白登山上七天七夜，差點就回不來了。這一戰，匈奴人贏得了勝利，漢帝國開啟了無奈的和親時代。

呂后上位後，冒頓單于又不老實，寫了一封信，狠狠地調戲了執掌權柄的呂后。偏偏呂后又不敢翻臉，只得放低姿態，寫了一封言辭謙卑的回信：

「大家都是鄰居，何必鬧得這麼不愉快呢？我年老色衰，路都走不穩，你還是放過我吧。單于你不就是缺女人嗎，我漢帝國有的是女子，招呼一聲，我這就送過去給您。」

對於呂后送來的美女，單于自然是全部笑納。

這之後，匈奴人總算老實了一些。在呂后執政的那些年裡，雙方基本上處於和平狀態，歷經戰爭的邊境百姓，終於看到了一絲和平的曙光。

然而，這縷曙光並沒有持續太久。

呂后去世後，劉恆繼位，是為漢文帝。

眼見中原換了新主人，還是個二十多歲的毛頭小子，匈奴人又動了心思。他們很想捏一捏，這位新上任的皇帝是不是個軟柿子。

劉恆執政的第三個年頭，匈奴人在右賢王的率領下，從河南地向漢帝國屬地上郡發動進攻。匈奴騎兵所到之處，燒殺擄掠，猶如土匪進村一般。

平靜了多年的北方邊境，硝煙再起。

消息傳到長安城，劉恆怒了，自己登基還沒幾年，匈奴人就不安分了，明顯是欺負自己年輕啊！

劉恆立即組織召開了一次緊急軍事會議，除了動員軍隊外，還有一個任務：選出一位出征的將軍。

放眼朝堂內外，當年追隨劉邦打天下的那批大臣們大部分已經故去，年輕一輩的又頂不上去，正是青黃不接的時候。眼下能打的只有兩個人：周勃和灌嬰。此時周勃已經被劉恆免職，而灌嬰被提拔為宰相。

「沒什麼好選的，就灌嬰了。」

對於這個結果，灌嬰其實心裡早有預感。

畢竟，對於匈奴人的那些技巧，灌嬰可謂是熟門熟路。

想當年，劉邦北伐匈奴時，灌嬰就是先鋒部隊的將領，在武泉、晉陽等地，三次擊敗匈奴的騎兵，還斬殺了一名匈奴的將領。這一次，灌嬰有信心再給他們一個迎頭痛擊。

長安城緊急動員，很快，一支八萬五千人組成的步、騎兵部隊迅速集結，在灌嬰的帶領下，前往邊境，準備與匈奴人一戰。

然而，匈奴人並不想跟漢軍單挑。

匈奴右賢王得到消息，對身邊人笑道：「漢軍企圖與我決戰，我偏不打，我們躲得遠遠的。漢軍集結一支龐大的軍隊，可不容易，師出無功，徒然耗費物資。我們不必開戰，拖垮漢軍便是。」

等漢軍長途跋涉，好不容易到達邊境時，匈奴人早已劫掠完畢，帶著大包小包的戰利品，逃回大漠了。

劉恆很鬱悶，好不容易組織起來的軍隊，結果卻一拳打在了空氣中，這讓他產生了一種深深的挫敗感。

好在匈奴人已經撤走了，不管怎麼說，這都是一件值得慶賀的事。為了振奮士氣，鼓舞邊疆人民，劉恆決定到太原去視察工作。

再一次回到老地方，劉恆感慨萬千。他見到了一些老部下，大夥兒聊起當年的光輝歲月，興奮之餘都有些感傷。期間又說起了此次匈奴人劫掠後的慘狀，劉恆心裡也不是滋味，在了解情況後，免除了晉陽、中都兩個地方三年的農業稅。這之後，劉恆又檢閱了軍隊，為英勇抗擊匈奴人的邊關將士論功行賞。

這一逗留，就是十來天。

然而，就在這短短的十來天內，一場危機悄然而至 —— 濟北王劉興居反了！

說起來，對於劉興居的造反，劉恆其實心裡早有準備。當年呂后去世後，劉興居跟劉章兄弟倆上竄下跳，為了讓大哥劉襄當皇帝，可謂是費盡了心思。不過很可惜，朝中大臣對有背景有實力的劉襄很感冒，他們選擇了沒有背景的劉恆。

梁王沒了，只混了個濟北王，偷雞不成反蝕一把米，劉興居覺得自己上當了。

這一次，匈奴人大舉來襲，皇帝劉恆出門在外，劉興居覺得機會來了。他帶著自己的小弟，宣布起義！

劉恆是怎麼做的呢？他第一時間居然不是派丞相灌嬰帶兵去平叛，反而是下令罷免了灌嬰的軍權。

很奇怪，對不對？

劉恆為什麼要這麼做？

如果把這件事放到大環境下去看，就不難發現，劉恆其實是對灌嬰不放心，他一直對功臣集團，尤其是軍功集團有所防範。

三年前，在灌嬰身上發生過一模一樣的事。當時，劉興居的哥哥齊王劉襄起兵叛亂，呂氏派了灌嬰領兵前去平叛，結果灌嬰前腳出了門，後腳就跟齊王勾搭上了，反過來對付呂氏。

劉恆必定是想起了當年這一幕，所以才對灌嬰不放心，第一時間解除了他的兵權。

緊接著，劉恆簽署了兩條命令：

(一) 命陳武為大將軍，統四將軍、十萬將士迎戰起義軍。

(二) 命祁侯繒賀為將軍，率部扼守滎陽要道。

做完這一切，劉恆帶著出巡的隊伍，踏上了返程的路。

七月，劉恆自太原抵達長安。

回到宮中，劉恆又宣布：

「濟北境內的吏民，凡在朝廷大兵未到之前就歸順朝廷和率軍獻城邑投降的，都給以寬赦，且恢復原有的官職爵位；即便是追隨劉興居參與謀反的，只要歸降朝廷，一律赦免。」

這消息一出來，起義軍沒辦法淡定了，這次跟隨劉興居造反，大夥兒本來心裡就沒底。眼見朝廷給了優待政策，還不跑等什麼啊！

一下子，起義軍作鳥獸散，跑了一大半。

劉興居崩潰了，為了這一天，自己辛辛苦苦準備了三年，好不容易拉起了一支隊伍，結果竟然是這樣 ——

「這是天要亡我啊！」

八月，劉興居兵敗，自殺。

順便說一說匈奴人的後續故事。

冒頓單于絕對是一代梟雄，他不僅打仗猛，心理戰也玩得很好。想當初，他以一封書信調戲了呂后，讓呂后低下了高傲的頭顱。這一次，他打算故伎重施，繼續對劉恆施壓。

就在第二年，一封來自匈奴的書信擺在了劉恆面前。

劉恆展開，只見信中寫道：

「前些日子，皇帝提及和親一事，兩國皆大歡喜。可是漢帝國邊疆的守吏侵侮我右賢王，右賢王沒有向我請命，就聽從手下人的計謀，與漢帝國的守吏相對抗。這樣一來，便撕毀了兩國君王的盟約，破壞了兩國兄弟般的情誼，所以我處罰了右賢王，讓他去攻打月氏王國。

賴上天福佑，兵強馬壯，我方得以夷滅月氏王國，月氏人非死即降，完全平定。樓蘭、烏孫等二十六個國家，望風臣服於匈奴，草原上引弓控弦的騎士們，現在都成了一家人。如今北方全部平定，至於南方的中原，我們願意收起武器，休養士卒馬匹。至於漢匈邊境衝突這件不愉快的事，就此了結，恢復兩國往日的盟約，使邊疆百姓得以安定。

皇帝陛下如果不想匈奴人接近貴國的邊界要塞，就請下詔書，讓邊界的守吏與百姓主動遠離，免得不小心擦搶走了火，傷了人可就不好了。」

劉恆氣炸了：「這是挑釁，赤裸裸的挑釁！想讓我知難而退，把邊境讓出來，你休想！」

劉恆氣鼓鼓地回了一封信：

「單于準備不提前事，重修兩國盟約，朕十分欣慰。和平相處，這乃是古代聖人的志向，漢匈兩國約為兄弟，所以贈送給單于的禮物甚為豐厚。這違背盟約、破壞兄弟情誼，總是貴國率先挑起的，右賢王侵擾我邊境的事，我也不再追究，單于也不必深責了。如果單于願意履行來信的承諾，希望能公開昭示百官，讓他們不可再違背盟約，要言而有信。」

劉恆的這封信，不卑不亢，正義凜然。然而，當冒頓單于收到信的時候，他已經沒有精力繼續施壓漢帝國。

他病了，而且病得不輕。

冒頓，這位橫掃北方、一統匈奴的梟雄，被他制服的人不計其數。最終，他被死神制服了。

冒頓的兒子稽粥繼任匈奴單于，號為「老上單于」。

帶路黨中行說

得知這個消息，劉恆終於鬆了一口氣。為了加強兩國的睦鄰友好關係，劉恆決定延續和親的傳統，他挑選了一位美女作為公主，準備嫁給老上單于，作為閼氏（單于的正妻）。

人選好了，禮物也準備好了，劉恆檢查了一遍：「嗯，還缺一位隨行官。選誰去呢？」

誰都不願意去。畢竟，誰都知道，這一去，恐怕就要和苦命的公主一樣，在大漠的苦寒之地吃沙子，一輩子都回不來了。

劉恆拿著名單，挑了半天，最後選中了一位叫中行說的宦官。

之所以選中了他，是因為這傢伙出生在燕國，靠近匈奴，對匈奴的風俗人情比較了解。此外，這人非常聰明，嘴上又能說，派他出使匈奴，再合適不過了。

當中行說得知自己要去匈奴時，說道：「不去不去就不去！」

劉恆大怒：「你不過是一小小宦官，居然也膽敢討價還價，你去也得去，不去也得去！」

皇帝都把話說到這個份上了，中行說知道自己沒得選擇了。他恨恨道地：「我可以去，但是請你們記住了，總有一天我要讓你們付出代價！為漢患者，必是我中行說也！我中行說說到做到！」

劉恆顯然沒有把中行說的大話放在心上，望著粼粼遠去的和親隊伍，他心裡一塊石頭落地了。

劉恆不知道，他即將選出的是一位有名的漢奸帶路黨。

有的時候，我們不得不承認，仇恨會從根上，緩慢地改變一個人。

中行說帶著一肚子的怨恨一路向北，抵達匈奴後，立即向匈奴投降。

中行說口才極好，加上他善於逢迎拍馬屁，很快就贏得了老上單于的信任。

當時的漢匈關係還算平穩，雙方在邊界上也有一些貿易，匈奴經常拿自己的馬匹和皮貨作為貿易品。作為交換，漢帝國也拿出絲綢衣服器皿跟他們做買賣。

這幫成天只知道騎馬與砍殺的草原人，哪裡享受過這種生活？很快就迷戀上了漢朝的東西。「漢人的東西好啊，食物做得精細又好吃，穿的衣服也好看，哪像我們只能整天吃沙子。」

漸漸地，草原各部開始流行漢朝的絲綢和美食，人人都以穿漢服為榮，覺得這樣很有面子。

中行說覺得這是一個危險訊號。

他告訴老上單于：「眼下我們匈奴人越來越迷戀漢朝的服飾和美食，我覺得這個風氣很不好。」

單于：「哦？有何不妥？」

中行說：「要是論人數，我們匈奴人都沒有漢朝一個郡的人口多，漢人之所以會怕我們，是因為我們衣食住行和漢人都不一樣，不用依賴他們。可是現在都變了，匈奴人接受了漢朝的生活習慣，開始喜歡上了漢朝的東西，這些東西我們偏偏不能生產。要是以後大夥兒依賴上了漢朝的東西，那漢朝只需要付出五分之一的物品，我們匈奴就會受制於漢朝了。」

單于將信將疑。

為了讓單于徹底認清漢朝奢靡腐朽的文化帶給匈奴的危害，中行說換上一身漢服，在荊棘叢中跑了一圈。很快，他身上的漢服已經被荊棘割得破爛不堪，成了乞丐衣服。

中行說將這身服飾向眾人展示：「你看，漢人們穿的絲綢，一點也不實用，稍微一劃就爛了。」

緊接著，他又穿了匈奴人的皮衣，在荊棘叢中跑了一圈兒，結果回來後衣服完好無損。

「你看，漢人的絲綢根本不能適應我們草原民族的騎射生活，還是我們匈奴的皮衣結實耐用。」

除了貶低漢朝的服飾，中行說還貶低漢朝的美食。

他告訴老上單于：「漢人的食物確實美味又可口。可是問題在於，我們這大漠不產糧食，要想吃五穀，只能向漢人購買。長此以往，我們的口糧就得受漢朝的制約了，我們的馬奶酒和羊肉串哪裡比漢朝的油潑麵差了？」

老上單于聽完，一拍大腿：「對啊，我們的服飾和飲食雖然粗糙了些，可是簡單實用啊！要抵制漢人文化，樹立本民族的自信心！」

為了替漢朝培養對手，中行說可謂是不遺餘力。

他來到匈奴後，發現這裡的文化實在落後，有多落後呢？中行說走訪了一圈，竟然發現沒有人能搞清楚，匈奴到底有多少人口，有多少牛羊馬匹。

中行說有點無言，就這點教育程度，還想跟漢朝鬥？沒辦法，只能親自教了。

為了提升匈奴人的教育程度，中行說當起了老師，教匈奴人識字算術，教他們如何造冊統計戶口、如何計算牛羊數量。雖然這些基礎知識在漢朝人眼裡很簡單，可是在匈奴人這裡卻是先進的文化知識。因為中行說，匈奴的文化和文明又往上躍進了一個層級。

中行說還不滿足。

在當時兩國的文書往來中，漢朝給匈奴的文書是有一定規格的，長一尺一寸，但是匈奴給漢朝的文書卻沒有固定的規格。

「這可不行。」

中行說告訴老上單于：「我們的文書要比漢朝更有霸氣才行。他們來信用一尺一寸的木簡，我們來個更新版，回信就用一尺二寸的木簡。他們的開頭是『皇帝敬問匈奴大單于平安』，我們的開頭這樣寫：天地所生『日月所置』匈奴大單于敬問漢皇帝無恙。」

文書傳到長安，劉恆開啟一看，氣到不行，大臣們也個個義憤填膺。

有一次，漢朝的使者到匈奴出差，對匈奴的野蠻風俗多有鄙視，說匈奴人不懂禮儀，沒有規矩，對老年人不夠尊重。

中行說不服氣，決定跟他展開一場論戰。

中行說：「我們匈奴人以戰鬥立功為榮，你們漢朝年輕力壯的小夥子上戰場的時候，不也是父母拿出好吃好喝的替他們送行嗎！我們匈奴人同樣明白，打仗才是國家最重要的事情，年輕人要上戰場打仗，當然要吃好喝好，這樣才有力氣保家衛國，怎麼能說是不尊重老人？」

漢使一聽，這中行說果然不要臉，居然把自己當匈奴人。

漢使繼續發難：「你們匈奴人，老爸死了兒子可以娶自己的後母，兄弟死了活著的人可以娶他的妻子，簡直是亂倫！」

中行說不以為然，回道：「我們匈奴人父兄死了，兒子和兄弟娶他們的妻子，那是為了防止宗族滅絕，還可以防止父子相殘、兄弟相鬥。雖說這樣的婚姻關係比較混亂，但是卻可以保證血統的純正。反倒是你們中原人，滿口倫理道德，做的卻是些兄弟相殘相殺的勾當，你自己捫心問問，這樣的事，你們做的還少嗎？」

漢使有點沒面子，不過他很快調整過來，繼續反擊：「我中原朝廷上下均熟知禮儀，尊卑有序，進退有度，各種禮儀制度相當的完備。反觀匈奴，沒有禮儀，亂哄哄的一片，君不君、臣不臣的，真是一群未開化的野蠻人。」

中行說哈哈大笑，說：「我們匈奴人的習俗，就是吃牲畜的肉、喝牲畜的奶、穿牲畜的皮毛。牲畜需要吃草喝水，就要隨水草遷移，這一切都很簡單。匈奴人行事也同樣簡單，君臣關係也不複雜，所以他們才能長長久久，立於不敗之地。

至於你說的那些禮儀，我看你們漢人壞就壞在禮儀上了，為了禮儀，你們上下輩之間地位不平等，為了禮儀，你們浪費人力物力修建宮殿，雖說你們會種糧種桑、吃穿自足，雖說你們修建城池，能防禦外敵，可就是因為這些，你們在情況緊急的時候不會戰鬥，在平時又被辛苦的勞作拖累。真不知道你們整這些虛無縹緲的東西有什麼用處，還好意思用這些來嘲笑我們。」

漢使當然不服，兩人繼續吵架。

中行說有點急了，索性用威脅的口氣，對漢使說：

「閣下不必多說了！不必喋喋不休講什麼仁義，我匈奴只是看在漢帝國還送來的衣物美酒還算稱意，這才放你們一馬。你們漢朝只需要記住，按時送東西給我們就行了。不過東西的品質一定要保證，要是被我查出粗製濫造，我們匈奴的騎兵可不是吃素的。到時候，我們派出鐵騎蹂躪漢地的疆土、踐踏漢人的農田稼穡，休怪我不講情面！」

說罷，中行說拂袖而去。

留下漢使一臉尷尬。

太子智囊

外交上的失利，讓劉恆坐立不安。漢帝國處心積慮的和親政策，幾乎毀於中行說一人之手。在中行說的挑撥下，匈奴在邊境不斷挑起衝突，讓劉恆頭痛不已。

朝堂之上，大臣們一個個當起了鴕鳥，紛紛勸劉恆：「匈奴人兵強馬壯，我們不是對手，忍忍吧，忍忍就過去了。」

劉恆很無奈：「這些年來，匈奴人屢屢犯邊，沒事就來騷擾，真煩啊！偌大一個帝國，難道就沒有人勇敢地站出來，打壓一下匈奴的囂張氣焰嗎？」

結果，真的有這樣的人站了出來，他的名叫晁錯。

晁錯是潁川人，從小學習就很厲害，師從當時的刑名學大家，學習申不害、商鞅的法家思想，是一名優秀的法學專業人才。

晁錯和賈誼是同齡人，他們都出生於西元前 200 年，只是晁錯不像賈誼那麼幸運，有知名大學舉薦，所以他進入文帝視野的時間晚於賈誼。

晁錯當上公務員後，因為通曉古代學術做了太常掌故。太常掌故是個小官，負責朝廷的禮樂制度，年例百石。上司看他年輕好學，安排了一項重要任務給他，讓他師從年屆九十的宿儒伏生學習《尚書》，以搶救瀕臨失傳的傳統文化。

為什麼要搶救《尚書》?

這就要說到中華文化史上的一段浩劫了。

《尚書》據說是由孔子編訂的，他將自上古堯舜到春秋秦穆公的各種重要文獻資料彙集在一起，從中挑選出一部分用來做教育本門弟子的教材，這就是《尚書》的來歷。

話說秦始皇統一天下後，頒布《挾書令》，收繳民間的各種藏書，尤其是《詩》、《書》和諸子百家之書，按法律必須上交官府；此後項羽入關後，又一把大火燒了秦宮，儒家經典幾乎成為絕唱。

漢朝建立後，漢惠帝廢除了《挾書令》，允許民間藏書講學；漢文帝更是熱心文化建設，鼓勵民間獻書，恢復了儒家經書的合法地位，在全國尋求能治《尚書》者。

找來找去，就找到了伏生這裡。

伏生是濟南人，曾在秦朝擔任過博士，學通古今，掌管皇家典籍。秦始皇頒布「禁書令」後，伏生冒死將一部《尚書》偷藏於夾壁牆內，此後流落他鄉。

待局勢穩定後，伏生回到家中，從牆中取出了《尚書》，由於水淫蟲蛀，百篇《尚書》只剩下了二十九篇。憑藉著厲害的記憶力，他把僅存的《尚書》經過整理後，廣招弟子，進行傳授，齊魯一帶的儒生紛紛拜他為師。

劉恆聽說伏生的事蹟後，原打算請他到首都長安來教學，但是伏生當時已經年逾九十了，年高體弱，無法進京，於是朝廷派了晁錯，千里迢迢上門，向伏生請教。

伏生傳授《尚書》，一直是口授。因為年事已高，口齒不清，晁錯很難聽明白，伏生便讓女兒羲娥在一旁翻譯。羲娥講的是山東話，而晁錯是河南人，聽起來還是很費力。好在經過數月的努力，晁錯終於將《尚書》學完，並且手抄了一份。

這個版本就被漢人稱為《今文尚書》，意思是用當代的文字記錄的。

學成歸來的晁錯，已經取得了法學、儒學雙學位，替劉恆做工作彙報的時候，順便也做了個學習彙報，一部《尚書》講得文采飛揚。劉恆一聽：「人才呀，當太子的老師吧！」

有文化的人到哪兒都吃香。晁錯來到東宮後，很快就用其淵博的知識征服了太子。太子對晁錯極為信任甚至崇拜，乾脆直接稱晁錯為「智囊」。

於是，歷史上第一個被稱為智囊的人誕生了。

在晁錯眼裡，太子劉啟雖然天資聰穎、智商極高，並且已經具備了一定的知識修養，但是作為帝位的接班人，太子還缺乏對「帝王術」的深刻理解與把握。

所謂的「帝王術」，在晁錯看來，主要有以下四個方面：一是怎麼讓群臣感到恐懼，二是怎樣才能不受臣子之言的矇蔽，三是怎樣安撫天下百姓，四是怎樣勸勉臣下盡忠。

為此，晁錯寫了一篇〈言太子知術數書〉，為太子補上這一課，得到了家長劉恆的好評。

擔任太子家令後，晁錯再次上疏討論兵事，這封奏疏後世稱為〈言兵事疏〉。

簡單歸納總結一下，晁錯想表達的主要是以下四點：

(一) 慎選將領

晁錯認為，漢朝建國以來，匈奴多次入侵邊地，小入獲小利，大入獲大利。一個隴西郡，三次被匈奴入侵，軍民垂頭喪氣，喪失了戰勝敵兵的銳氣。現在隴西軍民打了一次勝仗，而且是以少勝多，殺了匈奴一個首領。可見，問題的根源不在於隴西軍民，而是出在將帥身上，兵法講，有必勝之將領，無必勝之百姓。安邊立功，全在於選擇良將，因此，選擇一位合適的將領至關重要。

（二）用兵之道

晁錯認為，用兵之道最重要的是三點：一是有利的地形，二是訓練有素的士兵，三是精良的武器。

以地形而言，有適合步兵作戰的戰場，有適合車馬作戰的戰場，有適合用弓箭的戰場，有適合用長戟的戰場，有適合用矛鋌的戰場，更有適合用劍盾的戰場。不同的地形與不同的兵種協調統一，才能最大限度地發揮軍隊的作用。

兵器不銳利，和空手一樣；盔甲不堅固，和沒穿盔甲一樣；弓弩射不出去，和短兵一樣；射箭射不中，和沒有箭一樣；射中了卻沒有穿透，和沒有箭頭一樣，這是將領沒有檢驗兵器的後果，五個這樣的士兵抵擋不了一個精兵。所以兵法上說：器械不鋒利，是將自己的士兵送給敵人；士兵不會打仗，是將自己的將領送給敵人；將領不了解自己的士兵，是將自己的國君送給敵人；君主不精選將領，是將自己的國家送給敵人。這四點是戰爭的關鍵。

（三）互有長短

晁錯認為，長短、優劣、強弱都是相對的，漢匈之間互有長短，匈奴軍隊的長處有三：

先說馬匹。匈奴是游牧民族，所飼養的馬都是在草原放養的，因此，匈奴戰馬往往膘肥俊美，終日出入於山澗河流；而中原地區的馬匹，都是家庭圈養，喪失了野性，不如塞外戰馬靈活。

再看騎射技術。「馬背上的民族」性格粗獷，大口飲酒，大口吃肉，交通工具只有一個：騎馬，從小就練就了一邊策馬奔馳一邊射擊敵人的騎射技術，這是中原人不能比的。

最後看吃苦精神。匈奴人往往「粗線條」，不過分講究吃穿住用，習慣了風吹日晒，不畏風雨，不怕飢渴，中原將士則不如匈奴人頑強。

那麼漢軍有沒有優勢？有的，而且比匈奴還多兩點：

一是中原有戰車，在平原作戰，漢軍的戰車可以突破匈奴的軍陣，匈奴軍隊是很容易被打亂的。

二是匈奴多用小弓，如果漢軍使用強勁的弓弩和長戟，在遠距離便可分出勝負。

三是匈奴騎兵多穿皮製衣物，但是漢軍將士個個身穿鎧甲，長短兵器配合使用，匈奴士兵無法抵擋。

四是匈奴作戰時秩序稍亂，漢軍作戰則整齊劃一，倘若漢軍以利箭射向同一目標，匈奴用皮革和木材製造的劣質鎧甲根本無法抵擋。

五是「馬背上的民族」一旦下馬作戰，優勢可能就不太明顯，漢軍步兵在平地作戰，近身搏鬥，相對較為靈活。

更何況，漢軍人數眾多，匈奴則只有區區幾萬，只要揚長避短，知己知彼，基本可以穩操勝券。

(四) 以夷制夷

現在，歸降漢朝的部落有胡人、義渠、蠻夷等，他們長年居住在塞外，飲食習俗等方面都與匈奴相差無幾。不如賜給他們鎧甲、棉衣、強弓、利箭，用漢軍的優勢補足他們的短處，再加之以良將、精兵。假如戰場地險隘阻，則用蠻夷攻；假如地勢平坦，則用漢軍的戰車、步兵。兩軍互相輔佐，各自發揮自己的長處，再加上數量眾多，必定可以萬無一失。

文章最後，晁錯又謙虛地補了一句：「傳說，狂夫說的話，只有明主才能聽明白。臣晁錯愚陋，昧死上狂言，唯陛下抉擇。」

這篇文章呈上去後，得到了帝國皇帝劉恆的高度讚賞。

晁錯的這篇文章之所以能得到劉恆的高度認可，是因為他有別於一般的書生之見，有著深刻的歷史依據和堅實的現實基礎，具有較強的可行性。他根據敵我雙方的形勢對比和漢朝當時的實力，提出了守邊備塞的正確政策和一整套抗擊匈奴的策略戰術。

劉恆不僅賜給他很多東西，還親自做了批覆：「小夥子策略眼光不錯，加油好好做！」

晁錯的對策

有了劉恆的鼓勵，晁錯很興奮，感覺自己正在走向人生的巔峰。很快，他又提出了一個更加大膽的建議——發民實邊。

晁錯認為，過去秦朝派人戍邊，因為水土不服，戍卒多死於邊地，運輸者死於路途。因此，秦民視戍邊如同判了死刑一樣恐懼，這也是為何陳勝在大澤鄉起事，天下從之如流水的原因。

匈奴人不事生產，他們吃肉喝奶，穿皮衣，不住城市，沒有土地，居如飛鳥走獸。他們住在水草豐美的地方，草吃完了水喝完了就搬家。往來轉移，時至時去，這是匈奴人的生活常態。

這種生存特徵決定了匈奴人到處遷徙的生活方式，他們或至燕代，或到上郡、北地、隴西，借放牧打獵之機，刺探漢軍虛實，一旦空虛，就會入侵。陛下不救援，邊境百姓指望不上朝廷，就可能降敵；倘若發兵救援，援兵太少，不發揮作用；援兵太多，匈奴人又已離開。

倘若把軍隊聚集在邊境，軍費開支過大；撤走吧，匈奴又乘虛而入，這樣折磨幾年，中原地區就民不聊生了。

眼下朝廷的政策是，士兵輪番駐防邊塞，一年一換，這雖解決了士兵思鄉之苦，卻難以了解熟悉胡人的特長和習性。

如何解決這個難題？

晁錯認為，最好的辦法是選派百姓在邊境安家立業。

具體怎麼做呢？首先要修築高城深塹，準備生活起居用品及農具，把邊境線上的居民集中到城裡居住，原則上每個城池不少於千戶，使他們成為守城的基石。

其次可以先遷居罪犯，罪犯遷居可以免罪，給一筆安家費;如果不夠，就招募家丁、奴婢、贖罪的人；如果還不夠，就全民動員，看誰想去。不僅如此，沒有太太的，政府要做好媒人，因為人無配偶無法長期定居。

僅僅這些就夠了嗎？

顯然不夠。

對於普通百姓而言，我在老家待得好好的，憑什麼要我到邊境去吃沙子？這對我有什麼好處？

從內地徵調居民支援邊疆只是第一步，如何才能讓他們迅速在邊疆穩定地生活下來？

為此，晁錯建議朝廷，繼續釋放好處：遇到匈奴入侵，誰能搶回匈奴搶走的財物，一半歸搶回者個人所有，政府還要大力表彰嘉獎。

只有這樣，大夥兒為了保護自己的私有財產，獲取更多的利益，才會充分點燃自己的小宇宙，英勇抗擊外敵，在邊境上扎下根。

劉恆接到奏疏，對晁錯的建議很是贊同，立即指示各部門抓緊落實。

匈奴的問題暫時有了解決方案，可是此時的漢帝國還面臨著一個難題：農貧商富。

為什麼會出現這種情況？

那是因為，漢朝的農民兄弟們日子過得苦啊！

雖然文帝時期農業稅已經很低，低到三十稅一了，可是農民們的日子並沒有得到太大改善。

為此，晁錯又寫了一封奏書，〈論貴粟疏〉，翻譯一下就是：論提高糧食價格的重要性。

根據晁錯的調查，漢代一個普通的五口之家，給足百畝土地，一年的收成不到一百石糧食。他們一年四季都在地裡，還要時不時地替官府當壯勞力，服勞役。百姓們除了官府的攤派，以及日常生活的一切開銷，剩下的存糧就寥寥無幾了。倘若再遇上一些天災人禍，官府又要急徵暴斂，隨時攤派，非但沒有剩餘，還可能有賣兒鬻女的危險。

與農民兄弟們苦哈哈的日子相比，那些商人們日子過得很好！他們要麼囤積貨物，獲取高額利息，要麼開店販賣貨物，用特殊手段獲取利益。

不僅如此，他們還不用種地，穿的是綾羅綢緞，吃的是上等米肉，無農夫之苦，而且還憑藉權勢，兼併農民土地，使農民流離失所，簡直太過分了！

這些人在商業利益的驅使下，忙著從事投機的勾當，完全沒有投入到農業生產中。農民辛辛苦苦耕作一年，結果糧食根本賣不上一個好價錢，最終的結果是穀賤傷農。

糧食太便宜，就會嚴重挫傷農民種糧的積極性，導致糧食產量減少，這對於一個農業大國來說是相當危險的。

看到這裡，有沒有想起什麼？沒錯，賈誼也曾提出過這個建議，他當時上的奏疏叫〈論積貯疏〉。

兩者的目的其實是一樣的，都是為了讓百姓回歸農業本源，提高糧食產量。既然如此，如何才能達到這個目的？

賈誼沒有說，而晁錯則提出了切實可行的解決方案。

針對當時日益嚴重的土地兼併和兩極分化造成的農業生產凋敝現象，晁錯認為，要想讓農民回歸本業，關鍵在於提高糧價，也就是「貴粟」。

然而，如何才能提高糧價？晁錯建議劉啟採取買賣爵位的辦法，允許富人透過捐獻糧食，獲得一定的爵位，或者免除罪過。

再比如，可以鼓勵富人想辦法把糧食運到邊關，交給守軍，以此來獲得爵位。這樣一來，還解決了軍糧運輸過程中的損耗問題，可謂是一舉多得。

所謂的爵位，換句話說就是個榮譽稱號，並沒有什麼實質性的意義。而糧食則是實實在在的物資，用糧食來換爵位，這買賣划算！

晁錯似乎很懂現代心理學，知道那些土豪劣紳們的精神需求，於是為他們指明一條路，明碼標價地為皇帝賣爵位：納粟六百石給個上造，四千石為五大夫，一萬石為大庶長。

這有點像春秋時管仲在齊國的那一套，他對來齊國做生意的商人大開國門，並且拍著胸脯保證：空車來的免稅費，徒步背東西來的免稅，帶來的東西越多，在齊國享有的待遇也就越高，這樣來的商人就會越來越多。

只不過，管仲這麼做，是為了發展齊國的經濟，而晁錯是為了提升糧食的價格，增強糧食在市場上的流動性。

晁錯的做法收到了驚人的效果。土豪們很喜歡這種奢侈光環，他們紛紛組織運輸隊，收集各地糧食運往邊關，或是直接上繳到中央政府在各地的倉庫。

這麼多人都需要糧食，糧食的價格必然會上漲。如此一來，百姓們看到種糧有利可圖，就會有更多的人願意從事農業。

你以為這就是「入粟授爵」的全部意義了嗎？

我們前面說過，劉恆上位時面臨著軍功集團的巨大壓力，終其一生，都在為加強中央集權而努力。「入粟授爵」其實更偏重軍功集團，劉恆同意買賣爵位，除了上面說的這些意義外，還稀釋了功臣集團的軍功榮耀和政治影響力，發揮了釜底抽薪的作用。

劉恆很快採納了他的建議，將貴粟之策頒行全國。

這樣做的好處是顯而易見的，劉恆即位的第十三個年頭，國庫充盈，劉恆宣布全國稅收減一半；第二年，也就是文帝十四年，劉恆宣布了一個重磅消息：不再收農業稅了。

這一免，就是十三年。

在農耕社會，不收農業稅，那基本上就等於大部分的稅收都減免了，這對農民而言，絕對是一件大事！

僅憑這一點，劉恆足以當得起「仁君」二字。

文帝的手腕

文帝十二年（西元前 168 年），劉恆又做了一件事：「除關無用傳」。就是廢除出入關檢查身分證明的制度。

史書上對這件事一筆帶過，但是其實，這件事的意義相當重大。

為什麼這麼說？

我們先來回顧一下當時的社會現狀。

前面說過，漢文帝時國內還有大量的諸侯王，這些諸侯王憑藉各自的實力割據一方，雖然表面上還認劉恆為天下之主，但是實際上各有心思。這些土財主要地有地、要糧有糧，有數之不盡的金銀，他們在自己的地盤上，儼然就是土皇帝。

翻開地圖，我們可以看到，關中周邊有五個關口，分別為扞關、隕關、函谷關、武關、臨晉關，還有一些水路交通要道，合起來稱為關津。

漢初，劉邦定鼎長安後，為了保衛首都長安的安全，帝國實行了嚴格的關禁制度，在要道上設定壕溝和柵欄，安排專人負責關津的日常管理，檢查來往的路人、車馬和船隻。

當時的中央與地方關係有多差呢？張家山漢簡〈二年律令〉中詳細記載了當時的各項規章制度。

先說人員流動。

漢朝的出行制度很嚴格，百姓出入關津必須攜帶有效身分證件，比如「符」、「傳」、「致」等，否則不予通行。當時還有這樣一條規定，諸侯國的男青年不允許娶關中女子為妻，一度讓廣大男性抓耳撓腮。朝廷這麼做，一是為了防止關中百姓偷偷跑到諸侯國，二來也是為了防止諸侯國的間諜滲入關中。

再來看貨物流動。

漢初，黃金、銅等貴金屬比較稀缺，政府在鼓勵民間開採時，也嚴格禁止金、銅及其他銅製品流到地方。

此外，由於關中地區適合養馬，長期以來都是馬匹的重要產出地。而馬匹正好是國家的重要策略資源，因此朝廷嚴格控制關東諸侯的買馬數量。

毫不誇張地說，經歷了劉邦、劉盈、呂后三朝，中央與地方諸侯之間，那唯一僅存的血緣關係早已淡漠，幾乎已成為敵對關係。中央不信任地方，而地方諸侯王則在暗中謀劃著對抗中央。

劉恆取消關口的身分核驗制度，不僅僅是加強關中與關東的人和貨物自由暢通這麼簡單。從深層次來看，這個做法打破了諸侯國的半獨立性，加強了朝廷與地方諸侯國的連繫。從此以後，中央對地方的控制逐漸加強。

看到這裡，大夥兒或許還會有一個疑問：「既然中央與地方不對盤，眼下劉恆又主動解除禁令，就不怕地方諸侯造皇帝的反嗎？」

坦白說，劉恆想到了，但是他有足夠的自信。

想當初，劉邦為了鎮撫地方，防止功臣專擅朝政，在分封子姪的時候，告誡他們：「我們都是一家人，可千萬不能窩裡反，挖自己人的牆腳哦！」

劉恆上位後，首次提出以孝道治天下，而孝道的核心就是父慈子孝、兄友弟恭。劉恆本人看著文弱，但是其政治手段卻不輸於任何人。他對諸侯王或友或慈，就是在力行孝道，用孝道化解宗室之間的權力之爭，共同治理天下。

「大家都是姓劉的，何必這麼見外呢？」既然是一家人，中央和地方就不應該是帶有敵對性質的「國與國」的關係。中央主動解除禁令，有利於贏得諸侯王們對朝廷的歸心，劉恆實現「以孝治天下」的目的也就方便得多了。打著「孝」的名義，懲治諸侯王的悖逆不臣之舉，也就名正言順了。

打著「以孝治天下」的旗號解除禁令，以血緣親情為手段實現政治目的，可以收到原來的法律禁令難以收到的效果。這就是變原來的被動服從中央為主動維護中央，既然「天下同姓一家」，就要主動維護劉家天下、維護皇帝尊嚴。誰要是還敢放肆，狼牙棒伺候！畢竟，此時的劉恆已上位十多年，早就不是剛從代地回到長安的「小白兔」了。

為了達成中央集權的終極目標，劉恆還做了一件事：司法改革。

作為一名從基層走出來的皇帝，劉恆非常關注民生問題，也深知百姓經常被嚴刑峻法壓得喘不過氣來。想當初，秦帝國的法律相當嚴苛，不信可以去看《雲夢睡虎地秦簡》。漢承秦制，這其中繼承的有精華，也有糟粕，比如這連坐法和誹謗法。

為了替百姓減壓，劉恆接連簽署下發了三份檔案，要求各地官員廢除酷刑，為老百姓減壓。

第一份檔案叫《議犯法相坐詔》，重點討論的是廢除連坐。

劉恆認為，好的法令，可以使人民忠厚；罰當其罪，人民會服從。做不到，又以惡法處罰人民，是枉法暴虐害人。官員應當切實承擔起教化民眾的責任，處罰首犯就行了，沒有必要牽連無辜。

第二份檔案叫《除誹謗法詔》，重點討論的是言論自由。

劉恆說：「古代聖王統治天下，朝廷上樹立著象徵，歡迎大家對國家政策提出批評建議，這是保證政令暢通、吸引勸諫者最有效的方法。誹謗訞言罪，使得眾臣箝口結舌，而皇帝也無法知道自己的過失，不能吸引優秀人才。人們對國家政策發表意見，是因為政府保障人們的言論權，而人民習慣之後，可能會說出一些不當言論，官吏以此為大逆不道。人民說了其他話，官吏又以為是誹謗政府。百姓愚昧無知，想不到隨口一說，就要被治罪。從今往後，有犯誹謗罪的，官吏不得處理。」

第三份檔案叫《除肉刑詔》，焦點是廢除肉刑。

劉恆說：「聖王舜在位的時候，在罪犯衣冠上畫圖，給罪犯穿異於常人的衣服，用這種象徵性的刑罰作為警示，老百姓就不敢犯法。如今我們的法律有黥（在臉上刺字，然後塗上黑墨）、劓（割掉鼻子）、刖（砍腳）三種肉刑，但是作奸犯科者卻屢禁不止，到底是哪兒出了問題呢？難道是朕德薄而教化不明造成的嗎？如果是這樣，朕很慚愧！

《詩經》上說：『愷悌君子，民之父母。』意思就是說，品德優良、平易近人的君子，人民視他為父母。政府的責任在於要引導、教育民眾，讓他們知道什麼可以做，什麼不能做。如今人一旦犯了錯，官吏們首先想的不是教育，而是直接施以刑罰，這樣一來，有些人想改過自新也沒有機會了。如果不加以教育，就用斷肢體、刻肌膚的方法懲罰那些犯了錯的人，那麼他們即使想棄惡從善也來不及了。這樣一來，只能逼迫他們再一次走上犯罪的道路。

朕建議廢除這些殘害肉體的刑罰，代之以更具實際教育和懲戒功能的刑種。現在服刑的罪犯根據他們所犯之罪的輕重，如果沒有跑路的，到了一定的時間就釋放他們。這事你們討論一下解決方案吧！」

廢除肉刑乃人心所望，丞相張蒼、御史大夫馮敬組織各部門負責人開了幾次專題研討會，最後拿出了一份草案，向文帝上奏：

「肉刑是用來禁止奸邪的，陛下憐憫百姓的聖德，是臣子們無法企及的。臣等建議修改漢帝國的刑法，方案如下：

該受髡刑（剔去頭髮）的，改成完刑（剃去鬢鬚），並罰為城旦舂（男犯築城，女犯舂米）。

該受黥刑的，改為剃頭髮，以鐵圈束頸，並罰為城旦舂。

該受劓刑的，改為笞三百（打板子三百下）。

該砍腳的，改為笞五百。

罪犯的案件已判決，應服完刑及城旦舂的，滿三年改為服鬼薪白粲

(男犯採薪，以供宗廟使用，稱為鬼薪；女犯擇米至於純白，以供祭祀使用，稱為白粲)；做鬼薪、白粲一年後，改做隸臣妾(即官奴，男稱隸臣，女稱隸妾)；做隸臣妾一年後，即可赦免為庶人。」

說起這廢除肉刑的緣起，不得不提起「緹縈救父」的故事。

淳于意是臨淄人，跟隨當時的名醫陽慶學習醫術。陽慶醫術高超，可惜沒有兒子，看到淳于意態度非常虔誠，又虛心好學，就把他收為關門弟子，悉心調教。

陽慶的教學方式很獨特，他要求淳于意忘記以前學過的醫學知識，然後傳給他自己的獨家祕方，又傳授給他黃帝和扁鵲的脈書，以及透過觀察臉部氣色來診病的方法。

三年後，淳于意出師，正式踏上了行醫之路，由於他醫術精湛，一經診斷開方，藥到病除，因此聲名大噪。

齊國有個人叫信，久病不癒，聽說淳于意很有名，就請他來診斷。

淳于意診斷後告訴他：「你這是熱病，暑熱多汗，脈搏衰弱，不過不會死。這種病的起因是天氣嚴寒卻在河水中洗浴，身體發熱形成的。」

信一拍大腿說道：「確實如此，去年冬天我到楚國出差，走到莒縣陽周河邊，看見橋壞了，我趕緊拉住車轅，沒想到馬受驚，連人帶馬掉進了河裡，幾乎被淹死。後來被人救出來，衣服全溼透了，身上一陣一陣發冷，冷過之後又像火一樣發燙，直到現在都不能見寒氣。」

淳于意點了點頭，調製了一副湯藥驅除熱邪，服一劑汗盡，第二劑熱邪盡去，第三劑病就痊癒了。半個多月後，信又可以活蹦亂跳了。

齊國有個人生了病，淳于意診治後說：「你這是肺消病，又加上寒熱。」

從屋裡出來，淳于意告訴病人家屬：「這是不治之症，沒救了，你們問問他還有什麼未了的心願，想吃什麼喝什麼，盡量滿足他吧！」

當著病人的面，淳于意不方便說，不過他告訴病人家屬，這是盛怒後行房事的後果，三天後發狂，到處亂走亂跑，五天後就會死亡。

病人家屬有點不太相信，結果五天後病人果然過世了。

淳于意雖然醫術精湛，卻有一個怪脾氣：自由散漫，不願做官。

淳于意曾當過齊國都城的太倉長，也就是管理糧倉的小官。學醫歸來後，淳于意辭去了「公務員」的職位，當起了全職醫生，可是自由散漫的怪脾氣並沒有改掉。他不喜歡每天早上一起來就被病人圍在家門口，索性出門當了背包客。

這樣一來，難免得罪人。有一次，他被人舉報，說淳于意在做太倉令時有貪汙行為，按法當處以黥刑，也就是在臉上刺字。因為淳于意當過太倉令，要押往長安，經過朝廷審理後才能判決。

淳于意有五個女兒，得知這個消息後嚎啕痛哭。淳于意越聽越心煩，罵她們：「都是廢物，就知道哭！可惜我沒有生一個兒子，到了緊要關頭沒有一個人靠得住！」

緹縈是淳于意最小的女兒，聽老爸這樣說，面子覺得有點掛不住，自願跟隨父親到長安去。

到長安後，緹縈上書給漢文帝：「我父親做太倉長的時候，清正廉潔，為人稱道。他現在遭人誣陷，即將被判重刑，我心裡非常悲痛。一旦受肉刑致殘，即使想改過自新，也沒有機會了。我願意賣身做官婢，來贖我父親的罪。」

這封上書言辭哀婉懇切，又加上是一個小女孩寫的，因此輾轉到達劉恆手中。劉恆覺得其情可哀，肉刑確實也太過殘忍，於是為淳于意的冤案平反，並在此後下詔廢除了肉刑。

淳于意的故事講完了，但是單純地講故事顯然不是我的初衷。從這個事件背後，我們可以挖出很多東西。

先擺出一個事實，劉恆親自審理諸侯國的案件，其實是公然破壞了諸侯國的司法。

為什麼這樣說？

漢帝國建立後，劉邦實行的是郡國並行的政策。也就是說，在中央直轄的地方用漢法，而關東其他諸侯國不必遵循漢法，可以依照本地的風俗習慣來自行裁定。

這又是為何？

主要原因在於，各地之間的民風民俗差異較大。

春秋戰國是中國歷史上第一個大分裂時代，周天子大權旁落，諸侯紛紛崛起，前後總共五百五十餘年。秦帝國統一後，雖然施行了車同軌、書同文、統一度量衡等措施，但是畢竟只存在了十五年，政治上的高壓並沒有消除長期處於分裂狀態下的價值觀念的對立。在關中與關東其他地區文化尚未充分融合、價值觀念相差較大的情況下，貿然實行統一的司法制度，只會引發各地的不滿和抵制。

在這種情況下，劉邦只能採取「一國兩制」的治國思路，尊重他們的習俗，對關東各國區別對待。

這項制度使得關東地區的諸侯國在政治、軍事、法律等方面享有極大的自主權。按照當時的慣例，除非是謀反這樣的大罪，一般的犯罪案件都是由諸侯國自行審理。從淳于意一案來看，他頂多是犯了貪汙受賄罪，完全可以由地方的司法部門自行審理。

既然如此，這麼一件不起眼的地方案件，為何會引起皇帝的關注，千里迢迢調到長安去審理呢？

我們先來看一個時間點，淳于意一案發生在文帝十三年，距離中央取消關口身分核驗制度才一年。此時的劉恆掌權已有十多年，對朝政的控制力大大增強。在成功打擊了功臣集團在中央的勢力後，劉恆又將目光瞄向了地方諸侯。

取消關口身分核驗制度只是第一步，第二步是打破地方的司法制度，在全國推行漢朝司法。

劉恆正是想透過淳于意一案，打破諸侯國原有的司法體制，不僅要求關東各國統一使用漢朝法律，同時還收回了諸侯王自行提拔重用年薪兩千石官員的權力。

最終目的只有一個：加強君主權威！

陛下請您檢閱

文帝十四年冬（西元前 166 年），匈奴老上單于召集了十四萬精兵，大舉進犯漢朝。

很顯然，劉恆的和親政策並沒能羈縻住匈奴擴張的野心。這些年來，匈奴屢屢犯邊，每攻下一地，匈奴人就將當地百姓或殺或虜，將牲畜物品搶掠一空，然後揚長而去。

反觀漢軍，雖然人數眾多，但是機動性差，只能分兵設防在漫長的邊境線上，這種被動挨打的局面讓漢軍在面對匈奴騎兵時，完全處於下風。

老上單于是個厲害角色，他在軍事上的造詣不輸於他的父親冒頓單于。這一次，老上單于在策略進攻方向上的選擇相當高明，他選擇了離首都長安最近的突破點，穿越了茫茫的毛烏素沙漠，出其不意，兵臨城下！

「邊關告急！」

「邊境要塞朝那、蕭關失守！」

「北地郡都尉孫卬戰死！」

「彭陽陷落！」

「皇帝行宮被燒毀！」

「十四萬匈奴鐵騎滾滾而來，前鋒已經直抵甘泉，距離帝國的首都長安城，只有八十里！」

看著如雪片般飛來的戰報，劉恆似芒在背，如鯁在喉，內心的震驚無以復加，長安城頓時籠罩在恐怖緊張的氣氛中。

面對匈奴人淩厲的攻勢，漢朝君臣亂了手腳，劉恆緊急召見中尉周舍、郎中令張武，命他二人調集戰車千輛、步騎十萬，在長安城外修築防禦陣地，防止匈奴軍隊突襲長安。

為了鼓舞士氣，劉恆巡視了漢軍營地，親切慰問前線的部隊官兵。看著威武雄壯、口號喊得震天響的漢軍將士，劉恆感覺自己胸膛的熱血在燃燒，他腦子一熱，竟然宣布要御駕親征！

這可嚇壞了在場的大臣們，大夥兒紛紛勸阻，可劉恆是鐵了心要跟匈奴面對面打一架，誰的話也不聽。

大臣們計無可施，只好搬救兵，請出了薄太后。

薄太后：「聽說你想御駕親征？」

劉恆：「匈奴侵我土地，擄我百姓，是可忍孰不可忍！」

薄太后：「簡直就是胡鬧！你父親當年親征匈奴，尚且在白登山被圍困七晝夜。如今形勢比當年還嚴峻，匈奴大軍距離長安不足百里，而當時追隨高皇帝南征北戰的大將們，多已不在人世。你有何德何能，也敢誇此海口？」

被薄太后訓了一頓，劉恆這才打消這個瘋狂的念頭。既然親征行不通，那就只有派小弟去了，劉恆隨即任命張相如為大將軍，全權負責指揮對匈奴作戰。

得知漢軍正在集結，老上單于卻沒有與漢軍硬碰硬的意思。這一次南下，匈奴搶劫了不少東西，可謂是戰果頗豐。他騎在馬上，遠遠地眺望著城池，陽光自雲間的縫隙裡綻放出屢屢光芒，落在他滿是殺意的眼睛裡。

只是那一抹凶光，彷彿僅定格了剎那，隨後凶光閃去，老上單于打馬調轉了馬頭，面對著身後的侍衛下了命令：「撤！」

浩浩蕩蕩的騎兵，開始原路而返，消失在了茫茫大漠之中。

漢帝國的大軍空手而歸。

劉恆很鬱悶，好不容易攥好的拳頭竟然打在了棉花上，這讓他產生了一種深深的無力感。這些年來，匈奴人屢屢犯邊，大漢卻只能一次次被動挨打。

如果說，之前漢朝被匈奴吊打，還可以怪漢朝建國未久，民生凋敝，可是自己登基這十來年，年年都在整軍備戰，漢朝的騎兵隊伍更是茁壯成長，可是只要一撞上匈奴入侵，卻是立刻就現了原形。要麼被匈奴打得撒腿跑，要麼就是看著匈奴姦淫擄掠，「禮送」人家出境！

「就這作戰水準，談何雪恥？」

劉恆不禁感慨：「可嘆我大漢無人，若是有廉頗、李牧在，何懼匈奴？」

「依我看，就算是李牧廉頗再世，陛下也未必會重用他們！」一個聲音冷冷地說。

劉恆有些惱怒：「是誰這麼沒眼色，敢跟我爭辯？」

他轉過身，說話的是個老頭，其貌不揚。

劉恆：「你是誰？」

「我叫馮唐，是此地的郎署長。」

劉恆：「你是何方人士？」

馮唐：「先祖是趙人，後來遷移到了代國。」

一聽是代國，劉恆有點欣慰，這是自己的大本營啊，便問他：「那你聽說過趙國的大將李齊吧，在鉅鹿之戰中，李齊打仗那是相當的猛啊！」

馮唐：「李齊和廉頗、李牧這種真正的名將比起來，不算什麼。」

劉恆有點尷尬。

劉恆：「廉頗、李牧真可以說是一代名將了，要是我能得到像廉頗、李牧這樣的大將，匈奴人又怎敢如此猖獗？」

馮唐：「陛下就算得到廉頗、李牧這樣的將領，恐怕也不會重用。」

劉恆大怒，拂袖而去。

劉恆不愧是一代仁主，被馮唐當庭頂撞之後，氣很快就消了。他看到了馮唐身上有其他人所不具備的可貴氣質。他深知，只會拍馬屁的人，注定是一輩子沒出息的。

待情緒穩定後，劉恆回味馮唐那句冒失的話，似乎是有弦外之音，於是決定召見馮唐。

兩人在和平而友好的氣氛下進行了一番長談。

「馮唐，你為何當眾讓朕沒有面子，有什麼話不會私下說嗎？」

馮唐趕緊道歉：「陛下，我就是這個直脾氣，習慣了。」

劉恆問他：「你為什麼說我不能任用廉頗、李牧？」

馮唐：「臣聽聞，古代君王在任用將領出征時非常鄭重，臨行前要親自推車，並囑咐朝廷內之事，由寡人作主；朝廷外之事，由將軍裁斷，軍功爵賞，都交由將軍處置，先行後奏。

臣的祖父曾跟我說過李牧將軍的故事，李牧為趙國守禦北疆，在邊疆地區設立貿易市場，所得的營業稅都用來犒賞將士，不必上報政府，趙國君主並不遙制，所以李牧得以充分展示才能，北逐匈奴，東破東胡、澹林，西抑強秦，南援韓、魏，立下赫赫戰功。只是後來趙王誤聽讒言殺了李牧，趙國才不幸為秦所滅。」

劉恆：「那你的意思是……」

馮唐：「陛下，雲中太守魏尚，奉命守邊，恪盡職守。他沿用李牧的方法，把邊區貿易市場所得的租稅全部用來犒賞士卒，甚至還把自己的俸祿也拿出來以補日常所用，所以士卒樂於效命。去年匈奴曾進攻雲中郡，魏尚率部迎戰，斬獲頗多，僅僅因為上報戰功時，斬殺匈奴人首級與實際相差六個，結果朝廷不僅未表彰其戰功，反而削去他的官職，還要他服一年苦役。

這些前方的將領與士兵，大多是農家子弟，對官府文書不太熟悉，只知盡忠報國、奮勇殺敵。可是一旦捷報到了文官手中，只要一處有誤，就會被嚴厲處罰，卻不知這捷報乃是將士們以鮮血與生命所換來的。魏尚即便有小過，也不可抹殺大功，可見陛下賞太輕，罰太重，對於邊疆守將限制太嚴苛，所以臣說陛下即便得到廉頗、李牧，也未必能重用。」

一席話，說得劉恆心服口服。「是啊，將士們都在前線殺敵流血，如果僅僅因為一丁點錯誤，就重罰他們，只會寒了將士們的心。這樣下去，還有誰願意守護帝國的邊疆？」

劉恆當天就下令，讓馮唐帶著符節到雲中郡，把魏尚從獄中撈出來，仍然擔任雲中太守，並任命馮唐為車騎都尉。後來，蘇東坡還把這事寫進了他的詞裡，《江城子．密州出獵》裡的「持節雲中，何日遣馮唐」說的就是這個故事。

漢文帝後元六年（西元前 158 年），此時，老上單于已經病逝，新上任的老大叫「軍臣單于」。

跟歷代單于一樣，新上任的軍臣單于也不是個善類，為了表達對漢帝國的「慰問」，匈奴再度對漢帝國發動大規模的進攻，六萬騎兵分兩路，一路進攻上郡，一路入侵雲中。

大漢邊境烽火重燃。

消息傳到長安，劉恆不得不再次下發動員令，大部隊向飛狐、句注、北地三地集結，準備隨時與匈奴開戰。

為了保衛帝國的首都長安，劉恆又做了一系列軍事部署：

車騎將軍令免，屯駐飛狐。

將軍蘇意，屯句注。

將軍張武，屯北地。

將軍劉禮，屯霸上。

將軍徐厲，屯棘門。

將軍令勉，屯飛狐口；

將軍周亞夫，屯細柳。

各路勤王部隊就位後，劉恆照例赴前線，親切慰問一線的將士們。從霸上與棘門，皇家車隊暢行無阻。兩地的指揮官聽說天子駕臨，立即開啟轅門，恭迎皇帝陛下的檢閱。

那場面，真是鑼鼓喧天、鞭炮齊鳴、紅旗招展、人山人海。

劉恆一身戎裝，站在戰車上，在營地中巡視。

將士們身披鎧甲，整齊地站成一排，手中的長矛在陽光下閃閃發光。

劉恆很欣慰，不愧是大漢帝國的精銳部隊，精神很好嘛！

巡視完兩個駐地後，劉恆又去了第三個軍營：細柳營，這裡的指揮官叫周亞夫。

提起周亞夫，劉恆又想起了他的父親，周勃。

對於周勃，劉恆的心情有些複雜，他是漢帝國的開國功臣，又是劉邦的託孤重臣。劉恆能坐上皇位，周勃可是居功至偉！

雖然劉恆為了打擊功臣一干人等，迫使功高震主的周勃主動辭職，但是平心而論，劉恆還是很感激這位老部將，他後來把自己的女兒許配給了周勃的長子周勝之，並由他承襲絳侯爵，封次子周亞夫為河內郡守。

有一次，著名的神婆許負為周亞夫看相，對他說：「你三年後會被封侯，八年後為將相，富貴登極，人臣無兩。可惜，再過九年，你要被餓死了。」

周亞夫不信，對許負說：「我大哥已經繼承父親的侯位，如果他不在了，也應該是我姪兒繼承，怎麼會輪到我呢？再說了，如果我真的達到了你所說的人臣之極，又怎會餓死呢？」

許負笑了笑，指著他臉上的一條紋理說：「你臉上有縱紋入口，這是餓死的面相。天意使然，日後自見。」

言罷，施了一禮，飄然而去。

幾年後，周勝之捲入一起殺人案中，被廢除了爵位。

劉恆感念周勃的擁戴之功，準備從周勃的兒子中挑一個繼承爵位，大夥兒一致推薦周亞夫，說他最具乃父風範，於是他被封為「條侯」。

回到細柳營。

這一路走來，皇家車隊已經習慣了歡呼聲。然而在這裡，一切都很平靜，沒有人列隊出來迎接，甚至連大營的轅門都緊閉不開。遠遠望去，細柳營的士兵們全副武裝，弓上弦，刀出鞘，來回巡視，儼然一副臨戰的狀態。

皇家車隊在軍營外被晾了半天，完全沒人理。

劉恆很生氣，派人去問問情況。先驅官站在軍營門口，拿出詔書：「天子有詔，速開轅門！」

營地守兵毫不客氣：「周將軍有令，軍中只聞將軍令，不聞天子之詔！」

這句話，擲地有聲！

先驅官傻眼了：「竟然還有人不給皇帝面子的，你們眼裡還有王法嗎？」

就在僵持的當下，皇帝的車駕過來了，要求入營。不料營地守兵還是不鬆口：「軍中只聞將軍令！」

先驅官徹底服了：「算你狠！」

幾乎所有的人都相信，劉恆一定會惱羞成怒，不料劉恆只是淡淡地說：「按軍營的規矩來。」他讓先驅官持天子符節，說：「皇上親來勞軍，希望能開一下大門。」

守兵見到符節，這才開啟營門，只讓先驅官一人進入，持著符節直奔周亞夫的營帳內。

周亞夫一看皇帝來了，這才下令開啟營門，准許皇帝的車隊進入軍營。

劉恆的車隊在軍營大門外等了老半天，好不容易可以進去了，結果車夫剛要揮鞭疾馳，就被守軍阻止了：「軍營之中需緩慢駕駛！」

「都聽你的，行了吧？」

劉恆只得下車，緩步慢行。主將的大帳前，只見周亞夫一身披甲，拱手作揖道：「臣一身鎧甲，不便跪拜，請允許臣用軍禮參見陛下！」

劉恆抬了抬手，檢閱了細柳營的全軍將士。直到皇家車隊離開細柳營，將士們依然沒有絲毫的鬆懈，他們各執武器，一絲不苟。

從入營到出營，劉恆徹底被震撼了：「這才是真正能打硬仗、敢打硬仗的軍隊，真厲害！」

這麼多年來，他一直在尋找漢帝國的廉頗、李牧，現在，他找到了，眼前就有活生生的一個，他的名字叫周亞夫！

回去的路上，劉恆對大臣們感慨道：「這才是能打仗的軍隊啊！其他兩個軍營簡直是在玩兒戲，倘若匈奴軍隊突襲，只怕連指揮官也要成為俘虜了！」

不過很遺憾，周亞夫沒有與匈奴交手的機會。

眼看著漢軍大部隊向前線集結，狡詐的軍臣單于卻選擇了遠遠避開。他繼承了祖輩的優良傳統，熟知游擊戰的打法，時不時地來個偷襲，對漢帝國的邊界進行破壞性的劫掠式進攻，企圖以此戰術拖垮漢帝國。

反觀漢軍，由於散布在漫長的邊境線上，只能被動地防守，短時間內根本無法組織起有效的反抗。

這一次，匈奴故技重施，一看漢軍主力部隊來了，一溜煙跑了。

雖然漢軍沒得到與匈奴一較高下的機會，不過劉恆還是很欣慰，因為他發現了一個不可多得的人才，他認定周亞夫必定會成為漢帝國的中流砥柱。

周亞夫被提拔為中尉。

第十章
暮政之年

王朝的顏色

講完了匈奴，我們來談一個問題：五德始終說。

對於古代的當權者，登上皇位後面臨的頭等大事，就是向老百姓解釋清楚：「為什麼我要推翻前朝？為什麼是我來統治你們？」

可別小看這些問題，這可關係到一個政權的合法性，如果解釋不清楚，很容易被大夥兒質疑。

中華民族人講究「受命於天」，認為上天和君王之間是有心靈感應的，老天爺打個噴嚏，人間就得遭殃，颳風下雨打雷什麼的。這個時候，皇帝就得乖乖下個罪己詔，寫檢討書，以求得上天的原諒。

既然君王和上天有心靈感應，那麼這種心靈感肯定有規律可循。於是，春秋戰國的學術大學士們一個個關門研究。而其中，陰陽家鄒衍靈光一閃，想出了一個絕妙的理論 —— 五德始終說。

什麼意思呢？

簡而言之就是，世界是由金、木、水、火、土五種基本元素構成的，五種元素相生相剋，天下萬物都是它們相生相剋演化而來，這其中的規律如下：

金剋木，木剋土，土剋水，水剋火，火剋金。

金生水，水生木，木生火，火生土，土生金。

將五行擴大一下，也可以代表天地之間的五種德性。每一個朝代，代表一個德，就好像每個人都有自己的屬相。政權之所以會更迭，就是因為五德相生相剋，一德剋一德，所以後一個朝代會取代前一個朝代。

鄒衍的這套理論，把政治問題簡化成一個物理問題，後人理解起來就容易多了。

為了便於理解，我們不妨這套「五德始終說」理解成一個作業系統，下面進入驗證階段：

黃帝屬土，因為他曾見過大蚯蚓和大螻蛄，所以是土德。

木剋土，所以接替的大禹是木德，因為大禹曾經在冬天見過綠色植物。

金剋木，所以接替夏的是商，因為有「金刃出於水」。

火剋金，所以接替商的是周，因為有紅色的鳥在周社上空飛。

這樣推演下來，周自然就是火德了，而秦取代了周，自然就是水德。

問題在於，如何論證這一點呢？

這難不倒秦朝的理論家們，大夥兒很快給出了答案：「遙想當年，秦文公出獵，俘獲一條黑龍，這就是水德的徵兆啊！」

嬴政覺得這個理由很充分，於是宣布秦為水德，還把黃河改名叫德水。所以在秦朝，黑色是貴色，皇帝和高級官員在正式場合穿的禮服就是黑色。

前情概要就介紹到這裡，下面進入正題，漢朝是什麼德？

劉邦一拍腦袋：「說我當年進咸陽時，看到秦朝祭祀的是四色帝，青、白、赤、黃，還缺一個黑，那就算是水德吧！」

這話一出，大家頓時快暈倒：「老大啊，你難道忘了，秦朝就是水德啊！我們推翻了暴秦，怎麼還能跟前朝一個德性呢？」

一旁的張蒼只得硬著頭皮替皇帝解釋：「暴秦根本不能算是一朝，只能算一個國統。我們漢家出身正統，承繼的是周代的正朔，周代是火德，我們可不就是水德嗎？」

大夥兒表示無語：「反正皇帝都這麼說了，你怎麼解釋都行吧！」

漢朝的水德屬性就這麼定了下來，雖然理由有些牽強，不過大夥兒捏著鼻子倒也承認了。直到劉恆上位後，有一個小夥子看不下去了：「我們大漢取代的是秦朝，如今立國二十多年，怎麼還能照搬秦朝的那一套呢？我漢帝國的特色在哪裡？五行相生相剋，按照這個節奏推演，我大漢應該是土德才對嘛！因此，我建議我們的衣服應該以黃色為主。」

你沒有猜錯，這個年輕人就是賈誼。

劉恆很無語：「這是我老爸定下來的規矩，你說改就改，我不要面子啦？」對他的建議置之不理。

文帝十四年，一個叫公孫臣的山東人也發現了同樣的問題，他上書稱，根據他的推算，漢朝現在應該是「土德」，色尚黃。不僅如此，他還做了一個大膽的預言，說過幾天會有一條黃龍出現在成紀。

劉恆一看：「這傢伙說得像真的一樣，不如就讓丞相張蒼去處理吧！」

張蒼看到這封奏表，簡直快氣死了，想當初，自己就是力主水德的人。「如今你跑來告訴皇帝，我們大漢朝應該是土德，這不是拆我的臺嗎？」

結果沒過幾天，成紀縣的官員上報，說當地百姓目擊了一種不明生物，極有可能就是傳說中的黃龍！

這下子，張蒼傻眼了，人家找的這條證據鏈很完整，自己還能說什麼？

公孫臣高高興興進了宮，當了博士，專門負責「五德」的理論研究工作。張蒼感覺有點丟人，寫了一封言辭懇切的辭職信給皇帝，結果沒被批准。直到一年多之後，他推薦的一個官員犯了事，張蒼才被撤了官職，回家養老去了。

漢文帝的多面人生

張蒼走後，接替他的是御史大夫申屠嘉。

這個人我們之前提到過，他當官時以廉直著稱，深得劉恆的賞識。

申屠嘉是武將出身，也是漢朝的開國功臣。他熬了這麼多年，好不容易坐上了丞相的位子，不免有些心高氣傲。

有一次，申屠嘉坐車出門，碰到同事袁盎。袁盎主動下車行禮拜見，可是申屠嘉只是坐在車上，微微頷首，沒有要下車的意思。

袁盎回到家裡，越想越覺得自己吃了虧，在手下人面前丟了面子，於是又出門去找申屠嘉。

丞相府上，袁盎左等右等，才見申屠嘉不慌不忙出來接待自己，態度很傲慢。

袁盎便說：「你讓別人先退下，我要跟你單獨聊聊。」

申屠嘉將頭一揚：「如果你所說的是公事，請到官署與長史掾吏商議，我將把你的意見報告上去；如果是私事，我不接受私下的談話。」

袁盎：「你身為丞相，自我衡量一下，你與陳平、周勃相比，誰比較厲害？」

申屠嘉：「我自然比不上他們。」

袁盎：「你自己都說比不上他們。陳平、周勃輔佐高祖皇帝平定天下，做了將相，誅殺諸呂，保全了劉氏天下時，您只是個弓弩手。後來您被提拔為旅長，做到了淮陽郡守，實際上並沒有出謀劃策、攻城奪地、野外廝殺的戰功。再說陛下從代地來，每次上朝，郎官呈上奏書，他都會認真聽取奏書內容，能採納的盡量採納。陛下這麼做，無非是想展現自己廣闊的胸襟，招攬天下賢能之士。陛下每天接受新事物，一天比一天英明，而你卻對這些變化視而不見，充耳不聞。這樣下去，遲早會出事的。」

申屠嘉聽完，這才意識到自己身上存在的問題，誠心向他表示感謝：「我是個粗鄙庸俗的人，不夠聰明，幸蒙您教誨。」

公孫臣如願以償，成了皇帝身邊的紅人。

遺憾的是，這傢伙開始亂報祥瑞。這事幾乎沒有任何成本，收益還高，引得眾人紛紛效仿。一個叫新垣平的人見公孫臣發達了，跑去對劉恆說：「我看見長安城東北角有五彩神氣，此乃大吉之兆，應該建一所五帝廟來專門祭祀。」

劉恆一聽：「好事呀，准了！」

五帝廟很快落成，劉恆在這裡舉行了規模空前的郊祀大典，拜新垣平為上大夫，賞賜了不少好東西。

正所謂「不作不死」，新垣平從中嘗到了甜頭，一會兒說有神人獻杯，一會兒又說會有日食，讓大家整天神經高度緊張。

有一次，新垣平告訴劉恆：「我看見宮殿下有寶氣浮現。」話剛說完，就有一人手捧著一隻玉杯來獻，玉杯上刻著四個字「人主延壽」。

用腳指頭都能猜出來，這是新垣平精心設計的一場騙局。

這一天，新垣平又告訴劉恆：「今天會有『日再中』，也就是日食。」

這下子，大夥兒無法淡定了：「天狗吃日可不是什麼好兆頭，你憑什麼說今天一定會出現？」眾人在大殿上等了半天，結果快到中午時，果然發生了日食！

一時間，大家都驚呆了。

「新垣平太厲害啦，說的話全都應驗了！」

不過很快，新垣平就玩完了。

有一次，他對劉恆誇下海口：「我看見東北的汾陰河邊有寶氣，該不會是周代遺失的九鼎吧？」

一聽可能是九鼎，劉恆立刻激動了：「這可是大寶貝啊！傳說大禹築九鼎，傳夏商周三代，此後成為國家政權的象徵。」春秋戰國時代，不少諸侯都打過九鼎的主意，經常找各種藉口過來看一看，摸一摸，順便試著舉一舉。想當年，秦武王嬴蕩就是舉這玩意，最後卻被大鼎砸死了，楚莊王還曾特地去問鼎的大小輕重，結果被周朝的大臣頂撞回去，還留下了「問鼎中原」的成語。

這麼多人要看，一來二去，九鼎就不見了。古人也不清楚九鼎在哪兒丟了，其中有一種說法，就是沉入了泗水河中。

所以，當聽說周朝的九鼎可能要出世的時候，滿朝震驚了，要是九鼎重現江湖，那將是載入史冊的大事啊！劉恆立即派使者去建立祠廟，想用祭祀喚出周鼎。

遺憾的是，這紙也燒了，香也點了，頭也磕了，牛羊豬也供奉了，九鼎呢？

新垣平也很緊張，他早就偷偷派人到河底去找，或許是河底的淤泥太多了，或許這一次運氣差了些，反正他口中的九鼎就是沒找到。

劉恆臉色有點不太好看了。

這時候，一直在偷偷調查他的張蒼上書舉報新垣平，說他是個騙子，所有的一切都是他在背後搞鬼。劉恆還不太信，派人去調查，結果發現就連那次獻美玉的事，都是他跟人串通好的。

堂堂大漢天子，竟然被這麼個江湖騙子騙得團團轉，說出去丟人啊！

劉恆很生氣，後果很嚴重，立即誅殺新垣平。

自此之後，他再也不提改正朔、服色、神明之類的事，就連祭祀這樣的大事，也不再上心了。

這世上騙子太多，讓人防不勝防，那些大臣們又一個個板著臉，動不動就拿江山社稷來壓自己。唯一能讓他感到心安的，唯有鄧通了。這小夥子單純善良，又沒什麼政治野心，最關鍵的是還會討自己歡心，太難得了！

抱著這種想法，劉恆對鄧通的寵幸與日俱增。有一次，丞相申屠嘉向皇帝彙報工作，鄧通站在一旁，跟劉恆眉來眼去，弄得劉恆聽報告都不專心。

申屠嘉很不高興，彙報完工作後，他對劉恆說：「陛下若是真的很賞識鄧通，那就漲他的薪資好了，至於朝廷之禮，不可以不肅！」

劉恆一看申屠嘉說話這麼嚴肅，趕緊堵住他的嘴：「好了好了，你不要再說了，朕會私下罵他的，退朝！」

皇帝公然袒護一個弄臣，這讓身為百官之首的申屠嘉很生氣：「既然你皇帝不願意懲戒他，那就由我來管教管教你身邊的這個弄臣。」

申屠嘉一回到丞相府，就簽發丞相令，召鄧通進府問話，措辭很嚴厲：「要是不來，即行斬首！」

鄧通嚇壞了，他雖然深得皇帝的寵幸，但是申屠嘉是丞相，也不是他能得罪起的。事情到了這個份上，鄧通只能趕緊入宮向皇帝求救。

劉恆只得安慰他：「你不要怕，放心去，好好跟丞相認個錯，我想丞相最多也就是責備教育，不會太為難你的。要是情況不對，我會立即派人，救你出來。」

鄧通忐忑不安地來到丞相府，一看到申屠嘉，立刻跪下磕頭：「丞相大人，我錯了。」

「哦？知道錯了？那你說說看，你哪裡錯了？」

「我不該在朝堂之上不守規矩，對丞相不夠尊重。」

申屠嘉居高臨下看著他：「這朝廷，是高祖皇帝創立的朝廷，你鄧通只不過是一個弄臣，竟然敢在大殿上沒大沒小，這是大不敬之罪！鑒於你能夠勇於承認錯誤，本著坦白從寬、抗拒從嚴的規矩，那就從寬處理——來人，推出去斬了！」

「處斬？」

鄧通聽到最後這句話，渾身一哆嗦，當場就軟了。不是說好了坦白從寬、抗拒從嚴的嗎？這申屠嘉不按牌理出牌啊！

鄧通的腦袋重重往地上磕：「丞相饒命啊，以後再也不敢了！」很快，鄧通的額頭就出血了。

「這皇帝派的人，怎麼還沒到啊？」

申屠嘉冷冷地看著跪在地上的鄧通，他知道鄧通不能殺，皇帝一定會派人來救這個人。可是在皇帝的命令到來前，他要好好懲戒鄧通，打得他心服口服。要不然，以後還怎麼做這丞相？

盼星星，盼月亮，鄧通終於盼來了皇帝的使者。使者告訴申屠嘉：「這是陛下的寵臣，看在陛下的面子上，您就饒了他吧！」

這個結果也在意料之中。申屠嘉揮揮手，說道：「既然是陛下的意思，那這次就饒過他。以後要是再遇上，可別怪我不客氣！」

鄧通幾乎是連滾帶爬到了宮中，抱著劉恆的大腿哭：「陛下啊，丞相差點殺了臣！您可得為臣做主啊！」

劉恆微微一笑，說道：「殺你，他是不敢的，不過以後確實得小心行事，不可太過放肆了。」

劉恆的身體狀況越來越差了，他背上長了個毒瘡，連御醫都束手無策。

眼見到毒瘡一天天長大化膿而潰破，流出的膿液惡臭難聞，劉恆也疼得要死要活。一旁的鄧通看不下去了，他心疼得要死，毒瘡雖然長在劉恆身上，可是疼在鄧通心上啊！

為了緩解劉恆的痛苦，鄧通豁出去了，他拉起袖子，揭開劉恆的衣服，低下頭，親自為劉恆吸膿。

這——

在場的人都震驚了，劉恆更是感動得直落淚，他感慨道：「這普天之下，誰最愛我呢？」

鄧通滿懷期待地看著劉恆，他很想大聲說出來：「最愛你的人，就是我呀！」

可是理智戰勝了情感，他只能回答：「是太子。」

劉恆心裡更是感動：「這鄧通立了功，卻一點也不居功自傲，好人哪！」

恰巧這天，太子劉啟來看望父親。劉恆想試探一下太子，就對他說：「我背上又流膿了，總不見好，你能幫我把膿吸出來嗎？」

「什麼？吸膿？」

劉啟瞪大了眼睛，他震驚了，看了一眼父親背上的膿瘡，遲疑不決，磨蹭了半天，才不情不願地湊過去，強忍著噁心吸了一口，立即吐到了一邊。

劉恆眼裡閃過一絲失落。

出了門，劉啟這才打聽到，原來是鄧通主動為皇帝吸膿，這才讓父親動了這心思。

劉啟心想：「鄧通你等著，等我當了皇帝，看我怎麼收拾你！」

梁子在這裡就算是結下了。後來劉啟上位後，鄧通被罷官抄家，直至暴斃街頭。

未央遺詔

西元前 157 年，劉恆病重，他預感到時日無多了。

按理來說，一個帝王，去世之前，他應該做些什麼呢？安排大臣輔佐新登基的兒子？替新君剪去棘棒上的倒刺？或是貶謫股肱，以待兒子重新重用，建立恩信？

對於劉恆而言，這些都沒有。

他留給世人的，是一封知生死、憐天下的遺詔：

「我聽聞，天地萬物有生亦有死，死亡是天地之理，自然法則。面對死亡為什麼要悲哀呢？當今世上，人們都求長生，厭惡死亡。對死者的重喪不但浪費錢財，而且勞神傷身，這些都是不可取的。

我生前沒有什麼德行，沒有給過百姓什麼實質性的幫助；如今要死了，還讓百姓為我哭喪一年半載，讓百姓為我哀傷，不能吃肉喝酒，不能祭拜神靈，不能做其他想做的事。種種所為加重了我的『不德』，天下人該會怎樣說我呢？

我僥倖繼承祖宗基業，以眇眇之身繼承大位至今已有二十多年。仰賴天地神靈和祖宗社稷護佑，這些年國泰民安、沒有戰亂。我不聰敏，時常擔心行為有過錯，使先帝遺留下來的美德蒙受羞辱，時間長了，總是擔心不能維持始終。現在終於要死了，而且是平和地死，死後還能進祖宗家廟，這對於我這樣的庸碌之人來說，真的是再好不過了，還有什麼好難過的？

我死後，天下的官員百姓，服喪三天就可以了。這三天內，百姓該做什麼就做什麼。宮中料理我的喪事，也一切從簡，陵墓也不用再修了。我後宮的嬪妃，從夫人到少使等級的，都允許出宮。將我的遺詔布告天下，使天下人都知道我從簡治喪的意思。」

生死去來，棚頭傀儡，一線斷時，落落磊磊。

我簡單梳理了一下，這個遺詔圍繞如何辦理喪事，提出了很多具體要求：

（一）從遺詔下達之日起，悼弔三日，就換下喪服。

（二）不要禁止百姓娶妻、嫁女、祭祀、飲酒、吃肉。

（三）辦理喪事、參加祭奠的親屬和官員都不要赤腳接地。

（四）孝帶不要超過三寸寬。

（五）不要在車輛和兵器上套戴喪服的象徵。

（六）不要組織百姓到宮中來哭靈弔喪。

（七）宮中應當哭祭的人，都在早晚各哭十五聲，禮儀完畢就停止哭祭。

（八）非早晚哭祭時間，嚴禁擅自前來哭祭。

（九）埋葬之後，只需服大功十五日，小功十四日，纖七日，服喪之期便結束。

（十）霸陵周圍的山脈河流都保持原貌，不許有所改變。

（十一）後宮的嬪妃，從夫人到少使，都送歸回家。

（十二）遺詔要向天下臣民公布，使百姓都知道皇帝的心意。

《史記》還專門記載了，霸陵裡所用到的器物都是瓦器，沒有金銀銅錫之物。劉恆的節儉不是嘴上說說而已，他是真的把節儉一直帶進了墳墓裡。

劉恆與歷史上的皇帝不一樣，他不唯典籍、不唯祖宗，更不擺皇帝的譜，而是決心改革服喪三年的舊制，實行一系列簡化措施，這種行為很不簡單。因為喪制是老祖宗所定的，《禮記》就有「三年之喪，二十五月而畢」的記載，要改它是需要有勇氣的，特別是在一個強調以「禮」治天下的社會，做到這一點就更不容易了。

劉恆唯一留給兒子的，是向他推薦了一個人。

臨終前，劉恆找來太子劉啟，向他鄭重託付：「國家日後若有危急之事，周亞夫是可用之人，儘可讓他掌兵，不必多疑，切記，切記。」

當年六月，劉恆在未央宮逝世。

好了，讓我們來對漢文帝做個簡單的評價。

劉恆是漢帝國的第五位皇帝，回顧歷史，如果說劉邦的一生是一部波瀾壯闊的戰爭劇，呂后的一生是一部勾心鬥角的宮鬥劇，那麼到了劉恆這裡，劇情就變得索然無味了。他繼位時，國內民生凋敝，一片蕭條景象，翻開《史記．孝文帝本紀》，他做的事情都很瑣碎，一點也不精采。

可是，老百姓卻很享受這樣的生活。他們畢生所求，不過是安穩而已，而劉恆關注民生，讓利與民，不折磨，正好順應了百姓的心意。

拋開民生問題，我們再來看一下劉恆的政治手腕。

劉恆上位時，他面臨的環境可謂是相當差，內有功臣集團把持朝政，外有諸侯王坐大。劉恆一個小小的代王，一沒背景，二沒資源，三沒人脈，一不小心很可能被這幫人玩死了。

劉恆很聰明，既然祖宗的江山基業交到了自己手上，那就不能退縮。

劉恆利用他的政治平衡術，巧妙化解各方矛盾。對付功臣集團，他一上位就大加賞賜，滿足他們的胃口。待熟悉職位工作後，他開始利用政務刁難以周勃為首的功臣集團，逐步將功臣趕回自己的封地，打擊功臣集團的勢力，消除他們在中央的影響。

對付同姓諸侯王，劉恆有其寬容的一面，畢竟還需要他們來制衡功臣集團。十多年後，當劉恆搞定功臣集團、坐穩了皇位後，他把目光投向了諸侯王。打破關中與外界的地理界限、破壞諸侯國的司法、重新調整和分割諸侯國的地盤，一系列眼花撩亂的打法讓各地諸侯措手不及。

在政治上，劉恆最大的貢獻是重新修正了劉邦制定的不合理的君臣關係，一步步向君主集權邁進。

劉恆的時代落幕了，劉啟的時代即將開啟。

第十一章

七國之亂

一個書生的改革夢

西元前 157 年，太子劉啟繼位。

劉啟一上位，做的第一件事就是提拔自己的老師晁錯，任命他為內史。

晁錯熬了這麼多年，終於等來了出頭的機會。早在文帝時期，晁錯就已聲名鵲起，他提了很多建設性的意見給文帝。文帝對他非常讚賞，但就是沒有重用的意思，把他歸類到了「未來重臣」之列，當前絕不任用。

而如今自己的學生當了皇帝，晁錯終於獲得了大展拳腳的機會，他幾乎已經迫不及待了。

劉啟對這位老師是言聽計從，寵遇之隆，冠於九卿，凡事都以晁錯的意見為準，這讓很多人心裡不滿。「一個小小的長安內史，也敢插手朝中大政？這讓我們三公九卿的面子往哪裡擺？」

晁錯還有一個性格缺點，史書上總結為四個字「峭直刻深」，具體點說就是為人嚴厲、耿直、苛刻、心狠，所以他在的人際關係相當差勁。

有多差勁呢？後面再告訴你。

丞相申屠嘉看晁錯不順眼，終於揪住了晁錯的把柄，準備教訓他。

事情是這樣的，京師的內史府位於祭祀先皇的宗廟外牆之內，晁錯每天上班，要從東門繞好大一圈子才能到內史府。為了保證上班不遲到，晁錯自作主張，在廟牆上開鑿了一扇小門方便出入。

申屠嘉知道後，大喜過望：「先皇的宗廟你也敢動？這是誅九族的大罪！晁錯啊晁錯，你終於落在我手上了！」

申屠嘉當時就寫了一道奏章：「宗廟是什麼地方？那可是供奉著歷代皇帝靈位、舉辦祭祀活動的重要場合，他以為是他家院牆啊，說拆就拆？

晁錯擅自鑿開宗廟圍牆，請陛下誅殺晁錯，以明正典刑！」

不料，申屠嘉要舉報晁錯的消息傳到了當事人耳中，晁錯聽完就嚇壞了，一想這確實是自己的疏忽，怎麼辦？

左思右想，晁錯決定找皇帝主動坦白，爭取一個寬大處理。

第二天一上朝，申屠嘉就祭出了自己的殺招，羅列了晁錯擅自鑿開宗廟圍牆的違法行為，奏請皇帝誅殺晁錯。

「看你這次還怎麼翻身？」

不料劉啟聽完，卻是一臉平靜，說道：「晁錯所鑿的牆並不是真正的宗廟牆，而是宗廟的外圍短牆。況且，在牆上開門，這是經過我允許的，晁錯並沒有什麼罪過，你就不要追究啦！」

申屠嘉一臉糊塗，心想：「什麼情況？祖宗的宗廟圍牆被人砸了你也能忍？」

退朝之後，申屠嘉對相府長史（祕書長）說：「我真是笨啊！真後悔沒有先殺了晁錯，再向皇上報告，結果反被晁錯玩了。」

申屠嘉是個直脾氣，回家之後越想越生氣，氣到一病不起，最後直接被活活氣死了。

申屠嘉一死，丞相的位子空了出來，御史大夫陶青順利接班，做了丞相。

而晁錯憑藉著皇帝的絕對信任，直接從內史升遷為御史大夫，位列三公。

御史大夫號稱「宰相之副、九卿之右」，作為丞相的副手，接受公卿百官奏事，還負責監察工作。雖然名義上是三公，與丞相、太尉並稱，但是在實權方面還是要稍微差那麼一點。

即便如此，晁錯還是很興奮。要知道，御史大夫可是丞相的必經之路，遠的不說，申屠嘉就是由御史大夫升任丞相的，而申屠嘉的前任張蒼、繼任陶青在做丞相之前也都是擔任御史大夫。

御史大夫已經到手，丞相之位，還會遠嗎？

是時候實現自己治理天下的理想了。

轉眼就到了景帝三年。這一年對西漢王朝來說，注定是一個不太平的年分。

這一年，漢帝國境內出現了一些奇怪的天象。先是正月裡，一顆彗星拖著長長的尾巴掃過大漢的夜空，緊接著，洛陽東宮莫名起火，損失慘重。

這事如果發生在今天，大概提醒一下大家注意天氣變化就沒事了。但是在當年，這可是一件不得了的大事。古人是最講究迷信的，這些現象彙集在一起，形成了一種巨大的心理暗示：今年要出大事！

會出什麼事呢？

就在人心惶惶之際，晁錯隆重推出了他的政治主張 —— 削藩！

多年陪伴在劉啟身邊，晁錯對劉啟的心思思索得很透澈。他知道，這是皇帝最為關心的事。

其實，關於削藩的方案，賈誼和晁錯兩個人有著完全不同的思路。

如果仔細閱讀賈誼的〈治安策〉，就會發現晁錯的削藩對象有很多，齊、趙、楚、燕、梁，就是沒有吳國；《史記．孝文字紀》中也沒有對吳國削藩的記載。

為什麼要單單繞過吳國？

很簡單，因為吳國太強大了，這是個水潑不進、針插不進的頑固堡壘，如果先拿吳國開刀，一不小心玩死自己了。

賈誼的策略比較溫和，他建議按照分蛋糕的方法，將諸侯國拆大化小，讓他們沒有造反的實力。他的這個計畫，好處是穩健，缺點是週期太長。

晁錯不一樣，他要求大刀闊斧地剝奪諸侯王的封地，削弱其權力。

手段很粗暴，容不得任何人質疑。

為此，他上了一封奏書給皇帝，題目就叫〈削藩策〉。

在晁錯看來，這些諸侯王早晚會造反，你削藩他會反，不削藩他也會反，只是時間早晚的問題。現在削藩，可能會逼得他們立刻造反，但是因為他們行事倉促，即使造反，對社會的危害也應該不會太大；如果聽之任之，等到他們羽翼豐滿、時機成熟的時候再造反，危害可就大了。

劉啟看完，不禁又皺起了眉頭。他知道，削藩也是他父親漢文帝的理想，但是他在位二十多年，卻最終也不敢動手實施。

為什麼？

因為削藩的政令一下，諸侯們勢必得知自己的好日子長久不了，既然如此，不如早日起兵，以謀後算。

「這 —— 晁愛卿，能行嗎？」

晁錯挺了挺胸脯，表示沒問題！

這麼大的事，倉促間，劉啟也拿不定主意，於是下令找來所有公卿、列侯和皇族，讓大夥兒討論。大家裝模作樣討論一番，很快就沒聲音了。

「還討論什麼呀，你皇帝的屁股都挪到晁錯那邊去了，大夥兒還看不出來嗎？你讓大夥兒討論，不過是假裝民主一下罷了。」

就在一片沉默中，一個聲音突然響起：「我反對！」

大夥兒心想：「這誰呀，這麼有種？」

劉啟抬眼看過去，原來是竇嬰。

竇嬰是竇太后的姪子，好賓客，廣施財，行俠義，好儒術。雖然他與竇太后是親戚，但是他在外戚中完全是一個異類，比如竇太后好黃老之術，他卻偏好什麼儒術。不僅如此，他還經常對抗竇太后。

竇嬰堅決反對立即削藩，不過劉啟已經鐵了心，無論竇嬰怎麼反對，最終結果只有一個：反對無效。

晁錯冷冷地看著他，並記住了他的名字。

既然削藩勢在必行，那麼下一個問題就是拿誰先開刀了。

我們都知道，諸侯王坐大已經困擾了當權者數十年，當劉恆把下一棒交到劉啟手中時，天下還有十六個同姓諸侯王，控制著全國的二十二郡，直屬朝廷的不過二十七郡，而其中又以吳、楚為最強。

吳國我們之前介紹過，吳王劉濞是劉邦的姪兒、劉啟的堂叔，當年曾跟著劉邦親征英布。擊敗英布後，劉邦擔心吳地民風強悍，若是沒有一個強硬的王，恐怕壓不住他們，而自己的兒子們還都小，劉邦挑來挑去，最後選中了劉濞為吳王，讓他管轄三個郡五十三個城邑。

江浙一帶因為地處東南，資源豐富，國內還有一座銅山。煮鹽、鑄幣兩翼齊飛，使得吳國迅速累積了大量財富，國內生產總值常年保持高速增長。吳國百姓不用繳納賦稅，相當幸福。

景帝二年（西元前 155 年），劉啟削掉了趙國的河間郡、膠西國的六個縣。

趙王和膠西王的實力太菜，地盤交割得很順利，沒有遇到任何阻力。

第二年，劉啟又把刀對準了楚國。

楚國的老大叫劉戊，是楚元王劉交的孫子。劉戊私生活不檢點，文帝的母親薄太后去世後，他入京服喪，就幾天時間，跟別人發生了不可描述的事情。

這個事情在當時影響很壞，只不過當時劉啟上位沒多久，又逢太后治喪，不想多事，所以才把這事壓了下來。當然，楚王也為此付出了代價，楚國被削去了東海郡。

這個結果給了晁錯和劉啟一個錯誤的印象，認為這些表面厲害的諸侯王不過如此。

這之後，晁錯將目光投向了劉濞。

奮起反擊

所謂削藩，其實真正的目標從來只有一個：吳王劉濞。

只要能拿下他，剩下的諸侯都是小蝦米，不值一提。

要收拾劉濞，必須得有理由，或者說是藉口。這對晁錯而言完全不是問題，隨便就列了兩條：

(一) 劉濞詐病不朝已有二十餘年，於古法當誅。

(二) 文帝德厚，賜之不朝的待遇，可是劉濞卻不知感恩，開山鑄錢，煮海為鹽，蒐羅亡命之徒，企圖作亂。

就在晁錯磨刀霍霍向諸侯時，父親從千里之外的老家穎川趕到長安，出現在了他面前。父子二人有了這樣一場對話。

晁父：「小子，外面傳得沸沸揚揚，說你力主削藩，可有此事？」

晁錯：「有的，是我做的。」

晁父：「你身為人臣，卻離間劉姓骨肉，留下口實，你這是想做什麼？」

晁錯：「不這麼做，社稷不能安定，大漢江山不能穩固，我這是為大局著想！」

鼂父：「你這麼做，劉氏的江山是穩固了，我們鼂家就危險了。」

鼂錯不為所動。

鼂父眼見勸不動他，心灰意冷，回了老家。

沒過幾天，消息傳來，鼂父飲藥自殺。

鼂父這種極端的舉動，已經能說明一個問題，大部分人都不看好削藩。一旦削藩令下，吳國必反，這幾乎已成為所有人的共識。就連鼂父自己都認為，鼂錯是在以卵擊石，他將或被下獄，或被彈劾，或被暗殺，總之，削藩不會有好下場。

鼂錯當然知道，他比任何人都更清楚削藩的後果，以及自己即將面臨的危險，這是他自願選擇的路。

鼂錯熟讀歷史，他對諸侯王演變的歷史太熟悉了。想當初，劉邦替自己的子姪封王，原本是要靠天然的血緣至親來統治地方、拱衛皇權，可是如今幾十年過去了，諸侯王與皇帝的血緣關係早已被稀釋，根本談不上什麼感情。

為了皇權的穩固，為了帝國的基業長青，為了報答文帝、景帝對自己的知遇之恩，也為了大漢帝國的明天，哪怕諸侯王再強大，他也絕不後退！

暮色蒼風裡，諸侯王的陰影籠罩著鼂錯。

「鼂錯，你知道前面已經沒有路？」

「我知道。」

「但你還是決定一戰？」

「是。」

「如果一去不返？」

「那便一去不返！」

沒有再說話，他拔出了長劍，孤身衝向了諸侯。

「雖千萬人，吾往矣。」

遠在南方的吳王劉濞得知朝廷把削藩的刀指向了自己，輕輕一嘆。

對於這個結果，早在朝廷開始侵削楚、趙等國的時候，劉濞就已經有預感了。

這一年，劉濞已經六十二歲了。他的人生即將步入遲暮之年，他的牙齒開始鬆動，頭髮開始花白，氣血和力量已開始衰退，腦力、記憶力也大不如前。

反觀他的對手，劉啟這年三十四歲，正值壯年，晁錯這年四十六歲。兩個人雄心勃勃，正待一展身手，做一番大事業。

在碩果僅存的同姓諸侯王中，劉濞算是年齡最大的，他親眼見證了開國之初七位異姓諸侯王一個個死於非命，看著呂后殺死劉邦四個諸侯王兒子，將齊王逼入絕境；看著那個號稱仁義之君的文帝將趙國一分為二，將齊國大卸七塊，再把淮南國分成三半。

而如今，終於輪到景帝動手了。

「怎麼辦？繼續忍讓嗎？」

劉濞一遍遍在心中問自己，然後搖了搖頭。

關於造反這個字眼，其實早在劉濞的內心徘徊了三十多年。想當初，叔父劉邦在封自己為吳王時，對他不放心，曾告誡過他：「我們都是一家人，身上流著同樣的血脈，可千萬不要挖自家人的牆腳哦！」

然而，後來發生的一件事，卻讓他徹底對皇帝寒了心！

那一年，文帝還在位，劉濞派了自己的兒子劉賢入宮覲見，陪著太子劉啟下棋。結果兩人發生口角，劉啟一氣之下，端起棋盤砸向劉賢，結果失手打死劉賢。

發生了這麼大的事，文帝竟然沒有絲毫悔意，將劉賢的遺體打包送回吳國。當朝廷一紙冷冰冰的死亡通知書發到他手上時，劉濞感覺渾身冰冷！

自己的兒子，就這麼死了？

劉濞告訴使者：「天下一宗，死長安即葬長安，何必來葬！」

一揮手，又把兒子的遺體送回長安。

這一盤棋釀成的血案，讓劉恆和劉濞這對堂兄弟之間結下了深仇大恨。

這些年來，自己步步退讓，委曲求全，可是如今，皇帝削藩的刀還是落到了自己頭上，他終於要對自己動手了！

「既然如此，那就來吧！」

劉濞依稀還記得，想當年，晉文公重耳以六十多歲高齡，帶領晉國稱霸諸侯，可見成大事者，年齡並不是關卡。

「既然如此，那麼，不妨拼一把！豁出去了！」

劉濞不是一個人在戰鬥。為了對抗中央，劉濞決定拉攏其他諸侯王，組建一個「復仇者聯盟」，而膠西王劉卬，是劉濞第一個拉攏對象。

之所以要拉他下水，是因為他在當時的藩王中有勇猛、強壯、好戰的名聲，打起仗來應該比較厲害。

吳國的高級官員應高，帶著這項光榮而艱鉅的任務去糊弄劉卬。

應高：「吳王不才，因有舊日的仇怨，不敢離開本國到外地去，因此派我來告知他的心事。」

劉卬：「有何指教？」

應高：「現在的天子任用奸臣、聽信讒言，所以才下達了削藩的指令。

俗話說得好：『吃完了米糠，接下來就是米粒了。』現在的詔令雖然只是削一小塊地，但是長期來看，肯定不會是那麼簡單就能完事的。」

劉卬：「那你說應該怎麼辦？」

應高：「我們吳王跟大王所面臨的是一樣的問題，兩國應當站在同一個陣線上。我們應該攜手順應天時，起兵為天下除去禍患。」

劉卬大吃一驚：「造反，這玩得有點大啊！君要臣死，臣不得不死，就算皇上逼我們到絕路，我們也只能忍著，怎能冒著身敗名裂的危險去造反？」

應高：「御史大夫鼂錯迷惑天子，侵奪封國土地，國君們的憤怒已達極點，早有背叛之心。而且彗星出現，蝗災發生，這是千載難逢的好時機。人民困苦哀怨之際，正是聖人挺身而出之時。吳王已經做好準備，打算一面提出誅殺鼂錯，一面動員軍隊，追隨大王。只要我們兩家聯手，鋒芒所指之處，沒有人敢不服。現在，只需大王您一句話，吳王就率領楚王劉戊，直搗函谷關。但是，據守滎陽，奪取敖倉，防備中央軍偷襲，整治駐紮之地，卻必須由大王領導。如果大王願意與吳王聯合，取得天下，我們各占一半，豈非妙事？」

劉卬猶豫了。

這個誘惑實在太大，他需要好好消化一下。

應高的說話技巧確實厲害，他將劉卬捧得高高的，讓劉卬來當這個帶頭大哥，這讓劉卬產生了一種虛榮心，進而有了一個大膽的想法。

沉吟半晌，劉卬終於決定：「就這麼做！」

應高立即返回吳國，告訴劉濞這個好消息。然而，謹慎的劉濞還是覺得有些不放心，他覺得有必要跟劉卬當面確認一下。

為此，劉濞祕密前往膠西國，就造反的各項細節再次與劉卬交換意見。會談在一片親切友好的氛圍中進行，雙方領導均表達了強烈的合作意願，相信在不久的將來，兩家企業將會開創互利雙贏新局面。

膠西國的高級官員聞聽此事，紛紛阻攔道：「諸侯的土地不到中央的十分之二，你做這事就不怕讓太后擔心嗎？況且，如今事奉一主都這麼多事，假如您與吳王反叛中央成功，兩家為瓜分地盤，必有爭端，到時候豈不更亂了嗎？您可不能被劉濞給帶到溝裡去啊！」

然而，無論官員們怎麼勸，劉印都已經鐵了心。

搞定膠西國後，其他地方也紛紛傳回好消息：「楚王、趙王、膠東王、淄川王、濟南王都願意跟著劉濞一起！」

這裡面要介紹一下楚王劉戊。

他私生活不太檢點，當初在薄太后喪葬期間，與宮女發生了不可描述的事情，被朝廷削了兩個郡，從此懷恨在心。得知劉濞要造反，劉戊立刻舉起了雙手，要跟劉濞一起做。

劉戊手下有兩個中大夫，是他爺爺劉交為他留下的老班底，一個叫申公，一個叫白生。兩人知道劉戊在密謀反叛，前去勸說，結果劉戊二話不說，為他們套上一身囚服，押到市集上搗米。

古代講究刑不上大夫，兩位高級官員在眾目睽睽之下被這樣對待，內心的屈辱可想而知！

劉戊的叔父劉富也來勸他：「不要對抗朝廷，這樣對你沒好處。」結果劉戊差點跟他翻臉：「你要是不跟我一起反抗朝廷，等我起事之後，先把你抓了！」

嚇得劉富連夜揹著老母親逃到長安去了。

這麼多人都碰了釘子，還會有人來觸這霉頭嗎？

事實證明，楚國永遠不缺硬骨頭。

楚相張尚、太傅趙夷吾勇敢地站了出來，冒死進諫。一看頭銜就知道，這兩人在朝堂之上絕對是一言九鼎的人物，可惜此時的劉戊已經徹底喪失了理智。他不認為是自己的決策出了問題，而是底下這些人嘰嘰喳喳，吵得自己不夠安生。

結果，張尚和趙夷吾慘遭劉戊毒手。

這下子，世界清靜了。

楚國的官吏們再無一人向劉戊進言，大夥兒紛紛開始尋找後路。

除了吳楚兩國之外，趙國也陷入了瘋狂中。趙王劉遂得知劉濞要造反，立即舉雙手歡迎，卻被趙相國建德、內史王拉住。劉遂一怒之下，將這二人活活燒死。

劉遂的狠毒由此可見一斑。

不僅如此，他為了造反大業，甚至還去勾結北方的匈奴。幸虧當時的匈奴無意南顧，要不然可真是引狼入室了。

濟北王原本也要造反的，他在投名狀上簽了字畫了押，不過他留了個心眼，沒有立刻出兵，而是藉口城牆還沒完工，自己也被手下攔住了，暫時出不了兵。

即便如此，劉濞還是聚集了七個諸侯國，組成了復仇者聯盟，要對抗朝廷。他們分別是：吳王劉濞、楚王劉戊、趙王劉遂、濟南王劉辟光、淄川王劉賢、膠西王劉卬、膠東王劉雄渠。

如今萬事俱備，只欠東風！

吳楚七國之亂

很快，這東風就來了。

西元前 154 年，朝廷削吳會稽、豫章二郡的命令，終於送到了吳國。

劉濞立即行動，斬殺了朝廷派駐吳國的等級在兩千石以下的所有官員，然後發了出兵的號令！

劍已出鞘，要麼一劍封喉斬敵首，要麼無力迴天身已僵。

為了這場對決，劉濞押上了所有的家當，他在國內釋出了戰爭動員令：「寡人今年六十二歲，親自帶兵出征，我的小兒子年紀十四歲，也在陣前效力。凡是年紀在十四歲與六十二歲之間的人，都要參軍入伍！」

二十餘萬人的隊伍迅速集結起來。

為了增加勝算，劉濞又派人到閩、東越找幫手，請他們發兵協助，總共兵力達三十餘萬，劍鋒直指中央朝廷。

景帝三年（西元前 154 年）正月，劉濞帶著三十萬大軍從廣陵出發，雄糾糾，氣昂昂，跨過淮河，抵達彭城附近，與楚王劉戊的兵馬合兵一處。

既然是戰爭，總得有個正當的理由。不能說我就是想當皇帝，就是想打天下，這樣子絕對不行。

那怎麼辦？你得學會迂迴。

先講一個笑話。

有個父親問兒子：「兒子，你長大了打算做什麼呀？」

兒子：「我長大了要追求無數的金錢和美女。」

啪！一個巴掌。

「重新說！」

「爸爸，我長大了要追求偉大的事業和真摯的愛情！」

「我兒子真是有出息啊！」

戰爭也是如此，為了得到更多的人支持，你必須把自己包裝成正義人士。

劉濞也不例外。

眼看著自己的隊伍迅速壯大，劉濞意氣風發，寫了一封起義檄文，為自己的造反大業壯大聲勢。

這篇檄文寫得很有技巧，我們來看看。

「劉濞雖然老了，但是頭腦依然清醒，他沒有把矛頭直指皇帝，而是瞄準了晁錯：這是個壞人，糊弄我們的皇帝掠奪諸侯的地盤，殘害先帝的功臣，又侮辱諸侯、離間骨肉，才逼得我們不得不主動站出來維權。至於我們的皇帝劉啟，一向英明神武，這一次不過是一時不察，被奸臣矇蔽了而已。

大家要聯合起來，清君側，安劉氏！我們這不是犯上作亂，而是匡正扶危定傾，大家不要有心理壓力！」

看到這裡，有沒有覺得似曾相識？

《水滸傳》中，宋江打出了一個旗號：「只反貪官，不反皇帝。」這種技巧在歷史上屢試不爽。

我們接著往下看。

劉濞在檄文中刻意誇大自己的實力，說：「吳地雖小，也有地方三千里；人雖少，也有精兵五十萬。我跟南越國有長達三十餘年的友誼，南越王願意把兵借給我，這樣一來又有三十餘萬。本人不才，就由我來當這個聯盟軍總司令吧！」

兵力一下子就漲到八十萬，劉濞很激動。

劉濞索性繼續指點江山，分派任務。

劉濞的作戰計畫如下：

「第一路，是吳楚聯軍，從東南方向發起進攻。

第二路，是濟南、淄川、膠西和膠東這四個原本從齊國分出來的小國，先合力平定齊地後，發兵向西進攻漢廷。

第三路，則是趙國，由趙王劉遂出面聯繫匈奴，再合力從東北方向進犯關中。這三路大軍如同一個三叉戟一樣直插漢朝的腹心。」

此外，劉濞還制定了一份激勵方案：

「能斬捕漢大將者，賜金五千斤，封萬戶；斬捕列將者，賞金三千斤，封五千戶；斬捕裨將者，賞金兩千斤，封兩千戶；斬捕漢兩千石高官者，賞金千斤，封千戶；斬捕漢千石官吏者，賞金五百斤，封五百戶；皆為列侯。」

不僅如此，劉濞還制定了一份策反方案：

「漢將其以軍或城邑降者，卒萬人，邑萬戶，視同斬捕大將；人戶五千，視同斬捕列將；人戶三千，視同斬捕裨將；人戶一千，視同斬捕兩千石。」

總而言之，老子不缺錢，只要在戰場上好好表現，吃香喝辣，升官發財。

這份激勵方案一出來，大夥兒很激動，什麼也不說了，把腦袋別在褲腰帶上，跟著吳王好好做吧！

劉濞的願景很美好，然而現實卻很骨感。

大軍還未開拔，自己人先打起來了。

問題出在齊王劉閭身上。

看到這麼多人要造反，齊王劉將閭也沒辦法淡定了，他原本也想友情參與一下，結果手印都蓋了，回來後用冷水洗了把臉，感覺這事有點不可靠，又不敢鬧革命了，於是臨時宣布：「我退出！」

前面說過，劉恆當初把齊國一分為六，分給了劉肥的幾個兒子，分別是：齊國、濟北、膠東、膠西、淄川、濟南等六國。

當初造反時，兄弟六人都是開會討論過的：「我們要共進退。如果說濟北王臨陣脫逃是因為被手下綁架了，你齊王劉閭有什麼理由退縮？想脫身，那也得問問我們兄弟四個答不答應！」

膠西王劉卬和三個兄弟開了個會，然後派人告訴劉濞：「你們先行動，等我們搞定了齊王，免去了後顧之憂，再跟你們會合。」

趙國的情況也有點特殊，由於它跟造反的各路人馬都不是鄰居，所以只能把部隊拉到邊境上，等待吳楚聯軍的到來。

這麼一看，所謂的七國聯盟，最後能真正派上用場的，也就只有劉濞親自率領的吳楚聯軍了。

即便如此，劉濞也不怕，作為一個六十多歲的老狐狸，劉濞出兵肯定是做了萬全的準備的。最壞的情況，即便其他人都變成啦啦隊，只剩下搖旗吶喊的份兒，他也堅信，自己能殺到長安城下。

劉濞的速度很快，吳楚聯軍以迅雷不及掩耳之勢攻入了梁國。

梁國的老大叫劉武，是漢景帝一母同胞的親弟弟，政治立場自然無比堅定。

不過，吳楚聯軍畢竟來勢洶洶，梁王倉促迎戰，結果吃了大虧，被吳楚聯軍攻破了梁國南面的棘壁。

眼看叛軍勢如破竹，劉武一面收攏敗兵退守睢陽，一面向漢景帝發出求救訊號。

「軍情急如星火！」

叛軍聲勢浩大，前方的戰報如雪片般飛來，大有席捲天下、打上龍庭、奪了鳥位之勢。

聽著前線傳來的戰報，劉啟的心如飲冰水，涼透了。叛軍的行進速度遠遠大於自己的預期，而且還是七國聯軍，這跟自己預想中的完全不一樣啊！

得知消息後，晁錯也很困惑：「還真反啊？！」

「怎麼辦？」

劉啟深呼吸，然後找來晁錯，問問他的對策。「反正削藩是你提出來的，現在出了事，你得出個主意吧？」

劉啟：「七國叛亂，聲勢浩大，如之奈何？」

晁錯：「陛下，如今之計，只有您御駕親征，方可平叛。」

「那長安的防禦呢？」劉啟問。

「陛下不用擔心，有我晁錯在此，長安必不會有任何閃失。」

劉啟額頭上微微皺了一下，心想：「你什麼意思？把我推到前線，你在大後方偷懶，有這樣當下屬的嗎？」

眼看皇帝的臉色有點不好看，晁錯又出了個主意。

晁錯：「其實，我還有一個主意。」

劉啟：「哦？說來聽聽。」

晁錯：「如果想讓他們退兵，可以把吳楚聯軍還沒攻下的徐縣和僮縣送給他們，以城池土地賄賂吳國，爭取他們退兵。」

劉啟繼續發愣，簡直是無言以對。

「當初是你鐵了心要削諸侯，所以我才同意的，如今出了事，你卻出這種餿主意？如果你真打算把土地割讓給吳國，當初又何苦削藩？」

劉啟是真的失望，想不到這個自己引為股肱的智囊，遇到大事竟然是這樣靠不住。果然是靠山山會倒，靠人人會跑啊！如果不是看在他是自己老師的份上，早讓人拖下去砍成八塊了。

晁錯靠不住，只能自己想辦法了。

就在劉啟焦頭爛額、苦無良計的時候，他忽然想起了自己父親漢臨終前的囑託：「如果遇到麻煩，周亞夫可以重用。」

「對呀，不是還有周亞夫嘛，是時候亮出這張底牌了。」

周亞夫終於等來建功立業的機會，在經過一輪面試後，周亞夫被拜為太尉，統帥三十六將出征，討伐叛軍。

出發前，周亞夫對劉啟提出自己的作戰計畫：「吳楚兵剽悍輕捷，不可貿然與之正面交鋒。梁國的睢陽城城高池深，糧草充足，我建議以睢陽城吸引住吳楚叛軍，讓其在攻堅戰中消耗實力，我軍主力迂迴到叛軍側後，斷其糧道，只等叛軍師老兵疲之時，發起總攻，一舉殲敵！」

「說得好！」劉啟很激動，果然不愧是將門虎子啊，說出來的話就是有水準！

為了配合周亞夫的軍事行動，劉啟做了兩手準備：一方面派周亞夫去梁國，對付吳楚聯軍主力；另一方面任命原先反對削藩的竇嬰為大將軍，統領兩路兵馬出擊，一路由欒布率領，攻齊，一路由酈寄率領，擊趙。

對於酈寄，大家應該還有印象，當初呂后去世後，勸呂祿主動放棄兵權的就是這個人。這裡有必要介紹一下欒布。

欒布出身低微，跟彭越是好朋友。彭越被劉邦以謀反的罪名誅殺後，劉邦把他的腦袋掛起來示眾，還說：「誰敢為其收屍，立刻抓起來。」欒布得知好友已死，冒死哭祭。劉邦威脅要煮了他，欒布據理力爭，說：「要不是彭越，你劉邦早就完蛋了，現在人家一點點小差錯，你就說人家要造反，實在是太令人失望了。」

劉邦感其忠義，放了他，並委以重任，後來欒布做到了燕國的國相。

被腰斬的晁錯

周亞夫乘坐快班車，一路日夜兼程，來到中原軍事重鎮滎陽，卻發現劉濞還在硬碰硬梁國的都城睢陽，不由大喜：「七國造反，我坐車至此，竟然一路暢通無阻，真是運氣好啊！只要占據滎陽這個樞紐之地，滎陽以東就不用擔心了。可笑劉濞欲舉大事，卻進兵遲緩，既無奇兵，又無得險要，我就知道他成不了氣候！」

眼看劉濞還被困在睢陽城下，周亞夫懸著的心終於落了地，他帶著部隊一路繞行，來到睢陽東北方向的昌邑，占據深溝高壘。眼看著梁國被叛軍各種圍攻，就是不出兵協助，任由叛軍攻打，消耗其兵力。

我們再把鏡頭拉回朝堂之上。

晁錯被劉啟冷遇，心裡自然也有點忐忑不安。為了替自己開脫，晁錯決定找一個代罪羔羊，這個目標人物就是袁盎！

為什麼要跟袁盎決裂？

很簡單，因為他和袁盎早有過節，兩人關係差到什麼地步了呢？開會的時候，只要有一個人在場，另一個人轉身就走，絕不停留。

按照正常的邏輯來看，這兩個人的性格完全不同，一個做事，一個做人。

晁錯一心做事。

晁錯一輩子只做一件事 —— 削藩，削弱諸侯王的勢力。早在漢景帝做太子的時候，晁錯就是太子府的一員，為這事殫精竭慮。

晁錯一心一意做事，不惜將事情做絕，幾乎得罪了全天下。因為削藩，他得罪了諸侯王；因為脾氣不好，他得罪了同僚。

反觀袁盎，則是一心做人。

袁盎是很會社交，他的一生徘徊在朝廷大臣和王侯將相之中，以他的三寸不爛之舌，到處交朋友。

漢文帝的弟弟，淮南王劉長闖了禍，文帝一怒之下發配他到四川，結果路上就死了。文帝很自責，袁盎及時出現，勸慰文帝，非常貼心。

同事周勃被罷免了丞相職位，回到封國被人誣陷造反。周勃有口難辨，周勃的老朋友們唯恐避之不及，唯有袁盎積極營救，為周勃四處奔走。

周勃出獄後，記住了這個年輕人的好，從此成了袁盎的鐵桿盟友。

這樣兩個人，怎麼會結仇呢？

世事就是如此奇妙，兩個脾氣性格截然不同的人，不知道什麼原因，反正就是互相看不順眼。

袁盎曾經在吳國當過國相，憑藉著長袖善舞的手段，袁盎得到了吳王的厚待，在吳國混得風生水起，當然這其中也收了不少賄賂。

晁錯當了御史大夫後，得知袁盎收受賄賂一事，專門立案偵查。由於證據確鑿，袁盎丟官罷職，被廢為庶人。

這一次，吳王起兵造反，來勢洶洶，而袁盎恰好在吳國任過職。在晁錯看來：「吳王造反，這麼大的事，你袁盎當時難道都沒察覺到？你當初收受吳王的賄賂，為他遮掩，拍著胸脯說吳王一定不會造反，可是現實卻是這削藩令剛下達，吳王就反了，你怎麼解釋？」

晁錯要為袁盎重新立案，手下的辦案人員看不下去了，他們一致反對：「吳王已經起兵造反了，你現在追究袁盎的責任，還有什麼意義呢？更何況，我們絕不認為袁盎會串通吳王，弄什麼陰謀。」

晁錯也沒料到，這件事會遇到這麼大的阻力，只得暫時把事擱下來。

這一耽擱，袁盎就有機會了。

得知晁錯要找碴收拾他，袁盎嚇壞了，此刻的袁盎只是一介布衣，沒有任何官職。權力鬥爭，歷來講究快、準、狠，一旦晁錯重新立了案，將足以置袁盎全家於死地。事已至此，袁盎不得不反擊。要想保全自己，唯一的辦法就是趕在晁錯還沒動手之前，抱緊皇帝的大腿，給晁錯致命一擊！

問題在於，如何才能見到皇帝呢？

這個時候就看出袁盎的社交能力了，他找到了竇嬰，請他幫忙引薦一下。

兩個人都有共同的死敵，竇嬰很樂意做這個順水人情，對劉啟說：「袁盎有事想見您。」

朝堂之上，劉啟憂心忡忡，看到袁盎進來，問他：「你做過吳國的丞相，現在吳國反了，依你看朝廷該如何應對？」

袁盎：「吳國的反叛不足憂慮，很快就會平定。」

劉啟深表懷疑，吳王開山鑄錢，煮海為鹽，散財以招天下豪傑。如今以白頭舉事，如果沒有萬全的準備，他能下決心動手？

袁盎：「吳王確實有採銅鑄幣、煮海水為鹽的優勢，不過他身邊哪有什麼豪傑？假若吳王真的招到了豪傑，豪傑也會輔佐他按規矩行事，也就不會叛亂了。吳王所招誘的，壓根都是些地痞無賴。而劉濞那個老頭，也就是個無賴首領。」

一旁的晁錯也在旁附議道：「袁盎說得對啊！」

聽了兩位大臣的話，劉啟確實稍稍心安了一些：「既然如此，我們應該如何應對？」

袁盎：「臣有一策，可以退兵。」

劉啟：「哦？說來聽聽。」

袁盎看了一眼旁邊站著的晁錯，說道：「我要說的乃是機密，還請陛下屏退左右！」

劉啟一揮手，旁邊伺候的太監和宮女都退了出去。

袁盎看了一眼旁邊的晁錯：「也包括你。」

晁錯有點沒面子，看著劉啟。

劉啟有點尷尬，說道：「晁卿，要不你也到隔壁廂房裡稍歇片刻？」

晁錯很不甘心，但是畢竟這是皇帝的意思，他沒有抗命的理由，便暫避到了東廂，臉上充滿著忿恨之情。

直到大殿上只剩下君臣二人，袁盎這才拿出了他的殺手鐧：

「吳楚之所以會叛亂，完全是因為晁錯剝奪了他們的封地，這才逼得他們不得不反。早在起兵之初，吳王就有檄文傳送天下，他們並不是真的要造反，只是想除掉晁錯，恢復原來的封地。只要陛下斬了晁錯，赦免吳楚七國的罪行，恢復他們原來的封地，如此，叛軍即可不戰而退。」

劉啟看著袁盎，沉吟不決。

大殿上靜悄悄的，落針可聞，袁盎的額頭漸漸有汗水冒了出來。

「誅晁錯，真的管用嗎？」

他曾經是自己最敬重的老師，也是自己最信任的智囊。削藩是他提出來的，而如今出了事，晁錯竟然拿不出任何應急方案，實在是讓自己寒心！

吳王造反，打出的旗號就是「清君側，誅晁錯」。如果殺了晁錯，吳楚七國沒了藉口，有沒有可能退兵呢？

劉啟想了半天，最終下了決心：「看看局勢的發展再做定奪吧，朕不會為了愛惜他一個人而讓天下生靈塗炭的！」

由這句話可知，劉啟殺機已動！

既然劉啟已經透露了口風，那麼接下來的事情就簡單多了。在有心人的指使下，十幾天之後，在晁錯恰好不在場的情況下，丞相陶青、中尉嘉、廷尉張歐聯名上奏彈劾晁錯：

「七國造反乃是無道之舉，應當受到天下全體臣民的一致討伐。晁錯竟然建議陛下親自出征，自己留守中央，還打算將部分城池送給吳國，此乃大逆不道之舉！他這是離間君臣關係，擾亂國家，應當腰斬、滅族！」

腰斬和滅族，這是多麼殘酷的刑罰！就算晁錯有錯，可是他畢竟是御史大夫，位列三公，是丞相的副手。丞相陶青竟然絲毫不顧念同事之間的感情，一出手就要置他於死地，由此可知，晁錯的人緣關係有多差，在朝廷是多麼招人恨！

劉啟咬了咬牙，在判決書上寫下了一個字：可！

就在這一刻，晁錯的悲劇命運已經注定。而此時的晁錯還被矇在鼓裡，為前線戰事而憂心忡忡。沒有人替他通風報信，也沒有人打聲招呼。

與其說是皇帝劉啟昏了頭，不如說，這是皇帝與朝臣之間達成的私下交易。

想當初，大將軍竇嬰在出發平叛前，明確向劉啟推薦了兩個人，文為袁盎，武為灌夫。

所有人都知道，袁盎跟晁錯是死對頭，而晁錯早已犯了眾怒。公卿列侯一開始並不贊成削藩，而劉啟偏偏跟著晁錯一意孤行才造成了今天的局面。只有除掉晁錯，公卿列侯才願意全力以赴，為劉啟平定這場叛亂。

這一天，劉啟讓中尉去通知晁錯進宮開會。

晁錯像往常一樣，穿好朝服，整理好衣冠，跟中尉上了車。

馬車沒有駛向未央宮，而是把晁錯拉到了長安東市。在那裡，刑場早就準備好了。

一到長安東市，中尉停車，拿出詔書，向晁錯宣布朝廷對他的判決書。

晁錯一臉震驚，來不及辯駁，就已被推到了刑場上。在那裡，劊子手早已磨刀霍霍。

時已正午，監刑官拖著長音：「時辰到，行刑。」

「真的就要死了嗎？」晁錯的眼睛，依依不捨地望著未央宮的方向。

劊子手甚至沒有剝去晁錯的衣衫，他將一盆涼水猛地潑在晁錯的身上。接著，劊子手的大刀在空中劃出一道優美的弧線，帶著反射的陽光，砍入晁錯的腰間，其勢不衰，竟穿越而出，將一個完整的晁錯斬成兩段。

晁錯的上半身頹然倒地，卻仍有殘存的知覺，他掙扎著看了一眼自己身後，血正在從他的身體裡往外湧，而他，浸沒在自己的血泊之中。

他死時，身上還穿著朝服，鮮紅的血暈染開來，好像一片盛開的寒梅。

這個結局，正應了當初晁父的預料。

帝王之無情，竟至於斯。

我們再來說說晁錯這個人。

毫無疑問，晁錯是一個激進的改革者，不過很可惜，他是一個失敗的改革者。

在評判晁錯的功過是非之前，我們先來問一句：什麼是改革？

改革是打破舊體制，是革故，是「破」，這就意味著要重新切分蛋糕，利益再平衡。

縱覽中華歷史，改革一般分為兩種，一種是順天應人的改革。這種改革要求改革者有高超的技巧，在制定變革方案時，應該廣泛徵求各利益集團的意見，共同參與，多方溝通，以求減少利益各方對變革的抗拒。不過很可惜，這樣成功的改革在歷史上屈指可數。

另一種是順天卻不應人。改革者有遠見卓識，知道眼下國家面臨的困局，也知道該怎樣改正。不過很可惜，由於改革者急躁冒進，或挾寵自驕，或挾上意來強行推動變革。這種一味蠻幹，對政敵的打擊如同秋風掃落葉，必然會遭到大部分人的抗拒，即便可以一時推行，但是也逃不過人亡政息的悲劇。

任何一次改革，都應當盡可能少觸動既得利益，倘若真要觸動，也應該縮小樹敵範圍，想要一棒子打死所有人，結果往往事與願違，出現最壞的結果。

而晁錯，顯然就犯了這種冒進的錯誤。

晁錯看到了諸侯王坐大的不利局面，他的「削藩論」就實際來說，確實有利於漢帝國的穩定性，也有利於鞏固皇權。但是晁錯卻忽略了一個問題，當時的地方勢力已經很大，在朝中也已形成不可忽視的影響面。這個時候，貿然削藩只會刺激到這些地方勢力，極有可能會帶來相當大的破壞性。

既然要削藩，那麼他對後果有過考量嗎？

顯然沒有。

晁錯自己也說，這些個諸侯王，早削早反，晚削晚反，總而言之，削與不削都會反。你明明知道，削藩令一下，吳王必定會造反，那麼朝廷就該早做準備，修武備、擴軍、練兵、屯糧、修要塞、固關口、控制要地。可是，你晁錯有提前部署過其中一項措施嗎？

沒有！

再者，就當時的局勢而言，除了吳王外，大部分諸侯都沒有造反稱帝的念頭。不信請看，當吳楚齊國叛亂時，帝國境內共有十七個諸侯國，也就是說，還有十個諸侯國沒有參與叛亂。

造反的這七國中，除了吳王比較堅定外，其餘六國雖然對朝廷也有怨言，但是頂多算是小蝦米。他們之所以跟著造反，不過是看吳王挑了這個頭，想渾水摸魚而已，說白了就是政治投機。

就削藩來說，文帝時賈誼提出的「眾建諸侯而少其力」，用鈍刀子割肉的辦法，可能比晁錯要穩健得多。

說完了晁錯，我們再來說說劉啟。

晁錯的悲慘遭遇，表明了劉啟在政治上是多麼無恥與奸詐！對於皇帝而言，面對手下，你可以責罵他、教育他，也可以將他貶為平民，但是被腰斬棄市、夷滅三族，這種處罰顯然過於殘忍！

作為大老闆，出了事，責任全是員工的，如果自己不用承擔任何責任，也不用背負道義上的譴責。這樣員工如何繼續信任他？別忘了，晁錯可是為你打工的！

晁錯死了，死於帝王與公卿精心設計的一場謀殺。

千載之下，每當我讀到晁錯的悲劇時，透過泛黃的紙張，仍然可以感受得到帝王權術的冷酷無情。

睢陽保衛戰

與此同時，袁盎也接到了一項任務，他被派往吳國，面見吳王劉濞。「你說要『清君側，誅晁錯』，現在不用你動手，皇帝已將晁錯誅殺，這下你該退兵了吧？」

然而，劉濞聽完袁盎的說辭，笑了：「我都已經當東帝了，難道還要聽小皇帝劉啟的話？」

對於這個結果，袁盎其實心中早有準備。「既然如此，那我就回去交差了。」

劉濞微微一笑道：「回去？回哪？反正你也不過是個打工的，到哪裡不是混口飯吃？你這趟回去也是無功而返，小皇帝會給你好臉色看？不如這樣，你留下來，跟著我，我封你當個師長旅長！」

袁盎斷然拒絕了劉濞的誘騙，開什麼玩笑，自己一家老小還在首都長安呢，要是投了敵，皇帝還不剮了自己全家？

劉濞的笑容逐漸轉冷：「既然你不合作，那我就不客氣了。」

劉濞將袁盎關在軍中，派一都尉領五百人日夜看守，等將來打贏了漢軍，就拿袁盎的血祭旗！

袁盎很委屈，早就知道讓吳王退兵是不可能的事，這下好了，連自己都賠進去了。

就在袁盎對前途絕望之時，一個救星出現了。

這個人是吳軍的校尉司馬，他之所以要救袁盎，是因為袁盎曾對他有恩。

想當初，袁盎任吳相國的時候，這個人在袁盎手下做事。也許是經常出入相府的緣故，他和府裡一個丫鬟兩個人擦出了愛情的火花。

有一天，有人告訴他：「袁公知道你們的醜事了，好自為之吧！」

他嚇死了，跟袁府裡的丫鬟有私情，後果是什麼，用腳指頭都能想出來。「三十六計，走為上策，趕緊跑路吧！」

袁盎聽聞有人跑了，問明情況後，親自騎馬去追，找他回來官復原職，甚至把丫鬟賜給他當老婆，成全了這樁姻緣。

從此之後，袁盎就成了這個年輕人心中的恩人。

而如今，恩人身陷囹圄，自己怎能袖手旁觀？可是問題在於，袁盎的營地外有一支五百人的看守隊伍，要想在這麼多人的眼皮子底下救出袁盎，可謂是難於登天。

好在辦法總比困難多。校尉想出了一個辦法，他拿出自己所有的積蓄，到附近買來兩大桶陳年好酒，請大夥兒喝酒。這幫大頭兵見了酒，如同見了女人一般，口水流得三尺長，幾碗酒下去，全都醉了。

趁著這個機會，校尉悄悄進入，拉起袁盎就往外跑。

袁盎說道：「你誰啊，要帶我去哪兒？」

校尉告訴袁盎：「你趕快跑路吧，吳王明天早上就要斬你了。」

袁盎還是一頭霧水：「我憑什麼相信你？」

校尉有些不好意思：「我就是當年和您的丫鬟私奔的那個人。」

袁盎這才記起，原來是當年的老部下。自己的無心之舉，竟然救了自己一命，可見人品是多麼的重要！

袁盎還是有些不放心：「你把我放走了，你家人怎麼辦？」

校尉告訴他：「放心，我做完這事也要帶著家人跑路了，您不必擔心。」

袁盎這才放下心來，背上包袱，奪門而去。

涉過了三千道水，袁盎日夜兼程，終於在一個月之後，成功逃回了長安。進城之前，他就著溪水洗了一把臉，水中的人兒，皮膚憔悴，滿眼紅絲。回想起這一路的艱辛，好險！

長安城內，劉啟聽完袁盎這一路的驚險經歷，心中微微嘆了口氣。

而此時，前線有個叫鄧公的人，到長安向劉啟彙報工作。劉啟問他：「你在軍中的時候，吳楚聽說晁錯已死，是否有罷兵的意向？」

鄧公回答：「吳楚造反是蓄謀已久，明眼人都知道，這次削藩不過是個幌子罷了。吳王雖然打著誅晁錯的旗號，但是其本意並不在此。陛下誅晁錯容易，我擔心的是，天下人再不敢為陛下建言獻策了。」

劉啟問：「這是為何？」

鄧公的回答很不客氣：「晁錯憂國憂民，擔心諸侯尾大不掉，所以奏請削藩，這是國家萬年之利。可是削藩令剛下發，晁錯就被冤殺，這等於是封住了忠臣之口，讓親者痛仇者快，我覺得陛下這事做得不厚道。」

劉啟頓時覺得自己的臉火辣辣的，有一種被人啪啪啪打臉的感覺。

然而，面對這樣的冒犯，劉啟並沒有生氣，他長嘆一聲，終於承認了自己的失誤：「你說得有道理，我確實後悔了。」

然而，此時晁錯的墳頭早已長滿了青草，回不來了。

犯顏直諫的鄧公被提拔為城陽中尉。

劉啟是真的後悔了嗎？他是真的寄希望於殺死晁錯，以換取諸侯退兵嗎？

在我看來，恐怕不是。

劉啟並不是對政治一竅不通，相反，在老師晁錯的教導下，他深諳帝王權術。晁錯死不死對這場戰爭沒有決定性的意義，他的存在只是給了叛軍進軍的藉口。可是同時，晁錯必須死，只有這樣，才能讓漢朝在輿論上占盡優勢，讓天下人看清叛軍的真面目。

袁盎的經歷表明，講和是沒有用的，必須丟掉幻想，準備戰鬥。

既然和平談判沒有可能，那剩下的就只有用拳頭說話了。

鏡頭再回到前線。

前方的戰事很激烈，吳楚聯軍已經在睢陽城下耗了很長時間，可是依舊沒有任何進展。睢陽城內有兩個猛人，一個叫韓安國，一個叫張羽。這兩個人就像兩座門神，牢牢守護著睢陽城。每一次，吳楚聯軍如潮水般襲來，除了留下幾百具屍體外，只能一無所獲地敗退下去。

吳王很焦慮，他原本以為，吳楚聯軍一路向西，就算遇到困難，那也應該是在洛陽或者長安才對。可是沒想到，這才剛出擊，就被睢陽城絆住了。

一個個備受煎熬的日子裡，吳王遙望著睢陽城。風起的日子裡，他的心情會好一些。為將以來，他殺人無數，征服過無數人，可是如今卻被一個小小的睢陽城困在這裡。風聲掠耳之際，他能從四十年前追隨劉邦出征的回憶中找到一絲久違的快意，風聲驟停時，他的心情立刻一落千丈。

夜深人靜的時候，吳王常常陷入自我懷疑中，自己真的有機會能打入關中嗎？

另一邊，周亞夫則好整以暇地穩坐昌邑，看他們打得不亦樂乎。

吳楚聯軍猛攻睢陽，梁王危如累卵，只能不斷派人向周亞夫求救：「周亞夫，快來幫忙！」

昌邑離睢陽其實並不遠，可是周亞夫卻是搖搖頭：「不救。」

梁王急了，派人向劉啟告狀，說周亞夫不肯救援。

劉啟很著急，派人去督導周亞夫，可是周亞夫拒絕接受詔書，堅守營壘。

吳王也很著急，戰事到目前遲遲沒有任何進展，這樣下去遲早會被耗死！

吳王多次召開軍事會議，商討對策。

大將軍田祿伯首先發言：「我們的軍隊結集在一起開往西邊，若沒有其他特殊路線，是很難成功的。我願意帶五萬人，循江淮而上，攻淮南、長沙，直入武關，分進合擊，與吳王會師關中！」

這路線，怎麼感覺這麼熟悉呢？

其實，這個計畫就是當年劉邦項羽滅秦之策。項羽在北方牽制秦軍主力，劉邦在南線勢如破竹，兩個人分別從北邊的函谷關與南邊的武關攻入關中，從而一舉推翻了秦王朝。

吳王其實早就想過這條路線，如果你仔細看過他起兵時寫的檄文，就會發現，他曾想讓南越與故長沙王子拿下長沙以北，然後一路向西，配合七國造反。但是很可惜，南越與故長沙王子都沒理他，結果這個計畫胎死腹中。

而如今，田祿伯想獨自率兵效仿劉邦，這目的有點耐人尋味啊！

果然，吳太子馬上站了出來：「我反對！我們吳楚聯軍是去造朝廷的反，既然是造反，就不宜借兵他人。萬一人家要是翻臉就不認人，到時候怎麼辦？這當中不可控因素太多，我不看好。」

吳王一聽，覺得很有道理，否決了第一套方案。

另一個叫桓將軍的青年將領提議：「吳軍多是步兵，步兵長於在險要之地作戰。漢軍多為車騎，車騎較利於在平地作戰，希望大王能充分發揮吳軍的優勢，不計一城一地的得失，沿小路輕兵直進占領洛陽，拿下洛陽的武庫，將敖倉的糧食儲備握在手裡。這樣即使不西進關中，也能和朝廷平分天下。要是還這樣為了一城一池打得頭破血流，耽誤了寶貴的時間，等漢軍車騎部隊殺到我們身後，事敗矣！」

「聽著很有道理嘛！」

然而，吳王身邊的老將們卻一致反對：「小孩只配在前線殺敵，這種策略大局哪是你能想明白的，趕緊滾蛋！」

於是，這第二套方案也被否決了。

睢陽下，雙方依舊是大眼瞪小眼，誰也奈何不了誰。

這個時候，一個叫周丘的人坐不住了。

周丘的老家在下邳，早年因為犯了罪，逃到了吳國。眼看著身邊的人一個個當了排長團長，自己什麼也沒撈著，心裡很著急。

之所以混成這樣，也不能怪別人，他有一個毛病：嗜酒如命。試想，這樣一個成天醉醺醺的人，上司能放心給他安排工作嗎？

這一次吳王造反，正是用人之際，周丘覺得自己一展身手的時機到了，他特意戒了幾天酒，找到劉濞，向他毛遂自薦：

「大王啊，我無能，白吃了您這麼多年飯，卻不能到前線去為您殺敵贖罪。我想請大王給我一個符節，我一定能夠做出一番成績來！」

所謂的符節，其實就是一根竹竿，上面掛上點紅纓子什麼的，是漢朝時一種身分的象徵，類似於現在的介紹信。

劉濞沒好氣地白了周丘一眼：「這傢伙今天沒喝多吧？搞什麼？不過這符節嘛，又不值多少錢，倉庫裡多的是，你想要，那就給你一個吧！」

周丘得了符節，如獲至寶，立即展開了他的計畫。

收拾妥當後，周丘帶了幾個人，連夜趕回老家下邳。當時的下邳已經聽說了吳國造反之事，全城戒嚴，風聲鶴唳。周丘一進飯店，就擺出欽差大臣的樣子，叫來縣令詢問城防情況，然後故意挑了一大堆毛病，砍了縣令。

隨後，周丘把城裡的豪傑鄉紳全都召集到一起，亮明身分，曉以利害：「各位父老鄉親，吳王的兵馬上就要到了。吳王兵多將廣，我剛從那兒來，毫不誇張地說，吳王大軍一到，我們全城的人都得跟著遭殃。

眼下我們唯一的出路就是向吳軍投降，只有這樣，才能保住老婆孩子。若是膽敢抵抗，城破之日，妻子兒女，殺無赦！」

一番話，震住了大夥兒。

眼下吳楚聯軍正在向西出發，勝負還是個未知數。從眼下來看，周丘顯然是奉了吳王的命令來接收下邳，要是誰有異議，眼前的縣令就是他的下場！

對於普通老百姓而言，保全妻兒老小才是要緊事。「至於誰來當縣長，關我什麼事？無論誰來，日子還不是一樣過？」

就這樣，周丘兵不血刃拿下了家鄉。經過一番招兵買馬後，部隊很快擴張到了三萬人。周丘帶領這三萬人攻城略地，又得兵十萬人，聲勢大振。

革命前景一片大好，周丘決定去攻打另一座城市城陽。經過一番激烈的攻城戰，周丘的部隊擊破了城陽，順利拿下了這座重鎮。

然而，就在他節節勝利的時候，另一邊，吳楚聯軍卻撐不住了。

這些日子以來，吳王都快要瘋了。

睢陽城就像一個烏龜殼，敲不爛，打不碎，無論自己怎麼努力，總是無法突破這個關口。

一個都跑不了

時間一長，吳王這邊先撐不住了，畢竟自己是勞師遠征，帶的糧草補給有限。眼看著士氣一天天低落下去，為了尋求突破，吳王決定帶著主力部隊北上，跟周亞夫正面決戰！

然而，現實再一次狠狠地打擊了他。吳王想與周亞夫正面對抗，但是周亞夫壓根不給他這個機會，高掛免戰牌，就是不出戰。

吳王被耗得沒脾氣了，決定偷襲！

他讓士兵飽餐一頓，然後將部隊拉到昌邑城的東南角，大張旗鼓地攻城，喊殺聲震動天地！

昌邑城內，滿城上下都能感受到那種戰前肅殺的氛圍。將領們紛紛找到周亞夫，請求出戰。

聽完部下的彙報，周亞夫卻是不為所動。

周亞夫雖然穩坐中軍帳，但是他對戰場上的一切動態都很敏感。吳王在睢陽城耗了多日，如今突然挑釁自己，會不會另有所謀呢？

憑藉著多年的戰爭經驗，周亞夫斷定，吳王是在虛張聲勢！

想到這裡，周亞夫立即下令，將主力部隊拉到西北角，蟄伏待命。

部下一臉糊塗：「這是什麼操作？」

周亞夫也不解釋，只讓大夥兒依令行事。

破曉時分，霧氣還沒有散盡，天地呈現出一種朦朧的灰白色。

昌邑的東南角，戰事還在持續。由於漢軍並不清楚吳楚聯軍到底有多少人，加上部署的兵力不是太多，所以這一戰打得很艱難。

西北角，漢軍主力部隊潛伏在城內，擦拭著手中的刀槍劍戟。當霧氣逐漸消散時，大夥兒聽到了一陣隆隆聲，抬頭看去，只見大量吳楚聯軍正向西北角攻來！

這才是吳楚聯軍的主力部隊！

後面的劇情就比較簡單了，由於漢軍主力早有準備，吳楚聯軍在這裡碰了釘子，死傷大半。吳楚士兵或降或散，軍心渙散，周亞夫則乘勝追擊，大破吳楚聯軍。

兵敗如山倒。

楚王見敗局已定，無力迴天，絕望中自殺。

吳王見大勢已去，長嘆一聲，帶著自己千餘親隨，投奔東越國去了。

昌邑是吳王的傷心地，他的造反生涯在這裡畫上了句號。

周丘一看吳楚聯軍敗了，知道大勢已去，只得回老家下邳，半路上因後背毒瘡發作而死。

吳王死裡逃生，好不容易逃到了東越國。東越王熱情地接待了他，對他的悲慘遭遇深表同情，表示自己一定會借兵給他，助他東山再起。「我早就為你準備好了，軍隊就在外面，我們要不要去看看？」

吳王大喜，出去檢閱軍隊，結果卻被東越王趁機刺殺。

早在吳王到達東越國時，東越王就已被朝廷收買，他們早就設好圈套，就等吳王自投羅網。

吳楚叛亂平息時，膠西王、膠東王、淄川王三個傻兄弟還在臨淄跟齊王硬碰硬。想當初，齊王原打算和吳王一起造反，但是後來觀望猶豫，終不敢起兵。而如今，臨淄已經被圍了三個月，他唯一的出路是向朝廷求救。

這項艱鉅的任務落到了路中身上。

路中悄悄出了城，一路跋山涉水，好不容易走到長安城，告訴朝廷齊王的政治立場，回來的路上正好看到周亞夫大破吳楚聯軍。

這對處於困境的齊王而言，絕對是個好消息啊！路中很激動，準備把這個好消息盡快告訴齊王，結果早上沒看黃曆，一出門就被叛軍逮了個正著。

叛軍很快就得知了他的身分，兩眼放光，把刀架在路中的脖子上，要他向臨淄守軍喊話，說漢軍已敗，繼續抵抗是沒有希望的，讓齊王早點投降，我們還是好兄弟。

路中假裝順從叛軍，到城下時，提高音量大喊道：「吳楚已被朝廷擊潰，周亞夫正帶援軍向齊國趕來。勝利就在眼前，兄弟們要頂住啊！」

惱羞成怒的叛軍將他殺死在城下。

這樣一來，原本陷入絕望的齊軍瞬間又開始精神抖擻起來，繼續跟城外的叛軍硬碰硬。

沒過幾天，韓頽當帶著漢軍騎兵部隊如約前來。此時的叛軍已是強弩之末，在漢軍摧枯拉朽般的攻勢下，叛軍紛紛潰逃。

膠西王跑得最快，他回到家中，越想越後悔，於是就在家裡鋪上草蓆，赤著腳，頂著碗清水，向自己的母親謝罪：「孩兒不孝，害了大家，我實在是心裡有愧啊！」

與此同時，韓頽當的信也送到了膠西國。信中稱：「我奉皇帝詔令前來征討叛軍，朝廷對戰犯的政策是投降者赦免罪過，恢復官爵；不降者一概誅滅，何去何從，你決定吧！」

一句話，投降從寬，抗拒從嚴。

從事後的結果來看，韓頽當寫這封信，完全是滿嘴胡說八道，可是膠西王居然信了。

對朝廷還抱有一絲希望的膠西王，把自己五花大綁，到漢軍軍營裡自首請罪：「我劉卬奉法不謹，違犯王法，嚇到了百姓，自知死有餘辜。希望韓將軍秉公執法，該怎麼處置就怎麼處置，我絕不會有任何怨言！」

韓頹當笑吟吟地看著他：「說說，為什麼要造反呀？」

膠西王：「這事我是有苦衷的，都是因為那個晁錯把持朝政，肆意踐踏高祖法令，侵奪劉氏子弟的封地。我實在看不過去，這才發兵誅晁錯，其目的是為了保衛我大漢江山啊！」

韓頹當：「你既然認為罪在晁錯，為什麼不報告陛下，而是擅自發兵？這明明就是謀反！」

這話一出，膠西王嚇死了，自己負荊請罪，一般來說，不應該是赦免罪過，雙方把酒言歡的劇情嗎？劇情不該是這樣子的呀！

膠西王：「韓將軍，你不是說，如果有自首情節，可以減罪嗎？」

「減罪？」韓頹當冷笑一聲，拿出一封詔書，開始宣讀朝廷的判決結果：

「膠西王劉卬、膠東王劉雄渠、淄川王劉賢，犯謀反罪，判處死刑，立即執行，剝奪王位終身！」

膠西王猛然睜大了眼睛，身子不自覺地打了個寒顫。自己忙活了半天，原來是自投羅網了！

膠西王應該明白，一旦踏上造反這條路，就已經沒有了退路。皇帝不會容忍這樣一個隱患存在，而膠西王以後的日子恐怕也不會過得安心。

絕望的膠西王最終自殺身亡。

他死後，淄川王、膠東王也都被處死，濟南王隨後也步了他們的後塵。

造反派都被壓制住了，按理來說，這個時候最高興的應該是齊王才對。然而事實卻是，齊王一點也開心不起來，他很焦慮。

吳楚造反時，齊王也曾動過念頭，不過他革命意志不堅定，才被三兄弟圍毆。眼看著自己快撐不住了，齊王又開始跟城外的叛軍祕密接觸，想再次達成聯合造反的共識。還沒等談妥，吳王那邊就已經敗了。

好不容易解了圍，齊王還沒喘勻氣，又得到了一個壞消息：漢軍將領欒布已經知道了齊王在關鍵時刻妥協動搖，妄圖主動投敵，並且放話，要收拾意志不堅定的齊王。

齊王一聽，猶如五雷轟頂，通敵的罪名可是不小，一旦朝廷追究起來，自己絕對吃不完兜著走。

我們無法得知，這樣的消息是欒布虛張聲勢，想要嚇唬齊王，還是已經得到了朝廷方面的指示。總而言之，齊王的精神壓力很大，不堪重負的他最終選擇了喝農藥自殺。

得知齊王死了，劉啟心想：「這位堂兄弟不容易啊，面對那麼多的敵對兄弟們，雖然思想上有過波動，也做了一點小動作，但是最後還是堅持住了，畢竟沒有跑到叛軍的陣營裡去。總體而言，這還是一位值得信任的人嘛！怎麼就自殺了呢？太脆弱了！做人，要堅強啊！」

為了表現皇帝的寬宏大度，朝廷送了個齊孝王的諡號給齊王，兒子劉壽繼承了齊王的位子。

吳、楚、齊、膠東、膠西、淄川，一個個都下了臺，有沒有發現還少了一個？

沒錯，這個漏網之魚正是趙國。

眼看著造反派一個個下了臺，趙王壓力倍增。誰也沒有想到，趙王會堅持到最後。

吳楚聯軍氣勢洶洶，宣稱要打進長安城，結果剛出了門，就卡在睢陽城，連函谷關的大門都沒摸著。只過了三個月，漢軍主力縱橫馳騁，吊打造反的六國軍隊。

唯獨在趙國，漢軍碰了一鼻子灰。

作為造反派的一方，趙王計劃得很美好，他將自己的部隊拉到了西邊，一邊聯繫匈奴，一邊等待吳楚聯軍。可是沒想到，此時的匈奴並沒有趁火打劫的意思，吳楚聯軍也被卡在了睢陽城，趙軍成了一支孤軍。

就在趙王心情忐忑的時候，酈寄找上門來了。

酈寄是酈商的兒子，當初呂后去世後，呂黨和功臣派兩大勢力暗中較勁，危機隨時爆發。陳平和周勃派人綁架了酈商，然後讓酈寄去騙呂祿。

由於在關鍵時刻經受住了政治考驗，成功糊弄了呂祿，酈寄得以繼承父業。

這一次，酈寄帶著自己的主力部隊，包圍邯鄲城，準備一舉拿下。可是沒想到，邯鄲城是塊硬骨頭，酈寄啃了七個月，也沒有將這塊硬骨頭啃下來。眼看著其他同事打完收工，連戰場都打掃完了，自己連個邯鄲城都沒拿下，酈寄心裡不用提有多窩囊了。

丟人啊！

一晃，七個月過去了。朝廷實在忍無可忍，派欒布去接替酈寄的工作。

欒布這個人，前面已經露過面了，論打仗，那能力可是很強的。他來到前線，繞著邯鄲城走了一圈，檢視周邊的地形。很快，一條大河出現在了欒布面前。

那一刻，欒布靈光乍現，立刻就有了一個計畫。

回去之後，欒布命人掘開河堤，引水灌邯鄲城。邯鄲城地勢較低，大水很快就漫了進來，這下子，趙王只能在絕望中自殺身亡。

除此之外，還有一個濟北王也有必要提一下。

眼看轟轟烈烈的造反運動以失敗而告終，各路反王一個個掉了腦袋，濟北王總算是看明白了，躲在家裡惶惶不可終日。「修城牆？別鬧了，地球人都知道那是個藉口。事到如今，還修什麼啊！」

隨著朝廷開始秋後算帳，濟北王的精神壓力越來越大。連齊王都掉了腦袋，自己還能躲得掉嗎？與其坐等朝廷的人上門逮捕，受盡凌辱，不如自我了斷了吧！或許皇帝劉啟還能看在自己主動認罪伏法的份兒上，留自己家人一條生路。

濟北王在房梁上掛好了白綾，將腦袋套了進去，剛要踢翻凳子，一個名叫公孫玃的人抱住了他：「老大先別急著死，事情還沒到那一步呢！要是老大信得過我，讓我去梁王那兒求求情，梁王是陛下的親弟弟，在陛下面前是說得上話的。若求情不成，再死也不晚！」

濟北王一聽，道：「既然你說有辦法，那就死馬當活馬醫吧！」

公孫玃到了梁國，要求面見梁王。

一見梁王，公孫玃開始嚎了：「大王啊，我們濟北王這次冤啊！」

梁王心想：「什麼情況？上來就喊冤？」

公孫玃：「濟北國國小民弱，周邊都是大國，四面受敵，隨時都有可能被人瓜分。濟北王沒什麼本事，既無力打擊叛軍，也不能堅守地盤，雖然他曾失言答應與吳王聯合行動，但是那絕不是他的本意，而是形勢所迫，只能假意逢迎叛軍。但是我家主公一向忠於朝廷，對吳王一直是陽奉陰違，從沒有派過一兵一卒到前線，希望大王明察！」

梁王冷笑一聲：「為形勢所迫，就可以當牆頭草？」

公孫玃繼續辯解：「其實，我家主公不僅沒有參與造反，而且還立了功。」

「立功？」梁王聽完，眼珠子都快掉下來了：「見過不要臉的，沒見過這麼不要臉的！好，我倒是要聽聽，你還能說出什麼花來？」

公孫玃：「你想啊，假如濟北王從一開始堅定地站在朝廷這邊，跟吳王翻臉了，結果會怎樣？吳王一定會糾集各路叛軍，先圍剿了濟北王，然後招誘燕國、趙國，再併力西進。這樣的話，叛軍主力就會提前完成集結，到那時大王面對的就不只是吳楚聯軍，至少也應該是七國聯軍了。

幸好我家主公假意迎合吳王，暗中顧全大局。由於他的策略欺騙，讓吳王覺得自己沒有後顧之憂，採取了分兵西進的策略，結果土崩瓦解，終至敗亡。究其原因，這軍功章裡，是不是也應該有我家主公的一份功勞呢？」

梁王聽著有點混亂。

混亂就對了！公孫玃繼續糊弄：「我家主公不容易啊，靠著一己之力，與各國叛軍相抗衡，不肯屈服，稱得上是忠心耿耿了。如果連這樣的人到最後都不能保全，只怕各路諸侯都要寒心了。在我看來，當今世上，能夠直入長樂宮和未央宮，在太后和皇上面前據理力爭的，只有大王您一個人。只要您伸手拉濟北王一把，絕對是好處多多，希望您認真考慮一下。」

公孫玃的嘴皮子確實厲害，這馬屁，拍得梁王通體舒坦，受用無窮。「既然濟北王這麼有誠意地來求我幫忙，那本王就拉你一把！」

靠著梁王的這層關係，濟北王終於撿了一條命，朝廷對他的處理決定是：口頭警告，遷為淄川王。

至此，七國之亂徹底畫上了句號。

回過頭來，我們對這場戰爭做一次覆盤。

這次叛亂，從景帝三年（前 154 年）正月開始，到三月即被平息，七王皆死。參加叛亂的七國，除儲存楚國另立新王外，其餘六國皆被廢除。

時間很短，但是事件本身卻值得看一看。

七國之亂，本質上是一次削藩引發的動亂，很多人都會聯想到明初的靖難之役。在這裡，我們不妨將二者做個比較。

先來比較一下劉啟和朱允炆。

劉啟和朱允炆都是削藩，但是二者手段卻有所不同。劉啟的削藩只是剝奪藩王部分國土，改為中央直轄的郡縣，或是以再分封的名義把大國拆成小國。雖然地盤變小了，但是還沒把諸侯王逼到絕境上，諸侯王雖然心裡不高興，但是也不至於跟朝廷徹底撕破臉。即便後來吳王帶頭造了反，但是帝國境內的其他十個諸侯國並沒有參與叛亂。

朱允炆不一樣，剛即位三個月，朱允炆就開始了削藩，周王被廢。次年，代王、齊王、湘王、岷王先後因故受到制裁，幾個藩王或被逼自殺，或廢為庶人，藩國均被革除，這就給其他藩王造成了極大的壓力。

靖難之役時，因朱允炆得罪藩王過甚，大夥兒全都保持觀望態度，沒人願意出手幫他。反觀漢朝這邊，劉啟的親弟弟劉武拿出了自己所有的看家本領，硬生生將吳楚聯軍攔在了大門外，也給了朝廷反擊的機會。

再來看劉濞和朱棣。

這兩人其實很相似，兩個人都有帶兵打仗的經歷，而且本身實力不俗。區別在於，劉濞之所以要造反，除了削藩之外，更多的是因為他對朝廷早有怨恨。他為造反大業籌劃了四十多年，而且他與景帝有殺子之仇，這就使得劉濞的造反有些報私仇的意思。

朱棣則不一樣，他一開始並不想造反，畢竟縱觀中華歷史，藩王造反，基本上沒有成功的案例。面對朱允炆的強硬手段，朱棣不得不主動示弱，裝瘋賣傻，以此來迷惑建文君臣，可是不料朱允炆根本不吃這一套，準備一舉拿下朱棣，進一步擴大削藩成果。如此硬來，明顯是逼朱棣造反。

可以說，朱棣之所以要起兵，完全是被迫的，其他諸侯王也有兔死狐悲之感。這就使得同樣是造反，打出來的旗號同樣是清君側，但是朱棣卻能獲得更多的同情，再加上北方諸將多是朱棣舊部，因此降朱棣從戰者甚多。

舉個不太恰當的例子，削藩如同是打劫，劉啟只是想搶走你的一部分財物，而朱允炆則是趁你病、要你命，再加上朱允炆此後一連串的操作失誤，結果就悲劇了。

諸侯王的問題搞定了，劉啟又開始操心起了另外一件事：繼承人問題。

第十二章

宮廷風波

再婚女人上位史

這個問題還得從劉啟繼位時說起。

我們都知道，劉啟有個同胞兄弟，叫劉武。當時文帝剛剛去世，竇太后作為新任皇帝的母親，在朝中自然是位高權重。眼看著自己的大兒子當了皇帝，竇太后母愛氾濫，也想著讓自己的小兒子過過皇帝的癮。

自從有了這個念頭，竇太后常常在兒子劉啟面前念叨。劉啟臉上笑呵呵的，每次都打太極繞過去。開玩笑，自己是有兒子的人，兄弟當然重要，但是哪有兒子重要？要是讓弟弟當了皇帝，那自己兒子將來還有活路嗎？

一次家庭宴會上，劉啟猜想是喝多了，端著酒杯對弟弟說：「千秋萬歲後傳於王。」

幸福來得太突然，讓劉武有點反應不過來，等他回過神來，腎上腺素立刻升高了。竇太后也激動了，自己唸叨了這麼多年，這是皇帝第一次親口答應此事，不容易啊！

然而，就在這時，一杯酒遞到劉啟面前。

這個人叫竇嬰，是竇太后的姪兒。他上前替皇帝敬酒，道：「這天下是高祖皇帝打下來的。從高祖皇帝開始，大漢的江山都是傳給兒子，哪有傳給兄弟的？」

竇太后的臉立刻就沉了下來。她無論如何都沒想到，拆自己臺的竟然是自己的姪兒，這臉打得真是夠狠啊！

宴會就這樣不歡而散。

竇太后很生氣，後果很嚴重，竇嬰不僅被免了官，族籍也被刪除了。

然而，劉武並沒有放棄當皇帝的念頭，母親竇太后就是他最大的靠山。只要劉啟沒立太子，他就還有機會。

劉啟的皇后叫薄氏，兩人結婚二十多年，一直沒有孩子。

劉啟還是太子時，薄太后為了鞏固維護外戚的勢力，把她娘家的一女子指配給劉啟為妃。劉啟不喜歡她，但是祖母之命難違，只好遵從，就這樣，薄氏當上了太子妃。

薄妃進宮後，劉啟又陸陸續續地納了幾名姬妾，不過她們都沒有薄氏地位高。

文帝去世後，劉啟即位，薄氏被冊封為皇后。然而即使貴為皇后，劉啟仍然不找薄皇后侍寢，常留她獨守空房，暗自垂淚。她的處境，猜想比「天階夜色涼如水，坐看牽牛織女星」的宮女還要幽怨一些。

太子作為國家的法定繼承人，事關家國天下，皇帝急，大臣們更急。劉啟有十四個兒子，老大叫劉榮，是栗姬的兒子。按照排位順序，太子之位非劉榮莫屬。

西元前 153 年，劉啟封長子劉榮為太子。

如果不出意外，劉榮將會繼承老爸的位子，沿著父輩的道路繼續走下去。

然而，歷史的迷人之處就在於，它往往不會按照我們預想的劇情發展，而是會出現各式各樣的意外。

劉榮一當上太子，大夥兒就按捺不住了，不少人開始為自己的未來布局鋪路，其中就包括劉嫖。

劉嫖是竇太后的長女，因而稱長公主，又因為她的封邑在館陶，所以又叫館陶公主。她與弟弟劉啟的關係向來很好，雖然是一介女流，但是她憑藉著投機取巧，善於鑽營，在朝中混得如魚得水，影響力不可小覷。

劉嫖有一項技能，那就是拉皮條，而且是專為皇帝弟弟拉皮條：「兄弟你想要什麼樣的女人，姐全幫你包了。」

為了搞好和皇帝的關係，劉嫖做了不少皮條客的生意。

一聽劉榮當了太子，劉嫖就動起了心思，她有個女兒，名叫阿嬌，比太子小幾歲。為了鞏固自己的地位，她主動登門拜訪慄妃，想親上加親，把阿嬌許配給太子劉榮。

太子的老婆不怕沒人提。自從兒子當了太子，栗姬得意不已。一看劉嫖來提親，栗姬就擺起臉色來了，她想起了一些不太美好的事，劉嫖經常替皇帝拉皮條，讓皇帝夜夜笙歌，樂不思蜀，自己備受冷落。

這種拉皮條的事，哪是一個公主該做的事？說出去都丟人。栗姬打從心裡就不喜歡劉嫖，如今她主動找上門來，自己自然沒有好臉色。「還想跟我結親家？哼哼，死了這條心吧！只要我在的一日，你就別想打我兒子的主意！」

劉嫖碰了個釘子，她沒想到栗姬對自己有這麼大的恨意，劉榮還沒繼位呢，栗姬就敢不給自己面子，假如日後她的兒子成為皇帝，她成了太后，自己這個過氣姑媽，豈不是死到臨頭了？

對於栗姬的不識抬舉，劉嫖自然是懷恨在心，她在心裡暗暗發誓：「今天的你對我愛理不理，明天的我讓你高攀不起！」

栗姬顯然低估了劉嫖的實力，她以為兒子當了太子，自己就可以高枕無憂，但是她忘了，這個世界上有一個詞，叫挖牆腳。

只要鋤頭揮得好，沒有牆腳挖不倒。

而劉嫖，就是那個挖牆腳的人。

劉嫖被栗姬拒絕後，轉頭就去找了另一個人：王娡。

這個女人很特別，我們有必要介紹一下。

王娡的母親叫臧兒，是燕王臧荼的女兒，臧荼後因「謀反」兵敗被殺。你沒看錯，王娡的出身並不好，是謀反者的後代。

臧兒流落民間後，嫁給了一戶平民王仲為妻，生有一子兩女，兒子名叫王信，長女便是王娡，次女名叫王兒姁。王仲死後，臧兒又改嫁給長陵的田姓人家為妻，生了兩個兒子：田蚡和田勝。

王娡長大成人後，嫁給了一戶金姓人家為妻，生了一個女兒名叫金俗，日子過得簡單而溫馨。

然而，這種平靜的生活很快就被打破了。一個算命先生為臧兒算了一卦，告訴她：「王娡有大富大貴的命，能生天子，就這麼嫁了，虧！」

臧兒一聽，心裡盤算著，難道自己還有重現家族輝煌的機會？

不甘心的她做出了一個艱難的決定：「撕毀婚約，把女兒從金家搶回來！」

金家自然是不肯，好不容易娶到的老婆，哪能就這麼輕易還回去？兩家人開始爭吵。不過臧兒還是動用了各種關係，成功搶回了女兒，而且還把再婚的王娡送進了太子府，成了劉啟的女人。

這關係，這手腕，非常厲害！

猜想王娡確實有幾分姿色，劉啟對她此前的婚姻經歷並不在意，反而對她非常寵愛。沒過多久，王娡就為劉啟生下了三個公主，並在劉啟繼位的第二年，為他生下了一個男孩，乳名叫劉彘。

這個名字大家可能不太熟，但是他另外一個名字路人皆知：劉徹！

王娡上了一個臺階，成了王美人，運氣不錯，得劉啟的寵愛。可是後宮受寵愛的美女何止一人，王娡怎麼才能脫穎而出呢？

王娡很有心計，她編了一個謊話，說自己懷孕時，曾做過一個夢，夢見太陽鑽進了她的肚子裡，後來沒過多久，就生下了劉徹。

這個故事既無法被證實也無法被證偽，但是卻很合劉啟的胃口，至少，在他心裡留下了一個深刻印象。

王娡雖然竭力想要出人頭地，但是很遺憾，劉徹只是劉啟的第十個兒子，按照一般的排位順序來說，太子之位怎麼也輪不到他身上。

不過，有了劉嫖的幫忙，事情就有了轉機。

王娡的情商和智商非常高，得知劉嫖前來拜訪，王娡立刻就判斷出了她的重要性，熱情地接待了劉嫖。兩人很快結了盟，對於劉嫖提出的結親家一事，王娡二話不說就答應了下來。

為了鞏固聯盟關係，王娡還提出把長公主的小女兒嫁給自己的兒子。

據說，當時劉徹只有四歲，阿嬌已經九歲。劉啟覺得兩個孩子年齡上有些差距，便沒有允諾。

長公主見狀，把劉徹抱在膝蓋上，指著自己的女兒問劉徹：「彘兒，等你長大了，讓阿嬌姐姐嫁給你可好？」

人小鬼大的劉徹立即大聲說：「若得阿嬌姐姐為妻，必築金屋以藏之。」

劉啟和劉嫖聞言哈哈大笑，他覺得劉徹這麼小就喜歡阿嬌，應該是種緣分，再加上劉嫖的巧言辭令，就答應了這門親事。

這便是歷史上有名的金屋藏嬌的由來。

為了讓膠東王劉徹登上太子之位，劉嫖開始勤奮地揮起鋤頭，挖劉榮和栗姬的牆腳。只要逮著機會，她就在皇帝和太后的身邊念叨：「栗姬是不錯，只是猜想是愛陛下心切，有點小肚雞腸了。我聽說她和後宮的寵姬聚會，常常讓侍從偷偷在她們背後吐口水，背地裡還施妖邪惑人之術詛咒。」

「有這等事？」老太太將信將疑。

「我也奇怪呢，按理來說，栗姬不該是這樣的人啊！」

在貶低栗姬之餘，劉嫖也沒忘幫劉徹說好話，說：「十皇子彘兒聰明伶俐，學習也非常用功，比那個悶葫蘆劉榮機靈多了。」

一開始，皇帝和老太太都沒放在心上，但是劉嫖說得像真的一樣，皇帝和老太太卻也將信將疑起來，難不成這栗姬真的如此小肚雞腸？

不過皇帝也知道，劉嫖之前想與太子結親被拒，對栗姬似乎有點意見，因而並未全信。為了鞏固太子的地位，將來讓他名正言順地登基，劉啟還是想立他的母親栗姬為皇后。

有一次，劉啟生病了，不過不是太嚴重。他想起劉嫖說栗姬善妒一事，心中有了個主意。他將栗姬叫到跟前，一本正經地囑咐她：「我近來身體不好，要是我走了，你可要挑起後宮的大梁啊！家裡的女人和孩子們就託付給你了。」

劉啟說這話，無非就是試探，這是帝王們常玩的把戲，標準答案應該是痛哭流涕，然後表示自己能力不夠，怕有負囑託，再或者就是拍胸脯表決心，並發誓視如己出，絕不允許內鬥等。

然而，就在那一刻，栗姬突然就怒了！

這些狐狸精奪走了皇帝對她的愛，她們生的兒子，也分走了皇帝對自己兒子的愛。那些惡毒的女人和兒子們手段通天，自己不知道遭了她們多少算計？現在需要自己反過來照顧他們？休想！

栗姬堅決不肯答應，發了一通牢騷，還說了一些皇帝老糊塗了之類的話。

劉啟一聽，非常生氣！都說栗姬善妒，想不到竟然小肚雞腸到這個地步！如此心胸狹隘，將來自己駕崩之後，她還不為所欲為，將朝廷攪個天翻地覆？

劉啟當場就做出了判斷，他原本是打算立栗姬為皇后的，這下只能暫時打消這個念頭了。只是看在多年的情分上，又是太子的母親，並未治罪於她。

雖然這次栗姬沒受到任何懲罰，但是劉啟已經對她產生了厭惡。劉嫖見第一步已經成功，馬上啟動了下一步計畫。

這一天，劉嫖找來朝中一位官員，告訴他：「皇帝已經立了劉榮為太子，可是她的母親遲遲未能獲封皇后。這事皇帝不好主動開口，你們做臣子的就得操心嘛！」

這位官員一聽，立即表態：「懂了，明天我就拉幾個人一起上疏，提醒皇帝。」

第二天一上班，劉啟就收到了一封奏摺：「子以母貴，母以子貴，如今太子已立，希望能將他的母親栗姬冊封為皇后。」

結果，劉啟勃然大怒：「我的家事你也來管？你這麼為栗姬說好話，難不成已經被她收買了？」

皇帝一生氣，後果很嚴重，這個倒楣蛋被拉去砍了頭。他或許到死也沒想到，自己竟然被劉嫖利用了，而且是一次性的那種，用完就扔。

太子也受到了牽連，皇帝一氣之下廢了劉榮的太子之位，降為臨江王。

此舉一出，朝野譁然。太子之位關乎國本的穩定，哪能說廢就廢？太子的老師竇嬰站了出來，堅決表示反對。

不過，劉啟是鐵了心要廢太子，無論竇嬰怎麼勸都沒用。

兩人關係鬧得這麼僵，竇嬰也覺得沒臉再待下去了。他請了病假，跑到藍田南山下，過起了隱居生活，任賓客、辯士怎麼勸說都不肯回去。

梁國人高遂也來勸他，對他說：「能讓您富貴的是皇上，能讓您成為朝廷親信的，是竇太后。如今您當了太子的老師，太子被廢卻不能諍諫，諍諫達不到效果，又不能為此而死，藉口推說有病，自行引退，賦閒避居而不上朝。把這幾件事對照來看，您顯然是在張揚皇上的過錯。若是皇上和太后因此惱怒，決定找您麻煩，您有再多的老婆和兒子也不夠砍啊！」

高遂的意思很明確，作死也要有個限：「你這麼任性，把皇帝逼急了，能有好果子吃嗎？」

竇嬰一聽，這才意識到自己確實有點任性，於是又灰溜溜地回去上班了。

兒子被廢，做母親的自然也好不到哪兒去。栗姬受到了牽連，從此被皇帝冷落，只能獨守空房。性子火暴的她怒火攻心，有冤無處訴，不久憂懼而死。

同年四月，王娡被立為皇后，七歲的劉徹被立為太子。

此時距離栗姬拒絕劉嫖的婚事，剛滿三年。

而那個被遺忘的薄氏，也在薄太后去世後被廢，此後在憂鬱中離開了人世。

帝國的獠牙

劉榮被發配到江陵的封國，然而劉啟似乎並不打算放過他。兩年後的某一天，劉啟接到報告，說臨江王為了擴建王府，占用了文帝宗廟中的土地。

結果，劉啟勃然大怒，要求有關部門徹查此案。案件負責人叫郅都，他有一個響噹噹的外號，叫做「蒼鷹」。

你或許沒聽過郅都這個名字，但是一定聽說過另外一個詞：「酷吏」。

司馬遷寫《史記》，專門有一篇〈酷吏列傳〉。這是一個特殊的群體，他們將儒家倫理道德與法家嚴刑峻法合為一體，為政嚴酷剛猛。

一句話：「酷吏者，以暴制暴者也。」

與酷吏相對應的群體叫循吏，這些人手段相對溫和些，他們的工作重點在於勸課農桑、興修水利、輕徭薄賦、恤養孤寡等建設性工作。而酷吏的打擊對象更偏重於盜賊巨匪、豪強暴民等不法分子。

很多人往往對酷吏這個群體沒有好印象，大家都喜歡循吏，鄙視酷吏。但是其實，酷吏只是權力的產物，在特定時期發揮作用，很多酷吏並沒有多少私心，甚至有著正直的人格品質，我們不能簡單地將他們貼上壞人的標籤。

而郅都，就是西漢第一個登場的酷吏。

文帝時期，郅都步入了國家公務員序列，官階叫做「郎」，是九卿之一的郎中令的屬官，每天的工作就是防守皇宮殿閣門戶、扈從皇帝出行，簡單來說就是皇帝身邊的小跟班。

而他第一次登上歷史的舞臺，還要從景帝時期說起。

事情的經過是這樣的：有一次，劉啟帶著自己的小老婆賈姬到上林苑玩，賈姬去上廁所，結果一隻野豬突然冒了出來，闖進了女廁所裡，嚇得賈姬高聲尖叫。

劉啟很著急，如果是個人，倒可以大喊抓刺客，甚至誅他九族，但是這隻野豬又不和人講禮義廉恥，怎麼辦？

劉啟看了一眼旁邊的郅都。

不料，郅都竟然假裝沒看見，一動不動。

「這個郅都，真是沒眼色啊！」

老婆有難，老公自然不能袖手旁觀。劉啟拉起袖子，提了一把刀，準備親自上場跟野豬搏鬥。

郅都見狀，趕緊攔住了皇帝：「老婆死了，再娶一個就是了，像賈姬這樣的女人天下有的是。陛下可以看輕自己，一旦發生意外，大漢的江山與太后怎麼辦？」

兩個人一時僵持不下，好在那野豬對賈姬也沒有非分之想，在廁所晃了一圈，出來逃走了，賈姬也以倖免。

郅都則因為這番政治正確的言論，得到竇太后的賞識，不久升為濟南太守。

在這裡，郅都迎來了新的挑戰。

要知道，濟南可不是個太平的地方，這裡有一股叫「瞯氏」的黑惡勢力。這是一個龐大的家族，世代豪強，稱霸地方已久，光是投靠他們的人就多達三百餘戶。這股黑惡勢力屢次與官府作對，已經到了太守都降不住的地步。

很顯然，劉啟調郅都去濟南，是想讓他打黑除惡，還社會安寧。

瞯氏的死期就在這一刻到來。

郅都沒有辜負皇帝的期望，一到任，立即逮捕了瞯氏全族，沒有任何審訊，直接滿門抄斬，一個都不留。

有人來說情？不存在的。

有人來送禮？一律拒絕。

有人委婉地告訴他：「出來混，總要還的，大家都在官場上混，做人留一線，日後好相見。別把人際關係弄得這麼差，這樣對你未來的發展沒有好處。」

對於這種說辭，郅都完全不以為意。自從踏上這條路，他就切斷了一切退路，他在任職期間斷絕了與家人的一切聯繫，並對外界公開表示：

「既然離家為官，那我這個人就不再是父母的，而是屬於朝廷。奉公守法、恪盡職守是我的本分，我絕不能利用朝廷賦予我的權力地位，替自己的妻兒老小牟取私利。」

出來混，他就沒想過還。

他用滿地的頭顱告訴所有人，普天之下，莫非王土；率土之濱，莫非王臣！誰要是對抗朝廷，這，就是下場！

這種霹靂手段果然震懾住了當地的一些豪強，大夥兒不得不夾起尾巴，老老實實做人。不過一年時間，濟南郡一片太平，路不拾遺，當地大小官員都唯郅都馬首是瞻，濟南周邊十餘郡的郡守甚至以拜見上級的禮節對待郅都。

郅都的「打黑除惡」專項行動取得了豐碩的成果，也得到了劉啟的高度認可。很快，他就接到了回長安的調令，職務是中尉。

長安城的中尉，職權不可謂不重大。劉啟為什麼要將他調回首都？很簡單，因為長安城的黑惡勢力更大、大老虎更多，劉啟需要一個雷厲風行的人，好好整治一下長安城的社會治安。

有人或許會覺得奇怪，作為首都的長安城，為什麼會有這麼多的黑惡勢力？

這個問題說來話長，我們得從秦始皇時代說起。

當初秦國攻滅六國、橫掃天下，雖然軍事上很順利，但是嬴政一直有一個顧慮，那就是六國國土易破，人心難附。

六國雖然被逐一攻破，但是六國後人在故土驚人的政治號召力和龐大財力，讓始皇帝寢食難安。為此，他做了一項決定，秦軍每攻克一個地方，就將該地的王室、貴族、富商全部遷到咸陽，將他們置於秦王朝的武裝監視之下。

始皇帝二十六年，遷天下豪富十二萬戶定居咸陽。

漢帝國建立後，婁敬替劉邦出了個主意：

「諸侯起事時，靠的是齊國田氏，楚國昭、屈、景氏這些大家族。如今陛下您雖然已經建都關中，實際卻沒有多少人民，而東部有六國後人，一旦有事，您也就不能高枕而臥了。我建議陛下把六國後人及地方豪強、名門大族遷徙到關中，這樣一來，國家無事可以防備匈奴，如果各地諸侯有變，還可以徵集大軍討伐，這是強本弱支的根本辦法。」

劉邦一聽：「這個主意好！」

朝廷很快下令，將齊國和楚國的幾個大族遷到了關中，置於皇帝的眼皮子底下。

景帝上位後，也做過移民搬遷的事，他將一部分居民遷到陽陵，賜給他們安家費二十萬。

既然被強制搬遷了，為何還會形成這麼多的土豪地主呢？

這些土豪大佬們雖然遠離故鄉，但是並沒有就此沉淪。他們憑藉著敏銳的頭腦和靈活的手腕，在新的土地上重新崛起，再次成為這個時代的佼佼者。

除了這些豪族外，京師也雲集了本朝的新貴群體。這些人的數量有多少呢？我舉個例子，劉邦在的時候，開國元勛中，光是封侯的就有一百四十三人。這些新貴和宗室外戚雖然也有自己的封地，但是他們就要賴在首都，打死也不去自己的地盤。

由於政府倡導無為而治，這些以地方豪強為主體的黑惡勢力十分猖獗，在首都長安城，一些黑社會組織猖獗到連高官都拿他們沒辦法。

劉啟將郅都調到首都，也是希望他能一改長安城的社會風氣。

郅都沒有讓劉啟失望，上任後絲毫不買權貴和豪族們的帳，在政法戰線上兢兢業業，本著「有黑掃黑、無黑掃惡、無惡治亂」的原則，深入開展「打黑除惡」專項鬥爭，哪裡有黑惡勢力，哪裡就會有郅都的影子。

在郅都的治理之下，整個長安城一片狼藉，官不聊生，朝廷颳起了一陣清廉之風。

這一次，郅都又接到了新的任務：審理廢太子劉榮一案。

這次任務與以往不同。

首先，劉榮的身分很敏感，他是廢太子，皇帝對他到底什麼態度，誰也不清楚。

其次，讓一個市警察局局長親自審理諸侯王案件也不合適。想當初，淮南王謀反時，朝廷可是派了丞相、典客、宗正、廷尉、備盜賊中尉五個人聯合辦案，哪有讓市警察局局長單獨審理諸侯王的例子？

再次，占用宗廟土地，這事說起來可大可小。「當年晁錯為了上班方便，在太廟牆上打洞，你劉啟都可以大事化小、小事化了，替晁錯遮掩過去，如今怎麼就突然重視起來了？」

可是，皇帝既然這麼安排了，那一定有他的道理。

可是，這道理，或者說，皇帝到底想讓他做什麼呢？

郅都陷入了沉思之中。

皇帝明明知道，自己頭上頂著帝國頭號酷吏的名聲，也清楚自己嚴酷的執法手段。知道這一切，還要點名讓自己審理——

難道是？

就在那一刻，郅都隱約猜到了皇帝的意圖。

劉榮被傳喚到長安，接受審訊。迎接他的，是面色冷峻的首都市警察局局長，郅都。

一到監獄，郅都立即對劉榮開展審訊，十大酷刑輪番上陣。劉榮哪見過這種場面，很快就認了，他提出了一個請求，希望提供刀筆和竹簡，他要向皇帝寫信，上疏謝罪。

郅都在一旁冷眼看著他：「寫信就不必了，有什麼問題，向我交代就行。」

劉榮絕望了。

郅都就算再狠，也沒有膽量對皇子痛下殺手，除非，這是皇帝的意思。

那一刻，劉榮彷彿看到了朝堂之上的父親那張冷漠麻木的臉。

饒是如此，劉榮還是想盡一切辦法，託人將消息傳到了竇嬰這裡。

竇嬰是劉榮的老師，對他自然是有感情的。如今劉榮落了難，竇嬰立刻想盡一切辦法，趁著探監的機會，將竹筆等物品送到獄中。

刀筆和竹簡有了，但是此時的劉榮已經絕望了。

他顫顫巍巍拿起刀筆，寫下了一封遺書，然後自殺了。

遺書最終透過竇嬰，交到了劉榮的祖母竇太后手中。

得知劉榮的死訊後，竇太后大怒：「你郅都算個什麼東西，敢逼死我的孫兒？」

盛怒之下的竇太后要求處死郅都，以洩自己的心頭之恨。然而劉啟似乎鐵了心要保郅都，面對母后的壓力，劉啟只是暫時將他免職。過了風聲後，又悄悄將他提拔為雁門太守，賦予他便宜行事的權力，遇事可以先斬後奏。

從這裡不難看出，劉啟顯然對郅都的工作非常滿意，而劉榮的死，劉啟絕對逃脫不掉主謀的關係。

不僅如此，史家在記錄這次事件時，特意提到了一件事：

劉榮離開江陵封國赴京前，祭祖結束，準備登車出發，不料車軸忽然折斷。江陵父老一致認定為凶兆，不由得感慨道：「我們的王回不來了！」

劉榮死後葬於藍田，得了個「臨江閔王」的謚號，據說有數萬燕子啣土置其塚上。從這些記載不難看出，輿論普遍對劉榮持同情的態度。

再說回郅都。

事實證明，是金子，無論到了哪裡，都會發光的。郅都到了邊疆，天天和匈奴人硬碰硬，威名遠震大漠。其實自從劉啟繼位後，漢帝國繼續執行和親的示弱政策，匈奴倒也安分，基本上沒有發生過大規模的入侵，只是偶爾過來騷擾。

這一次，匈奴人竟然被一個漢朝人嚇住了，這怎麼行？

匈奴單于為了激勵士氣，讓人刻了個郅都的木偶，立為箭靶，令匈奴騎兵奔跑射箭。結果匈奴騎兵因畏懼郅都，一個個心裡緊張，竟無一人能射中。在郅都任職的那些年，匈奴人一直不敢靠近雁門。

竇太后得知劉啟再次重用郅都，氣到不行。「敢在我的眼皮子底下玩這種陽奉陰違的把戲，你劉啟膽子也太大了！」惱羞成怒的竇太后要求皇帝立即下令逮捕郅都，這次說什麼也要弄死他。

劉啟替郅都辯解，說：「郅都是忠臣，就這麼殺了，豈不是太可惜了？」

竇太后不忘孫兒之死，反駁道：「臨江王難道就不是忠臣嗎？難道就讓他這麼白白死了？」

在竇太后的強力干涉下，郅都被抓回長安砍了頭。

「蒼鷹」隕落後，匈奴又犯雁門關。

劉武的皇帝夢

匈奴的事先不提，朝堂之上，梁王又耍花招了。

前面說過，梁王是劉啟唯一的弟弟，仗著竇太后的寵溺，狂得不得了。竇太后賞賜給梁王的錢財不計其數，並且屢屢向劉啟提議，將來把皇位傳給梁王。

劉啟也曾在一次酒宴上親口許諾，將來自己離世後，將帝位傳予梁王，不過卻被竇嬰攔住了。

這樣的話，作為弟弟，只能聽聽而已，認真你就輸了。但是梁王當真了，日夜做著皇帝夢，不僅做夢，他還積極動作，到處拉幫結派。

由於有竇太后做後盾，又有皇帝哥哥的許諾，梁王自信滿滿，氣焰萬丈，其珍寶財富堪比京師，出行威儀比於天子。

梁王的「皇帝夢」做得甜美深沉而有滋有味。

景帝七年（西元前 150 年），劉啟廢了劉榮的太子之位，將他貶為臨江王。

太子之位，空了！

這是一個千載難逢的機會！

梁王很激動，立即去找靠山竇太后。竇太后一看有機會了，再次向劉啟提議，由梁王將來繼承帝位。大臣們有的擁護，有的反對，嗣位之爭再起波瀾。

袁盎就是反對派中的一員，他天天跑到竇太后那裡，為她上政治課。

袁盎：「要是立了梁王為儲君，將來梁王歸西了，誰來繼承大位？」

竇太后：「這好辦，將來再傳給他哥哥的兒子嘛！」

袁盎：「那梁王的兒子能當看熱鬧的群眾嗎？」

竇太后：「這——」竇太后一時語塞。

緊接著，袁盎又講了一個故事給竇太后聽。

春秋時期，宋國的國君宋宣公患不治之症，開始安排後事。

宋宣公有個兒子叫與夷，有個弟弟叫公子和。雖然早有繼承人，但是宋宣公卻認為，弟弟比兒子更適合管理宋國，於是召集群臣，說道：「父死子繼，兄終弟及的道理，大傢伙兒都明白，我打算把位子傳給弟弟。」

沒過多久，宋宣公去世，弟弟宋穆公繼位，管理宋國。

九年後，宋穆公病危，他將大司馬孔父嘉喊到身邊，告訴他：「以前我哥讓位與我，而沒有傳位給他的兒子與夷，我一直不敢忘記這件事。等我死了以後，一定要立與夷為國君。」

有沒有覺得孔父嘉這個名字很耳熟？

沒錯，他就是孔子的六世祖。

面對宋穆公的囑託，孔父嘉卻有不同的意見：「大夥兒商量過了，我們一致認為，您應該立您的兒子為國君。」

宋穆公搖搖頭：「不行，我不能做對不起哥哥的事。」

宋穆公力排眾議，堅持要把位子傳給哥哥的兒子。為了順利交接權力，他還下狠心，把自己的兒子送到鄭國當人質。

做完這一切，宋穆公就去世了，大夥兒按照他的遺願，立宣公的兒子與夷為國君，這就是宋殤公。

消息傳出去後，大夥兒紛紛稱讚宋穆公，皆大歡喜，可是有人不滿意。

公子馮很生氣，道：「我才是你的兒子，你不把位子傳給我也就算了，竟然還把我發配國外當人質，有你這樣的爸爸嗎？」

他發誓，要把位子奪回來。

由於公子馮在國內有一定勢力，而且得到了鄭莊公的支持，再加上衛公子州籲從中不斷挑唆，宋殤公下決心清除後患，聯合衛國攻打鄭國，兩國軍隊一直打到了鄭都東門才罷兵。

宋殤公大勝而歸，他覺得鄭莊公遠沒有傳說中那麼厲害。自己大軍一到，還不是把他打垮了？

然而就在第二年，鄭國騰出手來，興師討伐宋國，來報東門之仇。鄭、宋兩國由此展開了數年的拉鋸戰。

故事講完，袁盎看著老太太，不說話了。

老太太聽完這個故事，嚇得臉都綠了，她只想著讓小兒子也有機會當皇帝，卻從沒考慮過下一代的事。文化人就是不一樣啊，看問題的角度就是跟其他人不一樣。

竇太后被說服了。

不久，劉啟立膠東王劉徹為太子，梁王的「皇帝夢」徹底破滅。

消息傳到梁王的耳朵裡，梁王暴跳如雷。

由於常年受到竇太后的寵愛，再加上自己平定七國之亂立有大功，梁王這些年有些驕傲。這一次，眼看著煮熟的鴨子又飛走了，梁王簡直要抓狂了。

「都怪那個可惡的袁盎，要不是他從半路殺出來，這皇位早就是我的了，關劉徹什麼事？袁盎才是罪魁禍首！」

上司有煩惱，做下屬的自然就得想辦法解決。羊勝和公孫詭兩個人一合計，為梁王出了個主意：刺殺袁盎！

梁王一聽，立刻就激動了：「這事交給你們去辦！」

為了刺殺袁盎，哥倆廣發英雄帖，招攬了一大群高手。

第一個殺手領到任務後，很快就出發了。這個殺手和別的殺手不太一樣，凡事都喜歡刨根問底，問個為什麼。到達關中後，他沒有急著去尋找目標，而是在長安城轉了一圈，向市民打聽這袁盎到底是一個什麼樣的人。

一打聽才知道，這袁盎是一個高尚的人，一個純粹的人，一個有道德的人，一個有益於人民的人，大夥兒對他那是交口稱讚。

殺手覺得自己的信念動搖了。

與一般的殺手不同，這個殺手做事有自己的原則，只殺貪官汙吏，絕不濫殺好人。他不忍下手，索性去面見袁盎，告訴他：「我拿了梁王的賞金來刺殺你，但是我發現你是個厚道人，不忍加害。雖然這次任務我失敗了，但是梁王派了很多殺手，很快就會接踵而至，袁公你可千萬要小心！」

殺手說完，轉身，消失在了夜色中，留下袁盎一個人在風中凌亂。

袁盎左思右想，覺得躲哪兒都不安全。

想來想去，袁盎決定到長安城一個神漢家裡問卦，看看有什麼破解之道。結果袁盎剛從神漢家裡出來，就被殺手盯上了。

安陵城門處，一個身影忽然靠近袁盎，拔刀，揮刀，一氣呵成。

袁盎倒在了長安的夜色中。

幾乎在同一時間，與袁盎一起勸諫過竇太后的十來個大臣，也遭遇了刺殺。

朝廷高官群體遭遇刺殺，這放在歷朝歷代中，絕對是駭人聽聞的大事件。堂堂天子腳下，當街刺殺朝中重臣，還有沒有王法了？

這件事在長安城引發了極大的影響，劉啟立刻將此案立為督辦大案，要求限期偵破。

偵查人員不敢怠慢，立即著手調查，經過一系列調查取證，所有的證據都指向同一個人 —— 梁王劉武。

其實，只看這些死者就能猜出個大概。上到朝廷官員，下到長安掃地大媽、酒樓端茶小廝，都知道凶手是誰。

朝廷立即成立了專案組，前往梁國調查此案，逮捕凶手公孫詭和羊勝。這兩人一聽朝廷來抓自己了，索性躲進了梁王的王府中。

為了處理這次案件，朝廷派出了十多批專案組，先後來到梁國，要求交出凶手。梁王表面上積極配合，進行了大範圍的搜捕，結果一個多月過去了，還是沒有找到公孫詭和羊勝。

劉啟對此心知肚明，又讓田叔牽頭成立專案組，再次前往梁國調查此案。

一聽這人來了，梁國內史韓安國有點心慌，他決定直接去找梁王，讓他交出凶手。

一見梁王，韓安國立刻戲精上身，哭著說：「主憂臣辱，主辱臣死，大王身邊沒有良臣輔佐，所以才鬧到這種地步。如今朝廷又派了專案組來查案，如今既然抓不到公孫詭、羊勝，那都是我的責任，我今天來向您辭行，請大王賜死我吧！」

梁王一臉糊塗，問道：「這是為何？」

韓安國淚如泉湧：「大王自己估量一下，您與陛下的關係，比之太上皇（劉邦之父）與高祖、陛下與臨江王之間的關係，哪一個更親？」

梁王：「這不是很明顯嘛，兄弟之情當然不如父子之情親近。」

韓安國：「臨江王是陛下的嫡長子，又曾是太子，只因為他母親栗姬說錯了一句話，就被廢去太子，封為臨江王；又因為修王宮侵占宗廟土地的事，被迫在中尉府自殺，大王可知這是為何？」

梁王：「為什麼？」

韓安國：「這是因為，陛下治理天下，不能因為私情而干擾公事。如今大王身為一方諸侯，卻受奸臣的引誘，違犯陛下的禁令，擾亂法律。大王之所以無事，源於竇太后宮中為大王求情。如果大王還不醒悟，竇太后百年之後，您在梁國還能坐得住嗎？」

梁王心中咯噔一下，身軀更是一顫，他彷彿意識到了什麼。

韓安國說得對啊，自己之所以敢這麼囂張，完全是仗著竇太后的寵愛。可是問題在於，老太太畢竟老了，如果哪天腿一蹬，見閻王去了，自己能有好果子吃嗎？

想到這裡，梁王的態度來了個一百八十度的大轉折：「你放心，我現在就交出這兩個狗東西！」

羊勝和公孫詭就這樣被老大出賣了。

凶手已經伏法，可這事卻在劉啟心中留下了不好的印象。傻子都能看得出來，梁王才是幕後黑手，這兩人不過是替罪羊而已。

梁王越想越害怕，派了一個叫鄒陽的小弟，到長安替自己說情。

鄒陽到了長安，沒有去見皇帝，而是先去見了王皇后的哥哥王信：「您的妹妹得到陛下的寵幸，在後宮無人能比，但是您的行為卻有許多不檢點的地方。如果袁盎被殺一事追究到底，梁王被依法處死，竇太后的怒火無處發洩，你覺得這火會發到誰身上呢？」

王信：「誰？」

鄒陽：「我掐指一算，只能是你啊！」

王信心裡很鬱悶，這跟我有什麼關係？問道：「那怎麼辦？」

鄒陽：「您如果能好好地勸勸陛下，讓他不再深究梁王的事，您一定會受到太后的信任，太后一定會非常感謝您，而您的妹妹也可以受到太后和陛下兩個人的信任。這樣一來，你們家可就厲害了！」

王信有點激動，願景很美好，只是該如何去說服陛下呢？

鄒陽早就替他想好了說辭：「想當初，舜的弟弟整日只想殺死舜，等到舜做了天子，不僅沒有殺他，反而給了他一塊地盤。仁義的人往往以德報怨，正因為如此，後代人都稱讚舜。如果你用這番道理去勸陛下，這事基本上就成功了！」

王信一拍大腿：「這工作我接了！」

一個風和日麗的下午，王信看皇帝心情不錯，將鄒陽的話原原本本地轉述給劉啟。最終的結果是，劉啟的怒氣漸漸消釋了。

不消釋不行，梁王是竇太后的心頭肉，如果處置了梁王，萬一老太太一激動去見了列祖列宗，自己可就成了不孝子了。如果被後世認定，自己為了殺弟弟逼死老娘，那可真是跳進黃河也洗不清了。

與此同時，專案組組長田叔也從梁國回來，準備彙報案情。

他雖然在外出差，但是政治敏感性極強，得知有人已經提前替梁王說情了，而且皇帝似乎沒有深究梁王一案的意思，他就知道這事不能公事公辦了。

回來的路上，田叔把事關梁王的卷宗一把火燒乾淨，隨後去見皇帝。

看到田叔空著手回來，劉啟問他：「梁王有罪嗎？」

田叔：「有罪，而且是死罪。」

劉啟：「證據呢？拿出來讓我看看。」

田叔：「陛下最好不要再過問梁王的罪證了。」

劉啟：「為什麼？」

田叔：「如果我如實上奏，梁王卻不伏法，有損帝國法律的威嚴；若是梁王伏法，太后吃不好睡不著，陛下也徒增煩惱。所以這案子就交給我吧，陛下就不要過問了。」

劉啟一聽，真是個好臣子啊！還懂得替朕分憂，太難得了！

為了讓竇太后安心，劉啟帶著田叔去見竇太后，只說袁盎遇刺一案，完全是公孫詭和羊勝兩人所為，梁王根本就不知道。「如今這兩人已死，案件早已結清，還請太后放心。」

竇太后很滿意：「不錯不錯，我就說嘛，劉武這孩子怎麼會做出這種事來，一定是身邊人教唆的，往後可得注意哪！」

凶手伏法，案件結清，按理說，梁王應該沒什麼可擔心的了，可是問題在於，地球人都知道，他才是幕後黑手。如果沒點表示，恐怕皇帝哥哥心裡的疙瘩還是解不開。

唯一的解決方案，就是自己親自到長安去，向皇帝做一番深刻的自我檢討。

就這樣，梁王踏上了朝覲之路。

車駕透過函谷關時，一個叫茅蘭的人攔住梁王，替他出了個主意：「老大，你現在是要去做自我檢討，還像往常一樣進京是不妥的，你得有一個好態度，千萬不能擺臉色。」

梁王：「那你的意思是？」

茅蘭：「越簡單越好，最好是只開一輛車，帶兩個隨從就夠了。進京後，不要著急著去見陛下，最好是先到長公主那裡去。」

梁王點了點頭，悄悄甩開大部隊，帶著兩個小弟，輕車簡從先去了親姐姐館陶公主的府上。等朝廷派出的使者到函谷關迎接時，大夥兒才驚恐地發現，梁王不見了！

消息傳回長安，舉朝皆驚。竇太后似乎明白了什麼，立即嚎啕大哭：

「皇帝果然殺了我兒子！」

劉啟很冤枉。「明明是劉武玩失蹤，老太太偏偏怪到了我身上，還講不講道理啊？」

就在大夥兒議論紛紛之際，外面傳來消息，梁王回來了。

竇太后和劉啟又驚又跳：「真的回來了？」

千真萬確，梁王此刻就跪在宮門外，像是負荊請罪來了。

竇太后和劉啟聞訊，趕緊到了宮門外，只見劉武赤裸著上身，面前放著一把斧頭，一臉沉痛的樣子。

老太太一見劉武，眼淚就止不住了，抱著劉武開始痛哭。劉啟有點無奈，母親都哭了，自己總不能無動於衷吧，於是母子三人抱頭痛哭，場面一度相當感人。

老太太也很激動，她終於看到這一幕：劉啟兄弟倆終於和好如初了。

如果用兩個字來評價劉武，那就是高明！

雖然劉武之前做過很多荒唐事，至少這一幕煽情戲很成功，感動了在場所有人。

除了皇帝劉啟。

「開玩笑，一個負荊請罪就想騙取我的眼淚，你以為我那麼容易上當嗎？這次不過是看在老太太的面子上，才對你既往不咎，可別得寸進尺！」

劉武想靠一場煽情戲來打動哥哥，顯然不太可能。很快他就發現，劉啟待他再也不像從前般親熱了，甚至是出門打獵，兩人也不同車共輦了。

劉武僥倖過關，但是作為懲罰，他的特權一律被取消，待遇與普通的諸侯王無異。劉武想在長安城多待幾天，陪陪母親，但是劉啟沒有答應，只得回到自己的地盤。

幾年後，劉武又入京朝見皇帝，申請留在京師，劉啟依然沒有答應。

劉武回到封國後，心神恍惚，悶悶不樂。有一次到北方的良山打獵散心，有人獻上了一頭背上長著腳的牛，不料這馬屁拍到了馬蹄上，劉武很討厭這種奇形怪狀的牛。

這年夏天，劉武得了熱病，高燒不退，六天後去世。

消息傳到長安，老太太疑心病又犯了，她嚴重懷疑是劉啟派人殺了弟弟，隨後宣布絕食。

劉啟很鬱悶，他很想告訴母親：「這事真的不是我做的！」

但是很顯然，老太太根本聽不進他說的話。劉啟趕緊去找長公主商議，最後商量出一個辦法：劉武的五個兒子全部封王，一切待遇不變。

聽到這樣的安排，老太太才破涕為笑，請劉啟在寢宮中吃了頓飯，這事才算翻篇了。

邊城飛將

景帝中元六年（西元前 144 年），匈奴騎兵大舉侵入雁門和上郡。

這一年，周亞夫已被免去丞相的位子，賦閒在家。對於邊疆發生的戰事，他已經無能為力。

這些年來，匈奴雖然沒有對漢朝發動過大規模的入侵，但是平常還是會騷擾，邊疆百姓深受其害。

他們一次次南下，掠奪漢民，像牛羊一樣驅趕到苦寒的極北地帶，作為奴隸，肆意蹂躪和宰殺。

這一次，匈奴的目標是搶奪漢朝的戰馬。

匈奴人為何能夠縱橫大漠，來去如風？很簡單，因為他們有馬。

匈奴每個士兵都是有很多馬匹的，每次出征，每人一匹戰馬，一匹托著東西，還有幾匹備用，而且馬匹的品質和數量遠遠優於漢朝。

漢帝國自然也知道自己的短處，文帝時，漢政府設立了三十六個「馬苑」，專門負責養馬。到景帝時，馬匹已經繁衍了好幾代，初見成果。

匈奴人自然也留意到了漢朝的馬場，這一次，他們就是來搞破壞的。

鏡頭移到上郡。

連續數日的攻城，令整個上郡時刻陷入最緊張的狀態。城下，蜂擁的匈奴人飛馬而至，馬不停蹄，馬上的匈奴人則彎弓搭箭，朝著城頭亂射。城上，無數的軍民輪流在各門防守，步弓手亦是仰角射擊，每時每刻，都有人中箭倒下。

連續幾日的大雪，令城上的兵卒們凍得臉通紅，城牆的過道上，凝結了冰，稍不留神，便會滑倒。

城內的軍民時時處在惴惴不安之中，即便有城牆，匈奴人帶給他們的恐懼，依舊讓人夙夜難眠。在這樣的恐懼之下，匈奴人飛馬在城下，如飛蝗似的射出箭矢。

一個個的人倒在血泊，更多人開始接替他們的位置。

然而，無論戰事有多麼激烈，總會有一個堅毅的身影，巡視著各處的城牆，不避矢石。他走到哪裡，漢軍們就呼啦啦地湧上去。

這個人，叫李廣，他此時的身分，是上郡太守。

這種匈奴大軍壓境的境遇，他已經見過很多次，所以一點也不慌張。

幾天後，匈奴人漸漸退去。

這次戰爭中，雙方都損失慘重。匈奴沒能攻破上郡，但是周邊的馬場卻遭殃了，他們劫掠走了上郡馬場裡的大部分馬匹。

不過，這已經是萬幸了。

漢軍之所以能守住上郡，完全是因為他們有一個主心骨 —— 李廣。

李廣，隴西人，相傳其先祖是秦將李信。在此，我們有必要回顧一下其先祖的光輝事蹟。

秦統一六國時，李信以少壯派武將的身分參與其中，年輕時即以勇武稱著，深得嬴政的信賴。

嬴政對於李信的評價是：果勢壯勇。也就是說，李信這個人作戰勇敢，每次打仗都衝鋒在前，從來都是「跟我上」而不是「給我上」。

秦王嬴政二十年（西元前 227 年），燕太子丹派刺客荊軻往咸陽謀殺嬴政，結果反被嬴政所殺。嬴政大怒，派王翦伐燕，李信也在出征之列。

燕王姬喜及太子自知不是對手，果斷選擇了跑路，李信帶著大軍窮追不捨，活捉燕王，在滅燕一戰中表現出色。

李廣就出生在這樣一個軍人世家，從出生時起，他就與軍隊結下了不解之緣。成年後的李廣精於騎射、熟讀兵書，他渴望在戰場上揮灑熱血，重現祖輩的榮光。

與父輩相比，李廣是幸運的，因為他很早就等到了自己的機會。那還是文帝十四年的時候，匈奴集結了十數萬兵馬，大舉侵入蕭關。李廣以良家子弟的身分參軍抗擊匈奴，因為善於騎術和射箭，斬殺敵人首級眾多，戰後被任為中郎，負責文帝出入的警衛工作。

在郎官任上，李廣表現非常積極，每次跟隨皇帝去打獵時，他總是衝鋒在前，與敵人格鬥、與猛獸格鬥。文帝對他非常欣賞，曾經感慨道：「可惜了，你沒遇到好時機，如果你正趕上高祖的時代，封個萬戶侯那還在話下嗎？」

景帝上位後，李廣先後擔任過隴西都尉和騎郎將，但是都沒什麼建樹。不過很快，機會就來了，吳楚之亂爆發，朝廷緊急調派李廣任驍騎都尉，跟隨周亞夫出征平叛。

昌邑城下，李廣陷陣奪旗，立下了赫赫戰功。戰後，梁王為了拉攏這位優秀的青年將領，親自出馬，授予李廣將軍印。

李廣沒有多想，接受了梁王的將軍印。

不料這個舉動，卻帶給自己很大的麻煩。

朝廷很快得知了李廣私自接受梁王將軍印的事情，大夥兒一致認為李廣沒有政治頭腦，這種行為很不妥當。「你眼裡還有朝廷嗎？你知道是誰發薪資給你的嗎？」

更何況，梁王雖然是景帝的弟弟，但是景帝不得不防，因為他是皇位繼承人的潛在對手。「你李廣膽敢接受他的將軍印，是打算上他的那條船了嗎？」

因為這件事，李廣沒有得到應有的獎賞，本人也被調任上谷太守，在北方前線繼續殺敵，將功補過。

在這裡，李廣渾身的荷爾蒙無處發洩，每天只能跟匈奴人硬碰硬，反正出門左轉總能遇到幾個瞎徘徊的匈奴人，不怕找不到對手。

李廣喜歡玩打仗的遊戲，可是前線的另一個高級官員公孫昆受不了了。「好不容易過了幾年安穩日子，結果你一來，弄得這裡雞飛狗跳，你這麼天天跟匈奴人硬碰硬，我們這心臟哪受得了？」

鬱悶的公孫昆向劉啟打了個小報告：「陛下啊，李廣才氣天下無雙，但是這樣天天跟匈奴硬碰硬，難免不會有所閃失。我們要保護好這位優秀的青年將領，可不能讓他犧牲在戰場上。」

公孫昆這一手玩得很高明，他沒有在背後說李廣的壞話，而是反其道而行之。「你看看，這麼厲害的人才，放我這裡多浪費，要是有個三長兩短，多可惜啊！」

言下之意是：「我們得把他像珍稀動物一樣保護起來啊！」

劉啟一看：「有道理，那就換他到其他地方吧！」

就這樣，李廣的工作職位又發生了變動，他被調到上郡。在這之後，李廣轉任邊境各郡太守，隴西、北地、雁門、代郡、雲中都留下了他的身影。

雖然換了好幾份工作，但是李廣與匈奴硬碰硬的願望沒有改變。他對自己的騎射本領十分自信，每到一個地方，常常親自深入敵境，去體驗酣暢淋漓的戰鬥。

在這裡，我們有必要介紹一下李廣獨特的帶兵風格。

李廣的治軍並不嚴格，對於士卒是散養模式。

他的部隊，沒有嚴格的佇列和陣勢，軍隊陣型鬆散，從來不練正步走，不疊豆腐塊。只要有水草的地方，士卒們自己安營紮寨，自己自便，軍隊管理文書一律簡化。

不只如此，他的部隊晚上宿營時也不打更，只遠遠地布置一些哨兵放哨，不過好在也沒有遇到什麼危險。

這樣一支無組織、無紀律的部隊，如何才能有效領導呢？

李廣的辦法很簡單，靠自己出眾的個人魅力！

李廣每次作戰，都會親自帶兵衝鋒，每次喊的都是「跟我上」，而不是「給我上」；朝廷有所賞賜，李廣必全數分給士兵們，自己則不留分毫；平時的飲食起居，李廣則完全和士兵一樣的待遇，官兵平等。

與李廣同一時期的還有一員名將叫做程不識，他的做法跟李廣完全相反，部隊軍紀嚴明，行軍講究佇列和布陣安營，夜間安排人巡邏，公文處理、績效考核等也毫不含糊，常常令官兵十分傷腦筋。

然而正是這種嚴格的制度，使程不識雖然也多次和匈奴硬碰硬，卻從未受到過較大損失。

一個嚴厲，一個輕鬆，大夥兒自然樂於為李廣效命。這就好比在學校裡，有的老師管得鬆，學生自然喜歡他；有的老師管得嚴，學生肯定是怨聲載道。

兩種截然不同的治軍策略，哪種更好呢？

程不識就曾做過比較：李廣的軍隊比較鬆散，軍紀較為寬鬆。問題在於，如果敵人突然來襲，就沒有辦法抵禦；他的士兵也很自由，都心甘情願地為他拚力死戰；自己的軍隊雖然軍務煩多，但是行軍打仗都有章法，敵人在這裡可占不到什麼便宜。

程不識的評價很客觀，李廣之所以這麼作死，而且還沒有遇到過麻煩，相當程度是因為文景時代，漢軍還是在長城沿線作戰殺敵。在長城外圍這片熟悉的區域內，可以不設嚴格防禦，畢竟身後就是堡壘，打不過可以跑嘛。而且就算遇到了襲擊，身後的城池內也可以迅速派出援兵接應。

到了武帝時代，李廣的軍隊一離開熟悉的邊塞防禦，就多次受到伏擊和圍困，甚至因為迷路而誤了大事。當然，這是後話了。

就眼下而言，李廣因為經常和匈奴「親密接觸」，在邊地名聲大振，也得到了朝中的重視。很快，他就迎來了一個合作夥伴 —— 一個太監。

太監作為皇帝身邊的服務人員，不好好在宮裡鍛鍊業務，怎麼會跑到邊疆來吃沙子呢？

很簡單，因為這是一個有夢想的太監。

他有一顆雄心壯志，他渴望上戰場，與匈奴人激烈廝殺，飢餐胡虜肉，渴飲匈奴血。

對於這個積極要求進步的太監，劉啟自然樂意幫忙，大筆一揮，將他派到了上郡，跟在李廣身邊學點本事。

太監到了軍中，自然也沒閒著，他經常帶著部隊出門徘徊，希望能遇到幾個落單的匈奴人，跟他們過招。

很快，這個機會就來臨了。

這一天，太監帶著幾十號人武裝巡邏，遠遠就看見有三個匈奴人在散步，全無戒備。

一見到匈奴人，太監很興奮，自己這邊有幾十號人，對方只有三個人，人數上完全碾軋對手。如果能砍了這三個匈奴人的腦袋，再寫一封勝利的奏報給皇帝，自己升官發財豈不是指日可待！想想都覺得興奮！

帶著這種幻想，太監帶著幾十號人直接包抄了過去。不料這三個匈奴人很淡定，他們不慌不忙地抽出一支箭，拉滿弓弦，往對面射了過去，然後第二支箭，第三支箭……

匈奴人的箭法很準，每一支箭都精準地命中了漢軍士兵，還沒衝到跟前，身邊的人已經死傷大半，連太監自己身上也中了箭。

太監越看越心驚，本以為是遇到了三個青銅，沒想到是王者！

「這簡直就是一場屠殺啊！不打了，跑路要緊！」

幾乎沒有任何猶豫，太監一扭身撒腿就跑，拚死才逃回軍營中，把這事告訴了李廣。

李廣靜靜地聽完，心中立即明白過來了，他一定是遇到了匈奴的精銳「射鵰者」了。這些射鵰者是匈奴人中的佼佼者，他們的騎射功夫一流，單兵作戰能力極強，經常負責刺探、巡邏等工作，簡直就是那個時代的特種兵！

看著太監的狼狽樣，李廣知道這事不能就這麼算了。如果不替他報仇，回頭他偷偷向皇帝告一狀，說自己不敢與敵交戰，那自己就徹底玩完了！

想到這裡，李廣告訴太監：「你放心，你的仇我來報！」

李廣點起營中百名精兵，選出最好的快馬，沿著太監指示的方向一路追了過去。

而此時，那三個射鵰英雄也因為戰馬受了傷，只能徒步行走。沒多久，李廣就看到了那三個人的身影。

李廣立即下令包抄，自己帶著幾個人正面追擊。眼看著匈奴人進入了射程之內，李廣拿下馬背之側懸掛的彎弓，扣箭，滿弦，穩穩射出。

弓弦響處，箭如流星，快如閃電，疾射而出，正中一人。

還沒等他們射出自己的箭，李廣的第二箭又飛來，又中一人。

而此時，漢軍已經圍了過來，剩下的一人被活捉。經過盤問，果然是匈奴的射鵰高手。

戰鬥解決得很乾脆，李廣把匈奴俘虜綁在馬上，正準備返回營地。

而此時，一個意想不到的事情發生了。

遠處的山坡上，煙塵滾滾，一支數量龐大的匈奴騎兵出現在了李廣的眼前！

匈奴騎兵有數千人，而李廣的騎兵只有一百人！

眾人的臉色都變了：「怎麼辦？要不要轉身就跑？」

李廣表面上很平靜，腦子卻在高速運轉。作為主將，他必須在最短的時間內作出決定，而這個決定，關乎所有人的性命！

他首先想到的，是撤退。可是問題在於，他與士兵們剛剛追擊了幾十里，人馬俱疲，一旦轉身逃命，匈奴騎兵會立即從後面追殺，最後怕是一個也活不下來。

李廣遠遠看著匈奴大部隊，他們似乎也沒有進攻的意思，而是在山坡上列陣，不知作何打算。

李廣仔細一思索，立刻就明白了：匈奴人肯定是把自己當成了漢軍的斥候，他們疑心漢軍主力部隊就在後面，因而不敢冒險，選擇了觀望。

既然如此，何不冒險試一試？

李廣下令：「所有人向前方出發！」

大夥兒都嚇到了：「什麼意思？」

李廣跟大夥兒解釋：「現在唯一的生路，就是對匈奴騎兵實施戰術欺騙。他們人多，為何沒有縱馬衝鋒？因為他們懷疑我們在附近埋伏了主力部隊。我們越是從容鎮定、若無其事，匈奴人就越會心虛，不敢貿然對我發起攻擊，這是脫險的唯一方法。」

匈奴騎兵遠遠看著漢軍不僅沒有撤退，反而向自己衝了過來，更是糊塗了。

到了約相距二里時，李廣下令停止前進，士卒下馬卸鞍，原地休息。

大夥兒紛紛跳下馬來，四仰八叉地躺在草地上，一個個都很輕鬆，彷彿在說：「來呀，來打我呀！」

匈奴人更糊塗了：「搞什麼？這裡是戰場哎，你們尊重一下對手好不好？」

匈奴騎兵也駐足不前，兩軍就隔著二里地，大眼瞪小眼。

「看樣子還真被唬住了！李廣心裡微微一鬆，決定把這齣空城戲繼續演下去。

終於，一個匈奴小頭目不耐煩了，他策馬向前，準備試一試。

躺在地上的李廣見匈奴那邊有了動靜，立即翻身上馬，帶著周圍十幾名騎士衝了上去。馬背上的李廣搭箭上弓，嗖的一聲，一支羽箭射中了小頭目。

李廣調轉馬頭，又回到了隊伍中，卸下馬鞍，躺在地上，假裝睡覺。

這下子，匈奴人看傻眼了！這個人的騎射本領如此了得，絕對不好惹！漢軍的主力部隊說不定就在後面，可不能貿然出擊！

匈奴人還他起了一個綽號：飛將軍。

雙方就這樣耗到了夜裡。

終於，匈奴人扛不住了，他們擔心遭遇到漢軍的伏擊，所以悄悄撤離了戰場。

看著匈奴大部隊消失在夜色深處，李廣懸著的心終於落了下來。這一天對他而言，也是相當煎熬。

如果匈奴人膽子再大一點，沒有那麼多顧慮，只要全員出擊，自己這邊就全玩完了。

黎明時分，李廣帶著部下回到了營地裡。後方的漢軍將士這一夜裡也很忐忑，由於不知道李廣的行軍方向和路線，只能焦急地等待。現在看他平安歸來，自然是皆大歡喜。

這一戰，漢軍其實沒有占多少便宜，自己人損失了幾十個，只換來了殺匈奴兩人，俘一人的戰果，實在沒什麼好宣傳的。然而，在司馬遷的筆下，此戰卻成了李廣的光輝事蹟，廣為傳播。

為什麼會這樣？

我想，除了那個太監回去後添油加醋向皇帝報告外，此時的漢帝國也需要這樣一場形式上的勝利。朝廷需要以此來激勵邊疆戰士們，匈奴人並不可怕，只要指揮得當，還是有機會打贏他們的。

功臣的宿命

周亞夫最近很鬱悶。

周亞夫是武將出身，打小就聞雞起舞，繼承了父親周勃的優秀基因。周勃的一生歷經沉浮，有過人生的風光時刻，也有過被逮捕入獄的黑暗經歷。

雖然父親曾有過不公正的遭遇，但是周亞夫沒有絲毫怨言，甘願為漢帝國的事業貢獻自己的一切。

周亞夫第一次亮相是在文帝時期，當時的漢朝正面臨匈奴入侵的嚴重危機，文帝到周亞夫的軍營檢閱部隊，周亞夫治軍嚴明，讓文帝留下深刻的印象。

即便如此，終文帝一朝，周亞夫依然沒有迎來自己的出頭之日。文帝臨終時，囑咐太子劉啟：「將來國家有事，周亞夫可用！」

景帝三年，吳楚七國發生叛亂，周亞夫終於等來了自己的機會。他被提拔為太尉，領兵平叛七國。

景帝五年，丞相陶青申請病退，劉啟任命周亞夫為丞相。

在基層打拚多年後，周亞夫終於登上了人生巔峰。由於在七國之亂中表現優秀，他很受皇帝的器重，兩人度過了一段蜜月期。

你以為後面就是君臣相契的佳話了嗎？

不！

小時候看多了童話故事，認為故事的結尾總是王子和公主永遠幸福快樂的生活在一起，但是其實，真實的生活往往不是如此。

為將者進了政治的圈套，若想獨善其身，談何容易，古往今來，皆是如此。

當年細柳營中與文帝的君臣之誼，恰好暴露了周亞夫的性格上的另一面——剛正不阿，不知變通。

回到朝中，周亞夫先後因幾件事，與劉啟產生了矛盾，並最終走向悲劇。

西元前 150 年，劉啟廢太子劉榮。

這個舉動在朝中引發了軒然大波，劉啟差點被眾人的口水淹死，而其中，反對最為激烈的，就是丞相周亞夫和太子的老師竇嬰。

「太子劉榮沒有過錯啊，怎能輕易廢黜？」

竇嬰雖然一開始負氣辭官，但是被門客勸阻，後來還是乖乖去上班了。周亞夫則不一樣，他是一個耿直的人，這讓劉啟很不高興。

梁王還記著當年周亞夫見死不救的仇恨，每每進宮拜見竇太后，都要和她抱怨周亞夫的種種不是。久而久之，老太太對周亞夫的印象也不怎麼好。

劉啟和劉武不合，皇后的哥哥王信從中斡旋，老太太對這個熱心腸的小夥兒很滿意。

有一次，老太太找到劉啟，對他說：「王信這小夥子很機靈，你們兄弟倆不合，他從中幫忙周旋，出了不少力，依我看，不如封個侯給他吧！」

劉啟一聽，有點無語。「封侯乃是大事，王信沒有任何拿得出手的功勞，怎麼能因為你的一句話，隨便就為人封侯呢？我才是皇帝啊，你說讓封侯就給封侯，我不要面子的啦？開口就給人出難題啊！」

當然，這些話只能吞在肚子裡。表面上，劉啟只得耐心解釋：「這有點為難啊！想當初，您的姪子南皮侯和弟弟章武侯，先帝在時都沒為他們封侯，就這已經是破格提拔了。現在又沒來由地替王信封侯，沒辦法啊！」

老太太覺得劉啟的話很是刺耳，她瞇著眼，眼眸裡掠過了一絲冷色：「此一時也，彼一時也。你大舅竇長君，人品沒得說，先帝在的時候，想讓他當丞相他都沒當，那是因為他謙虛！可惜就這一謙虛，後來就死了，該得的榮譽一樣都沒得到，所以我才讓你替他兒子封侯，那是你父親欠他們家的，不是你法外開恩。現在讓你為王信封侯，就是不希望這種悲劇重演。反正這事沒得商量，你必須得替他封侯！」

老太太把話說死了。

劉啟有點無言：「做人要講道理啊，這事我是一個人能說了算的嗎？」

他決定找一個人背鍋。

找誰呢？自然是丞相周亞夫了。

想到這裡，劉啟趕緊低頭認錯：「母后息怒，我這就去找丞相商量一下。」然而飛也似的跑了。

想想也真是夠窩囊的，堂堂天子，竟然還被老媽這樣一頓罵，還不能有任何反駁。

回去後，劉啟找來周亞夫，問問他什麼意見。

這個時候，稍微有點政治頭腦的人都知道，此時應該順著皇帝的意思，把皮球再踢回去。

不料，周亞夫卻是個「直腸子」，他想了半天，直接說道：「這事不妥！」

劉啟：「為何？」

周亞夫：「陛下難道忘了？高祖皇帝曾有過白馬之盟：非劉姓子孫不能被封王，沒有立功的堅決不能封侯。誰要是違背了此盟約，天下人共同討伐他。王信沒有任何功勞，不能封侯！」

劉啟瞇著眼，心裡樂了。

果然沒有看錯人，你周亞夫真是生來背鍋的啊！這下子老太太再也無法怪到自己身上了。「不是我不願意封，是丞相不讓啊！」

當然，表面上，劉啟還得裝作一臉遺憾的樣子：「哦，這樣啊，那就沒辦法了。」

讀到這裡，想必很多人都替周亞夫惋惜。「周亞夫啊，你為人處世怎麼就沒有一點情商呢？所有人都知道，替王信封侯是太后的意思，連皇帝都拗不過，所以才想找人背鍋。」

想當初，呂后想封諸呂為王，便問王陵和陳平的意見。王陵是個耿直的人，他說：「劉邦殺白馬盟誓，非劉氏不得為王，否則天下人共擊之。」呂后碰了一鼻子灰，很不痛快，便又去問陳平，陳平說：「可以，高祖在，高祖說了算，您在，您決定就好了。」呂后很滿意，認為陳平知進退、識時務。

看看人家陳平，再看看你自己，怎麼就這麼耿直呢？怎麼就不能學學人家陳平呢？

周亞夫當然知道這些，但是他做事有自己的原則。在其位就要謀其政，不行就是不行！

因為王信封侯一事，周亞夫一句話就得罪了老闆娘和老闆母親，但是他毫不在意。

很快，邊疆傳來了一個好消息：匈奴貴族徐盧等五人，久慕大漢衣冠文物，紛紛歸順漢朝。

消息傳到長安，劉啟心花怒放：「連不服王化的匈奴也來歸順，這是多少年沒有的驚喜啊！這說明，在我的英明領導下，國力蒸蒸日上，漢文化的影響力有所提升啊！」

一種自心底深處油然而生的驕傲和自豪感，瀰漫了他的全身。

劉啟很激動：「這回總得封個侯表示一下，以此鼓勵更多匈奴人來歸順我大漢朝。」

不料，周亞夫又出來抗議：「陛下，不可！」

劉啟一聽，臉色有點難看，怎麼又是你？

「說出你的理由！」

「這些人背叛自己的主子，本身就是不忠不義，如果我們還賞賜他們，以後如何懲戒我朝那些不守節的臣子？」

劉啟冷冷地看著周亞夫，臉色有點不好。

「隊伍大了，不好帶了，這周亞夫，簡直不好應付啊！」

劉啟冷哼一聲：「抗議無效！」

隨後，堅持封那幾個歸順過來的匈奴人為侯。

一個執拗任性，另一個獨斷專行，周亞夫心裡很受傷。丞相是百官之首，雖然看著高高在上，但是只有坐上去了才知道，那就是一個火山口，既要處理好國家大事，又要處理好各種複雜的人際關係。自己在工作中堅持原則，錯了嗎？

經歷了這麼多事情，周亞夫早已看穿了。如今天下無事，皇帝需要聽話的奴才，而不是替自己找麻煩的直臣。

「既然如此，再待下去還有何意義？」

西元前 147 年，周亞夫打了一份報告，申請病退。

劉啟沒有挽留的意思，大筆一揮，順手免去了他的相位。

戰功赫赫的周亞夫在短短幾年間，由人生巔峰跌落谷底。

你以為這就是最終的結局了嗎？

劉啟可沒打算就這麼放過周亞夫。

就在周亞夫辭官不久後的一天，宮裡忽然送來一封請柬，邀請周亞夫進宮參加皇帝的飯局。

接到請柬，周亞夫也沒有多想，答應一定準時參加。

宴會上來了很多人，觥籌交錯。周亞夫入座後，只見自己面前的桌上擺著一整塊肉。美味佳餚在眼前，旁邊卻沒任何餐具。

沒有刀具，也沒有筷子，這可怎麼吃？

此時的周亞夫跟平常去餐廳的我們一樣，對店員喊了一聲：「拿雙筷子！」

沒有人搭理他。

周亞夫忽然感覺到，這宴會的氣氛有些不對，所有人都把目光投向了他，彷彿都在等著看一場好戲。

御座上的劉啟似笑非笑地看著他：「難道這還不能滿足你嗎？」

直到此時，周亞夫才明白過來，這場飯局完全是皇帝一手安排的。皇帝這麼做，無非是想當眾折辱自己！

是可忍孰不可忍！

周亞夫是個直性子的人，他心中很是不滿，站起身來，朝皇帝免冠而拜：「陛下，老臣身體不適，先告辭了。」

劉啟擺擺手：「算了，還是起來吧。」

周亞夫二話沒說，大步往外走，一副錚錚鐵骨，傲然挺立。

還是那個牛脾氣啊！

劉啟看著周亞夫遠去的背影，揶揄道：「看他那悶悶不樂的樣子，如此桀驁不馴之人，怎能輔佐年少之主呢？」

在場的人無不倒吸一口涼氣，他們分明聽見，皇帝已經對周亞夫宣判了死刑。

從那一天起，周亞夫的結局便已注定。

後世有人在分析這段歷史時，認為周亞夫在宴會上沒有禮貌，對皇帝不夠尊重，所以才為後面埋下了殺機。

我不這麼看。

皇帝邀請周亞夫參加聚會，結果周亞夫坐下來，發現桌子上沒有筷子。周亞夫主動要筷子，這一段，其實沒什麼失禮的地方，正常人都會這麼做。

關鍵是後面，劉啟說了句：「這還不夠嗎？」

這句話就值得玩味了。

很顯然，皇帝這句話帶有揶揄的味道，他是故意不給周亞夫筷子的，目的就是故意讓他出醜，難堪。

周亞夫自然不高興，行了個禮後轉身離開。

劉啟很快就對他舉起了屠刀。

沒過多久，有人舉報周亞夫，說他心懷不軌，意圖謀反！

「證據呢？」

「當然有，周亞夫在家裡祕密準備了五百幅盔甲及盾牌，可不就是想造反嗎？」

消息傳到長安，劉啟馬上命人抓周亞夫來審問。他們執意要周亞夫坦白。「買這些兵甲到底想做什麼？」

周亞夫有點糊塗了：「兵甲？造反？完全沒有的事！」

問題出在兒子身上。老周的兒子知道自己的老爸是武將出身，為了讓他百年後繼續在地下當將軍，偷偷買了五百副盔甲盾牌，作為父親的陪葬明器。何況，這些都是報廢了的盔甲盾牌，爛在兵庫裡好多年了，根本不可能用來打仗。

由於周家公子做事粗枝大葉，對僱工極為苛刻，甚至還拖欠工人薪資，大夥兒於是向政府告密，說周亞夫讓兒子私自購買兵器，居心叵測。

無論任何朝代，私藏兵器可都是重罪。

朝廷派來的專案組很快上門，周亞夫聲稱不知情，可是專案組根本不聽他的辯解，執意要抓人。悲憤之下，周亞夫拔出劍，準備自刎。

以他的脾氣，是絕對不會到大牢裡受辱的。

好在周亞夫的夫人及時攔住了他，她天真地相信，自己的丈夫是無辜的，朝廷會證明他的清白。

周亞夫長嘆一聲，扔了劍，雙手被銬了起來。

專案組將周亞夫帶到了長安，關進了監獄中。

長安城的監獄，周亞夫再熟悉不過的地方，他的父親周勃就曾在這裡被關了幾個月，僥倖撿了一條命。那時的他萬萬不會想到，有一天他也將成為囚徒，在這裡失去尊嚴和自由。

一開始，獄卒們還有點不清楚上面的態度，只能按照做筆錄：「有人舉報你私自購買大量兵甲，你可知情？」

周亞夫不發一言。

「老實交代，你買這些兵甲，到底想做什麼？」

周亞夫無動於衷。

獄卒們當然知道周亞夫是何許人也。以前，周亞夫對他們來說，就是神話中的人物，光芒萬丈，可望而不可及。不承想，堂堂的帝國丞相，一夜之間便淪為階下之囚，淪落到他們的手中，任由他們擺布。

畢竟周亞夫曾經是帝國政界的一把手，不好直接上大刑，獄卒只好報上去一張白紙的筆錄。

劉啟看後大怒，當即把廷尉叫來痛罵：「我讓你們查案，你們就是這麼做事的嗎？繼續我查！周亞夫這個人，對我已經沒有任何用處了，你們還擔心什麼？」

這下子，大夥兒終於知道皇帝的態度了。「既然皇帝已經判了周亞夫死刑，那就沒什麼好說的了，上刑吧！」

老虎凳，辣椒水，夾棍，輪番上陣。

陰暗潮溼的牢房裡，周亞夫被吊在半空，前後左右四名獄卒，手執皮鞭合圍著他。才過了兩天，周亞夫就已全身傷痕累累，被折磨得不成人樣。

什麼天理，什麼王法，什麼人性，都已被遮蔽在黑暗之中，摒棄在監獄之外。

周亞夫畢竟老了，怎能經受得住這樣的酷刑？在嚴刑逼供下，也不得不開口說話了。

廷尉端坐堂上，俯視著周亞夫，心中滿是勝利的喜悅。

「君侯是準備謀反嗎？」

周亞夫大叫道：「這不過是兒子幫我買的陪葬品，怎麼說是謀反？」

廷尉冷笑一聲：「君侯縱使不在陽間謀反，死後恐怕也會在黃泉之下造反吧？」

周亞夫的臉色變了，皇帝這是鐵了心要整他啊！

欲加之罪，何患無辭？

自己馳騁沙場一輩子，對漢帝國可謂忠心耿耿，若是想造反，早就反了，何須等到今日？

周亞夫當然不會認罪，更不可能跪地求饒。雖然身陷囹圄，但是他依然沒有屈服。

昏暗潮溼的牢房內，周亞夫看著自己滿身傷口，稍一動彈便痛不欲生。他想起了二十年前，著名相師許負的一番預言。

那一年，相師許負看完周亞夫的面相後，告訴他：「你的面相貴不可言，三年以後可以封侯，過幾年可以當丞相，但是再過九年，你要被餓死。」

周亞夫當時不以為意，不料這一天，終於來了！

既然命運說他會被餓死，那就接受這個結局吧！

憤怒的周亞夫在獄中絕食數日，嘔血而死。

他用死亡這種最決絕的方式，來與這個世界抗爭，保留自己最後僅剩的尊嚴。

有人說，周亞夫的悲劇，是因為他脾氣太耿直、太認死理、太較真，觸怒了皇帝，這才招來殺身之禍。

我不這麼看。

與其說是因為周亞夫的脾氣和性格使然，不如說這一切，都是朝堂的人情薄涼和帝王的冷酷無情。

飛鳥盡，良弓藏，狡兔死，走狗烹。皇權體制下，歷史總在不斷上演，這是功臣們逃不脫的宿命。

當權者心裡自然清楚，誰是對他有用的良禽走狗。

劉啟不喜歡被人頂撞，他喜歡萬石君這樣聽話的奴才。

萬石君原名叫石奮，生性恭敬謹慎，秉承著「多磕頭，少說話」的官場「六字真言」，石奮歷經劉邦、劉盈、劉恆、劉啟四朝，依然聖眷不衰。因為聽話，父子五人都做到了二千石的高官，劉啟還替他取了個名字，叫萬石君。

萬石君有多謙卑呢？我來舉幾個例子：

萬石君的子孫輩做小吏，回家看望他，他也一定要穿上朝服接見他們，從不直呼他們的名字。

子孫中有人犯了過錯，他也不斥責他們，而是一個人靜靜地坐到側旁的座位上，不肯吃飯。

已成年的子孫在身邊時，即使是閒居在家，他也一定要穿戴整齊，顯示出嚴肅整齊的樣子。

夠謹慎了吧？

不僅如此，後面還有更誇張的。

景帝時期，萬石君享受上大夫的俸祿告老回家，不過每次朝廷舉行重大活動時，一定會邀請他出席。每次經過皇宮門樓時，萬石君一定要下車急走，表示恭敬，見到皇帝的車駕一定要手扶在車軾上，行注目禮，以表示恭敬。

皇帝有時賞賜食物給他，他必定叩頭跪拜，感謝皇恩浩蕩，然後趴在地上去吃，如同皇帝就在面前一樣。

確實夠謙卑了吧？

萬石君的這種「優秀」基因也傳到了他的兒子身上。

萬石君的長子石建做郎中令時，有一次寫奏章，奏章批覆下來，石建才發現有一個錯別字，趕緊跪下來大叫：「奴才該死啊！奴才我罪該萬死！」

萬石君的小兒子石慶也青出於藍而勝於藍，他在武帝時期當了九年的丞相，這期間沒有提過任何有建設性的意見，庸碌無為，毫無建樹。皇帝決斷後，自己不提任何意見，不做任何決定，與宋朝的「三旨相公」王珪有得一比。

盛世的序曲

這一年，劉啟還做了兩項政治安排。

先來看長安城。

前面說過，長安城是個權貴多如狗、豪強滿地走的地方，這些既得利益集團又滋生出了很多黑惡勢力，嚴重擾亂了長安城的治安，普通官員根本沒有能力降住這些人。為此，劉啟提拔大名鼎鼎的帝國第一酷吏郅都，讓他當了首都市警察局局長。

在郅都的雷霆打擊下，長安城的權貴們被修理得老老實實，沒有人敢興風作浪。然而，郅都走後，這些傢伙又死灰復燃，又開始不安分起來。皇城長安裡，那些原本被郅都治得服服貼貼的皇親國戚、權貴豪強們，又開始興風作浪，胡作非為，甚至行凶殺人。

劉啟很苦惱：「有沒有和郅都一樣的人能震懾住這些人呢？」

底下人告訴他：「還真的有，這個人的名字叫寧成。」

說起寧成，還和郅都有一些淵源。

寧成是穰縣人，被司馬遷列為西漢酷吏。這傢伙好爭強鬥勝，目空一切，十分自負，很囂張。他當官時，從不把長官放在眼裡。等他當了大官，經常刁難下屬，而且喜歡擺架子。

景帝時期，寧成先後任濟南都尉、中尉。因貪暴殘酷，宗室豪傑人人害怕他。

他在濟南都尉任職時，頂頭上司正是大名鼎鼎的郅都。

郅都的手段，大夥兒都親眼見過，這個人是豪強們的剋星，殺起人來連眼皮都不眨的。

由於郅都為官威嚴，在寧成任都尉之前，濟南郡的幾任都尉都非常畏懼他，每次去太守府見郅都，都像老鼠見了貓似的，戰戰兢兢。

寧成不一樣，他可不把郅都放在眼裡。每次去太守府，常常是大搖大擺地直接越過郅都，端坐在自己的位置上。

寧成不把郅都放在眼裡，確實很囂張。不過，寧成敢如此囂張，那是因為他確實有囂張的本錢 —— 做事能幹，有魄力。

單就這一點而言，寧成與郅都其實是同類人。所謂物以類聚，人以群分，正因為這兩人有類似的做事風格和魄力，所以寧成雖然不把郅都放在眼裡，但是郅都還是非常欣賞寧成，兩人後來還成了好朋友。

郅都調離後，寧成繼續擔任濟南都尉，將濟南郡治理得井然有序，名聲在外。正因為如此，寧成開始進入了劉啟的視野。

這一年，寧成正式被調到長安，接手了郅都曾經擔任的職務 —— 中尉。

寧成一到長安，立即施展他的霹靂手段，在長安城內開展了一場聲勢浩大的「打黑除惡」專項行動，堅決打掉犯罪分子的囂張氣焰。皇城根下的那些皇親國戚、權貴豪強們一看惹不起，只能乖乖夾起尾巴做人了。

再來看朝堂之上。

文官武將之中，最有權勢的是三個人：丞相、太尉、御史大夫。早在幾年前，劉啟就撤銷了太尉官職，只剩下了兩個位子。

提拔誰好呢？

丞相是百官之首，總攬政務；御史大夫主管監察，同時還是丞相的副手，這兩個人選至關重要。

選誰好呢？

劉啟經過一番考察，最終找到了兩個合適的人選：衛綰和直不疑。

先說衛綰。

衛綰是代郡大陵人，因為開車技術一流，所以成了文帝的專職司機。雖然他是因為上司賞識才得到提拔，但是衛綰卻不是弄臣，而是一個難得的老實敦厚之人，此後又被提拔為中郎將。

劉啟還是太子時，曾邀請皇上身邊的臣子們參加自己組織的宴會，只有衛綰怕違反組織原則，一再推辭。

文帝對他非常信任，去世前還不忘囑咐劉啟：「衛綰是個忠厚長者，你一定要好生對待他。」

劉啟繼位後，遵從父親的遺訓，從來沒有責罵過衛綰。有一次，劉啟前往上林苑，讓衛綰和自己坐一輛車。回去後，劉啟問衛綰：「你知道你為什麼能和我同乘一輛車嗎？」

衛綰回答說：「我只是個開車的，因為開車技術好，僥倖升為中郎將，我怎麼會知道呢？」

劉啟又問：「我做太子時，邀請你來參加我的聚會，你為何不來？」

衛綰回一句：「臣該死，那時是真生病了。」

對於衛綰的謙卑態度，劉啟還算滿意，決定賞賜他一把劍。誰知衛綰來了一句：「臣已經接受了先皇的六把劍的賞賜了，這次說什麼也不能再要了。」

劉啟很是驚訝：「劍是平常拿來送禮的，平日裡總能用得上，那六把劍你不會到現在還留著吧？」

衛綰回答：「當然還在了，這是先皇送的劍，臣不敢送人的。」

劉啟說：「我不信，你拿來給我看看。」

結果拿來一看，還真是，六把劍儲存如初，都不曾出過鞘。

劉啟服了：「真是一個老實人哪！」

衛綰對下屬非常好，手下人犯了錯，他總是盡力遮掩，從不與別人爭執，有了功勞，也總是第一時間讓給他人，在官場上名聲極好。劉啟對他非常信任，對他一再提拔。

吳楚七國之亂時，朝廷詔令衛綰為將，領兵討伐叛軍。衛綰在戰場上表現不錯，升任中尉。

這之後，衛綰因軍功封為建陵侯。太子劉榮被廢後，劉啟大肆株連，殺了太子的很多親屬。本來這案子應該交給中尉衛綰來辦，劉啟看他年老德高，不忍心讓他背鍋，於是賜給告假還鄉，專門調派了郅都審理太子一案。

結案後，劉啟立了膠東王劉徹為太子，重新召回衛綰，任命他為太子太傅，並升任御史大夫。

由此不難看出，衛綰這人是出了名的老實人，做事謹慎小心，深得兩代皇帝的認可。正因為如此，劉啟才決定提拔他當丞相。

再來看直不疑。

直不疑是南陽人，早年也是文帝身邊的郎官。

他為官低調，精通黃老學術，在當時有著很高的聲望。當時人們都喜歡用官名來稱呼對方，但是直不疑比較低調，他不喜歡別人以官名稱呼自己，於是人們都叫他長者。

直不疑最有名的，是他的寬容大度。史書中記載了這麼一個故事：

直不疑曾和同事住同一間宿舍。有一次，甲著急回家探望母親，誤拿了乙的錢包。乙回來後發現錢包不見了，懷疑是直不疑偷了，找到直不疑一頓臭罵。

面對眾人的誤解，直不疑沒有辯解什麼，還墊了錢。甲回來後，把錢包還給乙，澄清了事情原委。乙十分愧疚，匆匆忙忙趕去道歉，直不疑十分大度，沒有任何怨言。

這件事之後，直不疑的名聲開始傳播，遠近的人都稱讚他。

直不疑雖然為人謙讓，但是也不是沒有原則的。在他任太中大夫的時候，有一次上班，旁人誣陷他：「直不疑雖然長得俊美，但是人品不好，和自己的嫂子關係不清不楚。」

這一次，直不疑沒有再聽之任之，而是說了一句：「我沒有哥哥。」

就這麼一句話，謠言不攻自破。

七國之亂中，直不疑也上了前線，立有軍功，被封為塞侯。

不難看出，衛綰和直不疑，這兩人都是老實人，雖然在工作中成績並不突出，難得的是做事穩重、可靠。把國家政務交給他倆，劉啟放心。

轉眼就到了劉啟登基的第十六年。

這一年，劉啟四十八歲，漸漸感到力不從心了。長年的政務已經透支了他的身體，身體素質也大不如前，而且經常生病。

新年過後，劉啟的身體越來越差，他強撐著病體，做出了一生中最後一個決定：讓太子劉徹加冠。

這一年，劉徹十六歲。一般來說，男子只有到了二十歲才會加冠，劉啟這麼著急為太子加冠，無非是希望自己死後，劉徹可以早日執掌國政。

未央宮內，劉啟預感到時日無多，找來了太子劉徹。

這是自己的兒子，也是自己一生的寄託，更是這大漢江山未來的統治者。

目光中，難免流露出舐犢之情。

劉徹是劉啟的第十個兒子，按理來說，這太子之位原本是跟他無緣的，可是後來陰差陽錯，劉徹成了帝國的唯一繼承人。

這個兒子，會是一個合格的皇帝嗎？

劉啟心裡沒有底，但是此刻，他已沒有選擇。

交代完後事，劉啟沉沉地睡了過去，從此再也沒有醒來。

西元前 141 年，劉啟在未央宮病逝，諡號孝景皇帝，葬於陽陵。

在此，我們有必要對劉啟簡單做個評價。

中國歷史上的治世，很多都是兩輩人「1+1 接力棒」的模式，如成康之治、文景之治、昭宣之治、明章之治、仁宣之治等。這其中，文景之治是大統一王朝出現的第一個治世，是由劉恆和劉啟父子接力完成的。

很多人都稱頌文景之治，它不但恢復了秦末漢初天下大亂的破敗局面，而且替漢武帝擊敗匈奴攢下了一個龐大的家底。但是同時，很多人也承認，景帝在很多方面遠不如文帝，甚至有人認為，文景之治的一多半功勞都應該算到文帝的頭上。

為什麼這麼說？

劉啟三十一歲才當上皇帝，他雖然也像父親一樣廢除了一些酷刑，也關注民生而實施三十稅一，減免百姓的賦稅，但是有時口不擇言隨意承諾，又喜歡意氣用事，寡斷而不能深謀。

蘇軾的弟弟蘇洵也曾批評過景帝，他明確指出，文帝寬仁大度，有高皇帝劉邦的風範，而景帝刻薄寡恩，無容人之量，遠遠比不上文帝。

不僅如此，蘇洵還羅列了景帝的一系列不好的作為，怒殺吳太子、餓死鄧通、腰斬晁錯、冤死周亞夫，甚至連自己的親生兒子都不放過。這一系列手段無不暴露了景帝暴戾殘忍的一面。

說回文景之治。

很多人都說：「文景之治是治世，是盛世。」

有什麼證據呢？

不知道你是否還記得，上中學時，歷史課本上提到漢朝，總會有這麼一段話：

「漢興七十餘年之間，國家無事，非遇水旱，則民人給家足。都鄙廩庾盡滿，而府庫餘財；京師之錢累百鉅萬，貫朽而不可校；太倉之粟陳陳相因，充溢露積於外，腐敗不可食。眾庶街巷有馬，阡陌之間成群。」

意思不難理解，經過文景兩代的累積，如果不是發生什麼水災、旱災，老百姓人人都可以自給自足。國家金庫裡累積了大量的銅錢，以至於穿錢的繩子都爛了；各地的糧倉堆滿了糧食，以至於有些糧食裝不下，只能堆在外面，任由腐爛。當時的人出門幾乎都有寶馬，街頭巷尾到處都是馬，就像現在的私家車遍地一樣。

這種解釋太過廣泛，想必大家已經聽膩了。為了說得更具體一些，我特意啃了不少艱澀難懂的史書，為大家解釋一下文景之治到底有多好。

我們都明白一個道理，民以食為天。分析老百姓過得好不好，得看他能不能吃飽肚子，當時的米價貴不貴。

漢朝時，老百姓一天只吃兩頓飯，沒有午飯一說。根據漢簡及漢書食貨志的記載，一個五口之家，每月就要消耗六石米，也就是一百六十二斤。文景之治時，一個普通傭工的薪資在月薪三百錢到一千錢之間，米價最低達到每石數十錢，可以說是相當便宜了。要知道，秦末漢初時，每石米曾達到了五千錢，兩相比較，差距立見。

文景之治是怎麼得來的？是政府遵從道家黃老思想，無為而治、清靜守法、輕徭薄賦、與民休息。黃老之治表現在經濟領域，相當於現在所說的自由主義政策，低稅收、少干預、自由開放、依法治國。

為了鼓勵民營經濟，政府在煮鹽、冶鐵等領域全面開放，甚至連貨幣發行權也向私人開放，私人可以從事鑄幣業務。經濟上的自由放任到了極致，國家富裕，民營工商業得到大發展。

雖然黃老思想貫穿了文景之治，但是景帝其實對黃老思想很感冒，主要原因是，這個時期黃老政治的消極面也充分暴露出來，不思進取，豪強在地方上任意妄為，出現奢靡之風，急待變革。

朝堂內，最推崇黃老思想的是竇太后，她是推行黃老政治的核心人物，崇尚黃老之道，矢志不渝。

老太太特別喜歡讀黃老之類的書籍。有一次，景帝召集一些儒生議事，一個叫轅固生的儒生大談儒家思想，竇太后有點不以為然，就問他：「你覺得《老子》這本書怎麼樣？」

轅固生不屑一顧地說：「此家人言耳。」

所謂「家人」，就是老百姓。轅固生的意思是，這書不過是普通人看的東西。

竇太后立刻火冒三丈，衝口而出：「這書是很普通，怎麼比得上刑部官員的律令呢？」當即下令，把轅固生趕到野豬圈裡，去跟野豬搏鬥。

「既然你不想清靜無為，我成全你。」

景帝正好在一旁，他知道轅固生為人正直，老太太這麼做確實有點過分，可他又不敢違拗，只能偷偷讓手下人為轅固挑選一把特別鋒利的矛。這件稱手的兵器在接下來的搏鬥中果然發揮了作用，轅固生一矛刺中野豬的要害，挽救了自己的性命。

由此不難看出，在景帝時，黃老之學的權威有點退潮，儒家的力量在逐漸上升。景帝召集儒生議事，同情轅固生，說明他對黃老之學也很感冒，而儒家和黃老兩種思想衝突在武帝時期更為激烈。

我們常說，每一代人都有自己的使命，一代人只能做一代人的事。文帝與景帝，經過四十年的韜光養晦，穩定了國內民生，地方權力逐步收回中央，帝國逐漸有了盛世的氣象。

而如今，接力棒傳到了劉徹手上。

西元前 141 年，未央宮舉行了盛大儀式，年少的劉徹接過玉璽，成為大漢天子。

在他身後，一個無比強大的盛世王朝的大門正在緩緩為他開啟。

一個恢宏的時代，拉開序幕 ——

它的名字，叫「漢武盛世」！

龍種蟄伏，力挽狂瀾重建帝國的接力賽：

後宮詭計 × 政壇漩渦 × 叛亂狂潮……大漢昌榮背後的驚心動魄，刀光劍影在陰影之處

作　　者：朱耀輝
責任編輯：高惠娟
發 行 人：黃振庭
出 版 者：複刻文化事業有限公司
發 行 者：複刻文化事業有限公司
E-mail：sonbookservice@gmail.com
粉 絲 頁：https://www.facebook.com/sonbookss/
網　　址：https://sonbook.net/
地　　址：台北市中正區重慶南路一段 61 號 8 樓
8F., No.61, Sec. 1, Chongqing S. Rd., Zhongzheng Dist., Taipei City 100, Taiwan

電　　話：(02)2370-3310
傳　　真：(02)2388-1990
印　　刷：京峯數位服務有限公司
律師顧問：廣華律師事務所 張珮琦律師

定　　價：520 元
發行日期：2024 年 11 月第一版
◎本書以 POD 印製
Design Assets from Freepik.com

國家圖書館出版品預行編目資料

龍種蟄伏，力挽狂瀾重建帝國的接力賽：後宮詭計 × 政壇漩渦 × 叛亂狂潮……大漢昌榮背後的驚心動魄，刀光劍影在陰影之處 / 朱耀輝著 . -- 第一版 . -- 臺北市：複刻文化事業有限公司 , 2024.11
面；　公分
POD 版
ISBN 978-626-7595-96-1(平裝)
1.CST: 漢史 2.CST: 通俗史話
622　　113017146

電子書購買

爽讀 APP

臉書